Die Ausübung der Grunddienstbarkeit nach der Teilung des herrschenden Grundstücks

Europäische Hochschulschriften

European University Studies

Publications Universitaires Européennes

Reihe II **Rechtswissenschaft**

Series II Law

Série II Droit

Band/Volume **6005**

Nikolaus Lange

Die Ausübung der Grunddienstbarkeit nach der Teilung des herrschenden Grundstücks

PETER LANG

Bibliografische Information der Deutschen Nationalbibliothek
Die Deutsche Nationalbibliothek verzeichnet diese Publikation in der Deutschen Nationalbibliografie; detaillierte bibliografische Daten sind im Internet über http://dnb.d-nb.de abrufbar.

Zugl.: München, Univ., Diss., 2017

D 19
ISSN 0531-7312
ISBN 978-3-631-75668-3 (Print)
E-ISBN 978-3-631-75669-0 (E-PDF)
E-ISBN 978-3-631-75670-6 (EPUB)
E-ISBN 978-3-631-75671-3 (MOBI)
DOI 10.3726/b14145

Peter Lang – Berlin · Bern · Bruxelles · New York · Oxford · Warszawa · Wien

Diese Publikation wurde begutachtet.

www.peterlang.com

Vorwort

Die vorliegende Arbeit wurde von der Rechtswissenschaftlichen Fakultät der Ludwig-Maximilians-Universität München im Wintersemester 2017/2018 als Dissertation angenommen. Rechtsprechung und Literatur wurden bis zum November 2017 berücksichtigt.

Für die Anregung des Themas zu dieser Arbeit sowie deren intensive Betreuung gilt mein Dank besonders Herrn Professor Dr. Hermann. Für die zügige Erstellung des Zweitgutachtens danke ich ebenso Herrn Professor Dr. Johannes Hager.

In besonderem Maße zu Dank verpflichtet bin ich meinen Eltern, Rechtsanwalt und Notar Dr. Wolfgang Lange und Bettina Lange. Beide haben mich während meines Ausbildungsweges stets bedingungslos und großzügig unterstützt. Dank ihnen war es mir möglich, mich für ein Jahr vollumfänglich auf diese Arbeit zu konzentrieren. Mein Vater war mir während des Verfassens dieser Arbeit stets ein wertvoller Gesprächspartner: An die mit ihm mit Leidenschaft geführten intensiven Diskussionen denke ich gerne zurück; sie haben mir viele wertvolle Anregungen zu dieser Arbeit gegeben.

Für die Durchsicht des Manuskripts danke ich – neben meinem Vater – Herrn Rechtsanwalt Andreas Kreitmeier.

Dank gilt auch meiner Freundin Katrin Ohrner und meiner Schwester Charlotte Lange, die den Fortgang der Arbeit durch ihr stetes Vertrauen in mich ebenfalls unterstützt haben.

München, im November 2017 Nikolaus Lange

Inhaltsverzeichnis

Abkürzungsverzeichnis

aA	Andere Ansicht
Abs.	Absatz
AcP	Archiv für die civilistische Praxis
AG	Amtsgericht
AktG	Aktiengesetz
AK-BGB	Kommentar zum Bürgerlichen Gesetzbuch-Reihe Alternativkommentare
Alt.	Alternative
Aufl.	Auflage
Az.	Aktenzeichen
BayObLG	Bayerisches Oberstes Landesgericht
BayObLGZ	Entscheidungen des Bayerischen Obersten Landesgerichts in Zivilsachen
BBergG	Bundesberggesetz
BeckRS	Beck-Rechtsprechung
BGB	Bürgerliches Gesetzbuch
BGH	Bundesgerichtshof
BGHZ	Entscheidungen des Bundesgerichtshofs in Zivilsachen
BT-Drucks.	Bundestagsdrucksache
BWNotZ	Zeitschrift für das Notariat in Baden-Württemberg
bzw.	beziehungsweise
DepotG	Depotgesetz
dh.	Das heißt
Diss	Dissertation
DNotI-Report	Informationsdienst des Deutschen Notarinstituts-Report
Einl	Einleitung
ErbbauRG	Erbbaurechtsgesetz
f.	folgende

ff.	fortfolgende
FGPrax	Praxis der Freiwilligen Gerichtsbarkeit
FS	Festschrift
Fn	Fußnote
GBO	Grundbuchordnung
GbR	Gesellschaft bürgerlichen Rechts
ggf.	gegebenenfalls
GmbHG	Gesetz betreffend die Gesellschaft mit beschränkter Haftung
GNotKG	Gerichts- und Notarkostengesetz
GVG	Gerichtsverfassungsgesetz
Habil	Habilitation
Hk-BGB	Nomos Kommentar BGB, Handkommentar
HS	Halbsatz
HRR	Höchstrichterliche Rechtsprechung
InsO	Insolvenzordnung
iVm	in Verbindung mit
JR	Juristische Rundschau
jurisPK-BGB	juris Praxiskommentar BGB
Justiz	Die Justiz, Amtsblatt des Justizministeriums Baden-Württemberg
Kap	Kapitel
KG	Kammergericht
KöFBGrundstR	Heinemann: Kölner Formularbuch Grundstücksrecht
KostO	Kostenordnung
KV	Kostenverzeichnis gem. § 3 Abs. 2 GNotKG
LG	Landgericht
LM	Lindenmaier/Möhring: Nachschlagewerk des Bundesgerichtshofs
MDR	Monatsschrift für Deutsches Recht
MittBayNot	Mitteilungen des Bayerischen Notarvereins, der Notarkasse und der Landesnotarkammer Bayern

MittRhNotK	Mitteilungen der Rheinischen Notarkammer
Motive	Motive zu dem Entwurfe eines Bürgerlichen Gesetzbuches für das Deutsche Reich
MüKo	Münchner Kommentar zum Bürgerlichen Gesetzbuch
MüKo InsO	Münchner Kommentar zur Insolvenzordnung
NJW	Neue Juristische Wochenschrift
NJW-RR	NJW-Rechtsprechungs-Report Zivilrecht
NK	Nomos Kommentar
NotBZ	Zeitschrift für die notarielle Beratungs- und Beurkundungspraxis
NZM	Neue Zeitschrift für Miet- und Wohnungsrecht
OLG	Oberlandesgericht
OLGZ	Entscheidungen der Oberlandesgerichte in Zivilsachen
Protokolle	Protokolle der Kommission für die zweite Lesung des Entwurfs des Bürgerlichen Gesetzbuchs, Berlin 1898
PWW	Prütting/Wegen/Weinreich, BGB Kommentar
qm	Quadratmeter
RGRK	Das Bürgerliche Gesetzbuch mit besonderer Berücksichtigung der Rechtsprechung des Reichsgerichts und des Bundesgerichtshofs, Kommentar
RGZ	Entscheidungen des Reichsgerichts in Zivilsachen
Rn	Randnummer
RPfleger	Der deutsche Rechtspfleger
RpflStud.	Rechtspfleger-Studienhefte
S.	Satz, Seite
SchlHA	Schleswig-Holsteinische Anzeigen, Justizministerialblatt für Schleswig-Holstein
SchlHOLG	Schleswig-Holsteinisches Oberlandesgericht
SeuffA	Seufferts Archiv für Entscheidungen der obersten Gerichte in den deutschen Staaten
Überbl v	Überblick vor
sog.	sogenannte

vgl.	vergleiche
v	vor
Vorbem	Vorbemerkung
WEG	Wohnungseigentumsgesetz
WM	Zeitschrift für Wirtschafts- und Bankrecht
z. B.	Zum Beispiel
ZMR	Zeitschrift für Miet- und Raumrecht
ZPO	Zivilprozessordnung
ZWE	Zeitschrift für Wohnungseigentumsrecht

Problemaufriss

Das Bestehen von Grunddienstbarkeiten kann sowohl für den Wert des herrschenden Grundstücks, als auch für den Wert des dienenden Grundstücks erhebliche Bedeutung haben. Indem die Grunddienstbarkeit einen Teil der Rechtsmacht, die das Eigentum am dienenden Grundstück verleiht, herausbricht und dem Eigentümer des herrschenden Grundstücks überantwortet, kann einerseits der Wert des herrschenden Grundstücks eine beträchtliche Steigerung erfahren. Das Bestehen eines Wegerechts, Parkplatz- oder Kellernutzungsrechts auf dem dienenden Grundstück stellt einen konkreten Vermögensvorteil dar. Denn ohne das Bestehen der Grunddienstbarkeit müsste dieser Vorteil entweder durch das Anmieten eines Parkplatzes oder Kellers vertraglich erkauft werden oder auf dem herrschenden Grundstück selbst müssten entsprechende Kapazitäten geschaffen werden. Andererseits kann der Wert des dienenden Grundstücks und seine Verkehrsfähigkeit durch die Grunddienstbarkeit erheblich vermindert werden: Wenn dem Eigentümer des herrschenden Grundstücks ein Recht zum Abbau von Kies, zum Betrieb einer Bitumenmischanlage oder einer Tankstelle auf dem dienenden Grundstück eingeräumt wird, hat dies zur Folge, dass eine Benutzung durch den Eigentümer – unabhängig von einer schuldrechtlich vereinbarten finanziellen Entschädigung des Eigentümers des dienenden Grundstücks hierfür – nur noch sehr eingeschränkt möglich ist, weil die Benutzungsmöglichkeit durch die Ausübung der Grunddienstbarkeit weitestgehend ausgeschöpft ist. Infolge dieses Einflusses auf den Grundstückswert spielen Grunddienstbarkeiten in der Praxis eine große Rolle. Das gilt nicht nur bei der Begründung des Rechts; bei Immobilientransaktionen wird sich der Käufer regelmäßig vom Bestehen von Grunddienstbarkeiten, sowie deren Reichweite und Umfang überzeugen.

Auch der Vorgang der Grundstücksteilung kommt in der Praxis häufig vor. Wirtschaftliche oder persönliche Motive wecken in vielen Fällen bei Eigentümern ein Interesse daran, ihr Grundstück in mehrere Teilgrundstücke, in Miteigentum oder in Wohnungseigentum aufzuspalten und alle oder einzelne Einheiten gesondert zu veräußern.

Die vorliegende Arbeit widmet sich der Frage, welche Auswirkung die Teilung des herrschenden Grundstücks auf die Ausübung der für den Eigentümer dieses Grundstücks bestellten Grunddienstbarkeit hat. Dass die Grunddienstbarkeit auch nach dem Teilungsvorgang fortbesteht, ergibt sich eindeutig aus § 1025 S. 1 BGB und ist unstreitig. Nicht geregelt und umstritten ist aber zumindest bei der

Aufteilung in Teilgrundstücke schon die sich anschließende Frage, in welcher Form die Grunddienstbarkeit fortbesteht. Die Praxis und die ganz überwiegende Literatur beantworten diese Frage dahin gehend, dass die Grunddienstbarkeit als einheitliches Recht zugunsten der nun vermehrten Zahl der herrschenden Grundstücke fortbesteht. Die Gegenmeinung vertritt dagegen den Standpunkt, dass mehrere Grunddienstbarkeiten entstehen. Obwohl die vorgebrachten Argumente der Gegenmeinung durchaus beachtlich sind, hat sie sich nicht durchsetzten können.

Gegenstand dieser Arbeit soll nun nicht primär die Diskussion des Streites sein, ob die Grunddienstbarkeit nun eine einheitliche bleibt oder sich in mehrere aufspaltet. Vielmehr soll den Fragen nachgegangen werden, die sich stellen, wenn man der herrschenden Meinung folgt und das Fortbestehen einer einheitlichen Grunddienstbarkeit annimmt. Denn mit dem Bestehen einer einheitlichen Grunddienstbarkeit, auf die sich mehrere herrschende Grundstückseigentümer berufen können, ergeben sich Fragen nach dem Umfang der aus dieser Grunddienstbarkeit fließenden Befugnisse: Wer von den Eigentümern der herrschenden Grundstücke kann die Grunddienstbarkeit im Außenverhältnis in welchem Umfang gegenüber dem Eigentümer des dienenden Grundstücks geltend machen? Und wie ist das Innenverhältnis zwischen den Eigentümern der herrschenden Grundstücke beschaffen?[1] Die Problematik wird am besten verständlich, wenn man sie sich anhand von Beispielen klarmacht.

---

1 Wenigstens diese letztere Frage nach dem Innenverhältnis stellt sich nicht nur nach der Teilung des herrschenden Grundstücks, sondern auch, wenn von vornherein eine einheitliche Grunddienstbarkeit zugunsten mehrerer Grundstücke bestellt werden soll. § 47 GBO verlangt zwar die Kennzeichnung des Gemeinschaftsverhältnisses im Grundbuch. Die Bezeichnung des Gemeinschaftsverhältnisses im Grundbuch gibt aber nach ganz herrschender Meinung keine Auskunft über alle denkbaren regelungsbedürftigen Aspekte eines solchen Verhältnisses, sondern beleuchtet nur die Berechtigung zur Verfügung über das Recht (Meikel/Böhringer § 47 Rn 1; Hügel/Reetz § 47 Rn 1; Bauer/von Oefele/Wegmann § 47 Rn 8 f..; Amann, FS Hagen S. 83 f..). Wenn also im Grundbuch vermerkt ist, die Grunddienstbarkeit stehe den Berechtigten zu bestimmten Bruchteilen, als Gesamtberechtigung nach § 428 BGB oder in einem Berechtigungsverhältnis analog §§ 1024, 1025 BGB zu, so wird damit nur ein einziger Aspekt des Gemeinschaftsverhältnisses beleuchtet. Es wird aber nicht klar, nach welchen Regeln sich andere Regelungsbereiche, insbesondere das Innenverhältnis zwischen den Eigentümern der herrschenden Grundstücke, richten.

Beispiel 1[2]

Man stelle sich vor, der Eigentümer eines bebauten Grundstücks (E), welches über keinen Garten verfügt, hat das Verlangen nach Gartennutzung. Um sich diesen Wunsch zu erfüllen, soll von dem Eigentümer des Nachbargrundstücks (N) eine Fläche von 850 qm erworben werden. Obwohl sich die E und N hinsichtlich der Übereignung einig sind, weigert sich die Behörde aber, die nötige öffentlich-rechtliche Teilungsgenehmigung zu erteilen. Um trotzdem noch das gewünschte Ziel zu erreichen, bewilligt N dem E eine Grunddienstbarkeit des Inhalts, dass E die Teilfläche von 850 qm als Garten nutzen darf. Diese Dienstbarkeit wird in das Grundbuch eingetragen und E nutzt die Teilfläche als Garten, indem er dort Blumenbeete anlegt, einen Apfelbaum aberntet, an schönen Tagen in der Sonne liegt und Grillabende veranstaltet. Nach einigen Jahren kommt es durch einen Brand zur Zerstörung des Hauses des E. Er entschließt sich, sein Haus nicht wieder aufzubauen, sondern das Grundstück zu verkaufen. Um möglichst viel Gewinn zu erzielen, teilt er das Grundstück in drei Teilflächen, erhält für das Grundstück die Teilungsgenehmigung und veräußert die drei Teilflächen an drei Erwerber, die auf ihrem Grundstück jeweils ein Haus errichten und dort einziehen. Alle drei Neueigentümer fragen sich nun, ob und in welchem Umfang sie den Garten nutzen können, insbesondere ob es einer Absprache untereinander bedarf und ob und in welchem Umfang sie selbstständig Ansprüche aus der Grunddienstbarkeit gegenüber N geltend machen können, falls dieser einem oder allen Neueigentümern das Betreten des Gartens verweigert. N fragt sich, ob ihm hinsichtlich des Gartens eine Verteilungsaufgabe zukommt oder ob er jedem Neueigentümer unbegrenzt Zugang zu dem Garten gewähren muss.

Beispiel 2[3]

Dem Eigentümer (E) eines mit einem Haus bebauten Grundstücks wird vom Eigentümer des Nachbargrundstücks (N) eine Grunddienstbarkeit dahin gehend bestellt, dass ihm auf dem Parkplatz des N ein genau bezeichneter Kfz-Stellplatz nebst Zufahrtsweg hierzu zusteht. Auch hier kommt es, wie im ersten Beispiel, zur Zerstörung des Hauses, zu der Teilung des Grundstücks in drei selbstständige Teilflächen und zur Veräußerung an drei Eigentümer, die jeweils ein Haus errichten.

---

2 Angelehnt an den Sachverhalt in: BGH, NJW 1992, 1101, hinsichtlich der Teilung ergänzt.

3 Angelehnt an den Sachverhalt in: OLG Stuttgart, RPfleger 1990, 254, hinsichtlich der Teilung ergänzt.

Alle drei Eigentümer haben Interesse an der Nutzung des Kfz-Stellplatzes auf dem Grundstück des N und fragen sich, wer ihn benutzen darf.

Beispiel 3[4]

Dem Eigentümer eines Grundstücks (E) wurde von seinem Nachbarn (N) durch eine Grunddienstbarkeit das Recht eingeräumt, auf dem Grundstück von N kieselsaure Tonerde auf einer Fläche von 65 Tagwerk[5] abzubauen. Auch E spaltet eine Teilfläche von seinem Grundstück ab und veräußert sie an einen Dritten (D). Eine Absprache über die Grunddienstbarkeit unterbleibt. Nach der Übereignung erhebt D ebenfalls Ansprüche auf den Abbau der Tonerde. Auch hier fragen sich die Beteiligten, wem das Recht aus der Grunddienstbarkeit in welchem Umfang zusteht.

Das Gesetz regelt die Frage nach dem Innen- und Außenverhältnis zwischen mehreren Berechtigten hinsichtlich einer Grunddienstbarkeit nicht. Insbesondere enthält § 1025 BGB keine Regelung der Rechtsbeziehungen. In der Folge ist in der Literatur ein breites Meinungsspektrum entstanden, welches die Rechtsbeziehungen zwischen den Beteiligten auf unterschiedliche Weise konstruiert.[6] Auffällig ist dabei, dass eine ausführliche Debatte über das Für und Wider der verschiedenen Konstruktionen und ihrer Auswirkungen nicht erfolgt. Auffällig ist weiter, dass die Konstruktionen vielfältig sind und auf Vorschriften zurückgegriffen wird, die ihren Ursprung nicht im Sachenrecht, sondern in anderen Teilen des BGB haben. Es werden Analogien gebildet, ohne dass deren Voraussetzungen genau begründet werden. Zumeist wird nur die eigene Meinung ohne weitere Diskussion dargestellt.

In der Rechtsprechung wird die Frage nach den Rechtsbeziehungen, die sich aufgrund der Teilung ergeben, nicht als Problem diskutiert. Urteile mit der entsprechenden Thematik sind, zumindest in den höheren Instanzen, nur ganz vereinzelt zu finden. Und in diesen seltenen Fällen findet dann keine Auseinandersetzung mit den verschiedenen Konstruktionsmöglichkeiten, ihrem Für und Wider statt, sondern es wird nur der eigene Ansatz ohne weitere Begründung

---

4 Angelehnt an den Sachverhalt in: BGH, NJW 2002, 3021, hinsichtlich der Teilung ergänzt.

5 Altes, vor allem in der Landwirtschaft im Süden Deutschlands verwendetes Flächenmaß, das je nach Region ca. 3400 (Bayern) bis 4700 (Württemberg) qm umfasst. Vgl. Brockhaus, Band 21 S. 580.

6 Einen guten Überblick über das Meinungsspektrum bieten: NK-BGB/Otto § 1025 Rn 9–11; Staudinger/Weber (2017) § 1025 Rn 5.

angewendet. Es verwundert, dass diese Thematik in der Rechtsprechung so wenig Widerhall gefunden hat: Weder bei der Grunddienstbarkeit noch bei der Teilung dürfte es sich um selten in der Praxis vorkommende Rechtsvorgänge handeln. Vielmehr ist anzunehmen, dass die Teilung eines herrschenden Grundstücks bei Bestehen einer Grunddienstbarkeit regelmäßig vorkommt. Es ist auch kaum vorstellbar, dass über die Berechtigung an der Grunddienstbarkeit nie Streit zwischen den Beteiligten entsteht: Bei der Ausübung einer Grunddienstbarkeit geht es immerhin um die Verteilung konkreter Vermögensvorteile; Uneinigkeit zwischen den Beteiligten ist eigentlich vorprogrammiert. Ein Grund könnte darin liegen, dass es in einem Rechtsstreit selten um alle Bereiche der Ausübung einer Grunddienstbarkeit gehen wird, sondern immer nur um einen einzelnen Aspekt. Kombiniert mit der Tatsache, dass bei der Ausübung der Grunddienstbarkeit nach der Teilung des herrschenden Grundstücks in der Literatur Ansätze vertreten werden, die sich auf ganz unterschiedliche und schwer zu durchdringende Vorschriften stützen und einer gewissen Zurückhaltung in der Praxis, vertieft auf dogmatische Aspekte einzugehen, mag es deswegen an der Notwendigkeit, den Voraussetzungen und auch dem Willen für eine vollständige Durchdringung des Problems durch die Rechtsprechung gefehlt haben.

Diesem unbefriedigenden Befund der vielen Meinungen bei wenig Begründung möchte die vorliegende Arbeit Abhilfe schaffen. Das Verhältnis der Beteiligten soll einer gründlichen Untersuchung unterzogen werden. Die einzelnen Konstruktionen sollen hinsichtlich ihres Aussagegehalts untersucht und eingehend bewertet werden. Am Ende der Arbeit soll die Erkenntnis stehen, ob einer, und wenn ja, welcher der vertretenen Ansätze in der Lage ist, sowohl die Rechtsbeziehungen, die sich im Außenverhältnis zwischen den Eigentümern des herrschenden Grundstücks und dem Eigentümer des dienenden Grundstücks bzw. sonstigen Dritten ergeben, als auch die Rechtsbeziehungen im Innenverhältnis zwischen den Eigentümern der herrschenden Grundstücke, befriedigend zu beschreiben.

Gang der Darstellung

Die Arbeit wird mit einer Klärung der titelbildenden Begriffe Grunddienstbarkeit, Ausübung und Teilung beginnen. Dieses ist erforderlich, um den Untersuchungsgegenstand genau einzugrenzen und herauszuarbeiten, in welchen Fällen die geschilderten Fragen überhaupt relevant werden.

Im zweiten Teil sollen die Rechtsbeziehungen, die zwischen dem Eigentümer des dienenden Grundstücks und den Eigentümern der herrschenden Grundstücke einerseits und zwischen mehreren Eigentümern herrschender Grundstücke untereinander andererseits nach der Realteilung des herrschenden Grundstücks bestehen, umfassend beleuchtet werden. Entsprechend der überwiegenden Kommentarliteratur soll dabei nach Innen- und Außenverhältnis unterschieden werden. Der Meinungsstand, der sich in der Literatur gebildet hat, soll dargestellt, die jeweiligen Auswirkungen aufgezeigt und auf ihre dogmatische und praktische Plausibilität hin untersucht werden.

Bei der Realteilung steht, wie oben bereits kurz erwähnt wurde, zunächst die Frage im Raum, ob durch die Teilung eine einheitliche Grunddienstbarkeit bestehen bleibt, oder ob es zu einer Aufspaltung in eine Vielzahl von Rechten kommt. Diese Frage soll, obwohl die Entscheidung des Streits in Richtung der einheitlichen Grunddienstbarkeit erst die Voraussetzung für die nachfolgende Diskussion der Ausübung der gemeinsamen Grunddienstbarkeit schafft, möglichst kurz gehalten werden. Der Streit existierte bereits vor Entstehung des BGB[7] und ist daher schon weitgehend erschöpfend diskutiert worden.[8] In der Praxis dürfte dieser Streit ohnehin entschieden sein. Die Rechtsprechung spricht sich klar für die einheitliche Grunddienstbarkeit aus, und die aktuelle Literatur folgt dem ganz überwiegend.[9] Dennoch ist eine kurze Darstellung des Streits unumgänglich, da die Entscheidung des Streits erst die Weiche zum eigentlichen Thema der Arbeit stellt. Die Frage, ob die Teilung zu einer oder mehreren Grunddienstbarkeiten führt, ist der Frage nach den Rechtsbeziehungen zwingend vorgelagert. Beide

---

7 Vgl. bereits Steinlechner, § 17 S. 58–61 mit vielen Nachweisen zum damaligen Meinungsstand.

8 Hettiger, S. 243–253 hat diesen Streit in seiner Dissertation bereits umfassend beleuchtet.

9 Vgl. nur BGH, NJW-RR 2008, 827 f.; Erman/Grziwotz § 1025 Rn 2; MüKo BGB/Mohr § 1025 Rn 2; NK-BGB/Otto § 1025 Rn 4; Palandt/Herrler § 1025 Rn 1.

Standpunkte sollen daher noch einmal kursorisch dargestellt, bewertet und ergänzt werden.

Im dritten und vierten Teil sollen die Auswirkungen anderer Teilungsarten als der Realteilung auf die Ausübung der Grunddienstbarkeit untersucht werden: Dabei wird sich der dritte Teil mit der Ausübung der Grunddienstbarkeit nach der Teilung des herrschenden Grundstücks in Miteigentum befassen. Im vierten Teil soll die Problematik in Bezug auf die Teilung des herrschenden Grundstücks in Wohnungseigentum beleuchtet werden. Untersucht werden sollen hier jeweils die Rechtsbeziehungen zwischen den Beteiligten, wenn ein herrschendes Grundstück nicht real, sondern ideell oder ideell-real geteilt wird.[10] Auch in diesen Fällen stellt sich zunächst die Frage, ob und in welcher Form die Grunddienstbarkeit nach der Teilung fortbesteht und, wenn man auch hier das Bestehen einer einheitlichen Grunddienstbarkeit annimmt, wie die Rechtsbeziehungen der Wohnungseigentümer zueinander im Innenverhältnis und das Verhältnis zu zum Eigentümer des dienenden Grundstücks und anderen Dritten beschaffen sind. Hier sollen Gemeinsamkeiten und Unterschiede zu den im zweiten Teil besprochenen und bewerteten Standpunkten aufgezeigt werden.

Im fünften Teil soll eine weitere besondere Konstellation besprochen werden. Denkbar ist nämlich auch, dass von der Grunddienstbarkeit nicht ein herrschendes Grundstück betroffen ist. Auch zugunsten des Inhabers grundstücksgleicher Rechte ist die Bestellung einer Grunddienstbarkeit denkbar. Zu denken ist hier an das Erbbaurecht und das Bergwerkseigentum.[11] Bei solchen grundstücksgleichen Rechten stellt sich die Frage, ob die Rechtsbeziehungen wegen des Eingreifens besonderer Gesetze, insbesondere des ErbbauRG, anders bestimmt werden müssen und wenn ja, wie.

Im sechsten Teil soll schließlich ein Blick auf die subjektiv-dingliche Reallast und das subjektiv-dingliche Vorkaufsrecht geworfen werden. Dem Titel nach gehören Reallast und Vorkaufsrecht zwar nicht zum Thema dieser Untersuchung, da es sich um völlig andere dingliche Rechte handelt, die nicht einmal der Kategorie der Dienstbarkeiten zuzuordnen sind. Allerdings sind Reallast und Vorkaufsrecht

---

10 Die oben gebildete Beispiele 1 und 2 könnten problemlos so umgebildet werden, dass der Eigentümer des herrschenden Grundstücks sein abgebranntes Haus wieder neu errichtet, dann aber das Grundstück an Miteigentümer veräußert oder in Wohnungseigentum aufspaltet und die entstandenen Einheiten an unterschiedliche Wohnungseigentümer veräußert.

11 Andere im Landesrecht verankerte grundstücksgleiche Rechte wie Abbaugerechtigkeiten, bayerisches Fischereirecht und baden-württembergisches Stockwerkseigentum sollen bei der Untersuchung außer Betracht bleiben.

neben der Grunddienstbarkeit die einzigen dinglichen Rechte, die auch subjektiv-dinglich zugunsten eines Grundstückseigentümers bestellt werden können. Diese Gemeinsamkeit rechtfertigt es aus Sicht des Verfassers, jedenfalls in einem kurzen Exkurs auch auf diese Rechte einzugehen. Es stellt sich die Frage, ob und wie die Rechtsbeziehungen im Vergleich mit der Grunddienstbarkeit anders geregelt werden.

Im siebten Teil sollen die gefundenen Ergebnisse zusammengefasst werden.

Teil 1: Begriffliche Grundlagen

I. Die Grunddienstbarkeit

Die Grunddienstbarkeit ist ein beschränktes subjektiv-dingliches Recht an einem Grundstück.[12] Systematisch ist die Grunddienstbarkeit eine Art der in den §§ 1018 bis 1093 BGB geregelten Dienstbarkeiten (Servituten). Allen Dienstbarkeiten ist gemeinsam, dass sie beschränkte dingliche Rechte sind, also inhaltlich oder persönlich-zeitlich beschränkte Nutzungsrechte an einer Sache oder einem Recht darstellen.[13] Es werden von der Sache oder dem Recht in allen Fällen der Dienstbarkeit nur einzelne Eigentumsbefugnisse abgespalten und Dritten zur Ausübung überlassen.[14]

1) Abgrenzung zu anderen Dienstbarkeiten

Neben der Grunddienstbarkeit regelt das BGB zwei weitere Formen von Dienstbarkeiten: den Nießbrauch in den §§ 1030 bis 1089 BGB und die beschränkte persönliche Dienstbarkeit in den §§ 1090 bis 1093 BGB. Grunddienstbarkeit und Nießbrauch unterscheiden sich am stärksten, während die beschränkte persönliche Dienstbarkeit als Mischform Merkmale von Grunddienstbarkeit und Nießbrauch in sich vereint.[15]

a) Abgrenzung zur beschränkten-persönlichen Dienstbarkeit

Die Grunddienstbarkeit gewährt ein subjektiv-dingliches Nutzungsrecht, das dem jeweiligen Eigentümer des begünstigten Grundstücks (herrschendes Grundstück) gestattet, das belastete Grundstück (dienendes Grundstück) in einzelnen Belangen zu benutzen. Die Grunddienstbarkeit knüpft hinsichtlich ihres Inhabers an den jeweiligen Eigentümer an, ist also subjektiv-dinglich. Sie ist nicht selbstständig übertrag- oder belastbar, sondern gilt gem. § 96 BGB als wesentlicher Bestandteil des herrschenden Grundstücks und folgt hinsichtlich Übertragung und Belastung dem Eigentum.[16] Das unterscheidet sie von der beschränkten per-

---

12 Staudinger/Weber (2017) § 1018 Rn 1; Wilhelm, Rn 1952.

13 MüKo/Mohr Vor § 1018 Rn 1.

14 Staudinger/Weber (2017) Vorbem zu §§ 1018–1029 Rn 2.

15 Baur/Stürner, § 34 Rn 1.

16 OLG Hamm, RPfleger 1980, 225, 226; Palandt/Herrler § 1018 Rn 34; MüKo/Mohr § 1018 Rn 73; Staudinger/Weber (2017) § 1018 Rn 167.

sönlichen Dienstbarkeit, die subjektiv-persönlich ist und nicht an die Eigentümerstellung, sondern an eine bestimmte natürliche oder juristische Person, bzw. eine rechtsfähige Personengesellschaft gebunden ist. Da die beschränkte persönliche Dienstbarkeit gem. §§ 1090 Abs. 2, 1061 BGB unvererblich ist, ist ihr Erlöschen, jedenfalls wenn der aus ihr Berechtigte eine natürliche Person ist, absehbar. Die Grunddienstbarkeit ist dagegen im Prinzip ein ewiges Recht:[17] Der Eigentümer des herrschenden Grundstücks mag beliebig wechseln, die Grunddienstbarkeit bleibt bestehen. Ist die Grunddienstbarkeit danach also einerseits hinsichtlich des Inhabers „dauerhafter" als die beschränkte persönliche Dienstbarkeit, so ist sie hinsichtlich ihres Inhalts „instabiler": Denn die Grunddienstbarkeit muss gem. § 1019 S. 1 BGB immer einen unmittelbaren oder mittelbaren Vorteil bieten (Prinzip der Utilität)[18], also objektiv nützlich für das berechtigte Grundstück sein.[19] Fällt der Vorteil weg, erlischt die Grunddienstbarkeit.[20] Bei der beschränkten persönlichen Dienstbarkeit besteht eine derartige Voraussetzung nicht.

b) Abgrenzung zum Nießbrauch

Der Nießbrauch ist wie die beschränkte-persönliche Dienstbarkeit subjektiv-persönlich, knüpft also an eine bestimmte natürliche oder juristische Person an. Er unterscheidet sich von Grunddienstbarkeit und beschränkter persönlicher Dienstbarkeit in zweifacher Weise hinsichtlich des Umfangs: Zum einen können Belastungsobjekt bei einem Nießbrauch nicht nur Grundstücke sein, sondern gem. § 1030 Abs. 1 BGB alle Sachen und gem. § 1068 Abs. 1 BGB auch Rechte. Darüber hinaus gewährt der Nießbrauch ein umfassendes Nutzungsrecht, während durch die Grunddienstbarkeit nur die Benutzung in einzelnen Beziehungen ermöglicht werden kann.

Letzterer Unterschied ist freilich nicht immer für eine klare Differenzierung geeignet, da es einerseits gem. § 1030 Abs. 2 BGB möglich ist, beim Nießbrauch viele Nutzungen auszuschließen und so eine „Dienstbarkeit in Nießbrauchform" zu schaffen und andererseits auch eine Dienstbarkeit eine Vielzahl von Nutzungsrechten einräumen kann, sodass dann ein „Nießbrauch in Dienstbarkeitsform"

---

17 Amann, DNotZ 2015, 164; Staudinger/Weber (2017) § 1018 Rn 4 f..

18 Staudinger/Weber (2017) § 1019 Rn 1.

19 Staudinger/Weber (2017) § 1019 Rn 4; MüKo/Mohr § 1019 Rn 3. Palandt/Herrler § 1019 Rn 2.

20 Staudinger/Weber (2017) § 1019 Rn 11; MüKo/Mohr § 1019 Rn 7.; OLG Stuttgart, Justiz 1964, 285, 287.

vorliegt.[21] Wie eine Abgrenzung erfolgen soll, ist in der Literatur stark umstritten[22] und von der höchstrichterlichen Rechtsprechung bisher ausdrücklich nicht entschieden worden.[23] Ganz überwiegend wird formell nach dem Inhalt der Bestellungsurkunde abgegrenzt.[24] Die kaum noch vertretene Gegenmeinung grenzt materiell danach ab, ob dem Eigentümer wirtschaftlich wesentliche Nutzungen verbleiben. Weiterhin werden auch Konzepte vertreten, die beide Ansätze kombinieren.[25]

Der Streit hat hier insofern Relevanz, als man sich bei einigen Grunddienstbarkeiten fragen kann, ob nicht die Grunddienstbarkeit, sondern der Nießbrauch das richtigerweise zu bestellende dingliche Recht gewesen wäre. Dies betrifft vor allem Grunddienstbarkeiten, die die Entnahme von Bodenbestandteilen oder die sonstige Ausbeute des Grundstücks absichern, wie in dem im Problemaufriss dargestellten dritten Beispiel. Denn das durch eine Grunddienstbarkeit eingeräumte Recht zum Abbau kieselsaurer Tonerde ist zwar auf die Grundstücksnutzung in einer einzelnen Beziehung beschränkt. Andererseits wird die Wirkung für den Eigentümer des dienenden Grundstücks hinsichtlich der Beschränkung seines Eigentums vermutlich der eines Nießbrauchs entsprechen. Denn wenn das Grundstück zur Erlangung der kieselsauren Tonerde mit entsprechenden Abbauanlagen bebaut, von schwerem Abbaugerät befahren wird und Krater in das Grundstück getrieben werden, stellt sich die Frage, welche Nutzungsmöglichkeit dem Eigentümer noch verbleibt.[26] Grenzt man mit einem Teil der Literatur[27] Dienstbarkeit und Nießbrauch materiell ab und verlangt, dass dem Eigentümer bei einer Dienstbarkeit wesentliche wirtschaftliche Nutzungen verbleiben, so wäre in solchen Fällen die Bestellung einer Grunddienstbarkeit gar nicht möglich.

---

21 Soergel/Stürner § 1018 Rn 12; beispielhaft für einen derartigen Nießbrauch in Dienstbarkeitsform: BGH, DNotZ 2015, 113–119: Nutzung des dienenden Grundstücks als Spielfläche, Grünfläche, Kfz-Stellfläche oder durch Bebauung jedweder öffentlich-rechtlich zulässiger Art.

22 Staudinger/Weber (2017) § 1018 Rn 94–102; MüKo/Pohlmann § 1030 Rn 112–116; Bauer/von Oefele/Bayer/Lieder AT III 303–312.; Ertl, MittBayNot 1988, 56–58.; Schippers, MittRhNotK 1996, 198 f..

23 BGH, NJW-RR 2003, 732, 735; BGH, NJW 1992, 1101.

24 Vgl. nur Staudinger/Weber (2017) § 1018 Rn 101; Bauer/von Oefele/Bayer/Lieder Rn III. 550; Böttcher, RpflStud. 2008, 161, 162.

25 Eine ausführliche Darstellung der vertretenen Ansätze findet sich bei Staudinger/Weber (2017) § 1018 Rn 94–101.

26 Ertl, MittBayNot 1988, 53, 61.

27 Hub, S. 47; früher auch: Soergel/Stürner, 12. Auflage, § 1018 Rn 12, der seine Auffassung aber inzwischen revidiert hat und auch formell abgrenzt.

Konsequenterweise müsste man mit dieser Meinung in den allermeisten Fällen, in denen die Ausbeute von Bodenbestandteilen dinglich gesichert werden soll, die Zulässigkeit einer Grunddienstbarkeit ablehnen, da eine weitere Nutzung neben dem Abbau kaum denkbar ist. Fall drei ließe sich dann an dieser Stelle in Bezug auf die in dieser Arbeit zu untersuchende Fragestellung bereits lösen, oder besser: Der Fall würde sich dann gar nicht als Beispiel für diese Arbeit eignen. Es würde nämlich gar keine Grunddienstbarkeit vorliegen: Damit gäbe es kein herrschendes Grundstück und eine Teilung desselben wäre nicht möglich. In der Konsequenz könnte ein Gemeinschaftsverhältnis nicht entstehen, womit sich das Problem der Rechtsbeziehungen in Bezug auf die Grunddienstbarkeit gar nicht erst stellen würde.

Trotz der beschriebenen Relevanz soll auf den Streit im Rahmen dieser Arbeit nicht näher eingegangen werden. Der Streit gehört nicht direkt zum Thema dieser Arbeit, die komplette Streitdarstellung mit der entsprechenden Argumentation würde sie unnötig in die Länge ziehen. Die hier vorgenommene Abgrenzung soll einen Überblick über die Grunddienstbarkeit geben, nicht aber soll hier eine umfassende Beschreibung des Wesens der einzelnen Dienstbarkeiten gegeben werden. Es soll vielmehr von dem ausgegangen werden, was die Praxis als zulässigen Inhalt einer Grunddienstbarkeit ansieht. Hier ergibt sich folgender Befund: Die Existenz von Grunddienstbarkeiten, die ein Ausbeuterecht verleihen, ist in der Literatur und der Rechtsprechung allgemein anerkannt. Obwohl der BGH den Streit über die Abgrenzung von Nießbrauch und (Grund-)Dienstbarkeiten nicht entschieden hat, hat er die Zulässigkeit von (Grund-)Dienstbarkeiten, die den Abbau von Bodenbestandteilen und sonstige Ausbeute des dienenden Grundstücks ermöglichen, nie infrage gestellt, sondern immer, ohne eine Ablehnung auch nur anzudeuten, als selbstverständlich akzeptiert.[28] Gleiches gilt für eine Reihe anderer oberer Gerichte.[29] Auch die Literatur behandelt zwar einerseits den Streit um die Abgrenzung, sieht den Abbau von Bodenbestandteilen aber ohne weitere Diskussion als zulässige Fallgruppe einer Grunddienstbarkeit an.[30] Die

---

28 Für Kiesabbau: BGH, NJW 1958, 1677; für die Entnahme von Ton, Sand und Elb: BGH, NJW 1974, 2122; für die Entnahme kieselsaurer Tonerde: BGH, NJW 2002. 3021; für den Abbau von Bimsstein: BGH, NJW-RR 2000, 647.

29 Für einen Steinbruch: OLG Stuttgart, Justiz 1964, 285 f.; für ein Holznutzungsrecht: BayObLG, DNotZ 1982, 438, 441 f..; für ein Weide- und Kaserhaltungsrecht: BayObLG, BayObLGZ 1976, 58, 63.

30 Staudinger/Weber (2017) § 1018 Rn 103; MüKo/Mohr § 1018 Rn 31; Palandt/Herrler § 1018 Rn 14; Bamberger/Roth/Wegmann § 1018 Rn 51; Erman/Grziwotz § 1018

Zulässigkeit solcher Grunddienstbarkeiten scheint somit unabhängig von dem oben erwähnten Abgrenzungsstreit immer Konsens gewesen zu sein.

Darüber hinaus ist der Streit um die Abgrenzung inzwischen offenbar entschieden. Zwar wird ihm in der Kommentarliteratur viel Platz eingeräumt, es haben sich aber, soweit ersichtlich, alle Stimmen dem offenen, formellen Abgrenzungsbegriff angeschlossen, der es, da er an die Formulierung der Eintragung anknüpft, weitgehend in das Belieben der Parteien stellt, ob ein beschränkter Nießbrauch oder eine erweiterte Dienstbarkeit vorliegt.[31] Danach ist eine Grunddienstbarkeit, die den Abbau oder die sonstige Ausbeute des dienenden Grundstücks sichert, ohne Weiteres zulässig.

2) Der Inhalt von Grunddienstbarkeiten

a) Allgemeines

Inhalt der Grunddienstbarkeit ist, wie bei allen Dienstbarkeiten, immer ein Dulden oder Unterlassen des Eigentümers des dienenden Grundstücks. Dagegen kann die Grunddienstbarkeit den Eigentümer des dienenden Grundstücks grundsätzlich nicht zu einem positiven Handeln verpflichten.[32] Die Verpflichtung zu einem Tun kann dinglich nur durch eine Reallast gem. §§ 1105 BGB abgesichert werden.

Das Gesetz unterscheidet in § 1018 BGB drei Typen von Grunddienstbarkeiten: solche, die dem Eigentümer des herrschenden Grundstücks die Benutzung des dienenden Grundstücks in einzelnen Beziehungen ermöglichen (Benutzungsdienstbarkeiten), solche die den Eigentümer des dienenden Grundstücks zu einem Unterlassen verpflichten (Unterlassungsdienstbarkeit) und solche, die dem Eigentümer des dienenden Grundstücks die Ausübung bestimmter Eigentumsrechte verwehren (Verzichtsdienstbarkeiten).[33] Darüber hinaus legt das Gesetz

---

Rn 13; Baur/Stürner § 33 Rn 9; Wilhelm Rn 1956; Westermann/Gursky/Eickmann § 121 Rn 6; Brehm/Berger 21.15; Eichler S. 586 f.

31 Staudinger/Weber (2017) § 1018 Rn 101; MüKo/Pohlmann § 1030 Rn 117 f.; Palandt/Herrler § 1018 Rn 15; Soergel/Stürner § 1018 Rn 12; NK-BGB/Otto § 1018 Rn 67; Erman/Grziwotz § 1018 Rn 13; Bauer/von Oefele/Bayer/Lieder AT III 310; Schöner/Stöber Rn 1362.

32 Ausnahmsweise können sich Handlungspflichten aus dem Begleitschuldverhältnis aufgrund der §§ 1020–1023 BGB ergeben. Vgl. dazu: Amann, DNotZ 1989, 531–562.

33 Die Terminologie bei der Verzichtsdienstbarkeit ist uneinheitlich. Teilweise wird auch von Ausschlussdienstbarkeiten (Bauer/von Oefele/Bayer/Lieder Rn III 350; NK-BGB/Otto § 1018 Rn 84) Rechtsausschlussdienstbarkeiten (Erman/Grziwotz § 1018 Rn 19)

einen bestimmten Inhalt der Grunddienstbarkeit aber nicht fest. Somit sind der Gestaltungsfreiheit keine Grenzen gesetzt: Fast jedes vorstellbare Dulden oder Unterlassen kann, soweit es nicht gesetzlich verboten ist oder einen Gesetzesverstoß darstellt,[34] zum Gegenstand einer Grunddienstbarkeit gemacht werden.[35] Dies gewährleistet ein für das Sachenrecht, das durch die Grundsätze des Typenzwangs und der Typenfixierung gekennzeichnet ist, ungewöhnlich hohes Maß an Privatautonomie und Gestaltungsfreiheit.[36] Eine komplette Aufzählung möglicher Inhalte einer Grunddienstbarkeit ist daher nicht möglich.[37] Häufige Benutzungsdienstbarkeiten sind Wege- und Fahrtrechte, Strom-, Telefon-, und Wasserleitungsrechte, die schon oben in anderem Zusammenhang erwähnten Rechte zur Ausbeute und Entnahme von Grundstücks- und Bodenbestandteilen (wie im Beispiel drei), Gewerbeausübungsrechte aller Art, Überbaurechte und sonstige Grundstücksbenutzungsrechte, die z. B. ein Recht zur Gartennutzung (wie im Beispiel eins), zum Baden,[38] zur Kellernutzung oder zur Benutzung von PKW-Stellplätzen (wie im Beispiel zwei) einräumen. Eher ungewöhnlich mutet eine Seilbahngerechtigkeit an.[39] Benutzungsdienstbarkeiten können auch die Fruchtziehung ermöglichen.[40] Häufige Unterlassungsdienstbarkeiten sind: Bauverbote oder Baubeschränkungen, Gewerbeverbote, Immissionsverbote. Ein exotisches Beispiel bietet die früher in einigen Universitätsstädten vorkommende „servitus academica", die die Errichtung eines Studentenhauses auf dem dienenden Grundstück untersagte.[41] Verzichtsdienstbarkeiten betreffen vor allem nachbarrechtliche Abwehrrechte.[42] Der Eigentümer des dienenden Grundstücks verzichtet auf die Untersagung übermäßiger Immissionen, das Vorgehen gegen einen unentschuldigten Überbau oder das Entfernen eines Grenzbaums und schließt die

---

oder Rechtsausschließungsdienstbarkeiten (Bamberger/Roth/Wegmann § 1018 Rn 64) gesprochen.

34 NK-BGB/Otto § 1018 Rn 54.

35 Zu den Grenzen des Inhalts: Staudinger/Weber (2017) § 1018 Rn 76–91; MüKo/Mohr § 1018 Rn 42–57.

36 Staudinger/Weber (2017) § 1018 Rn 75.

37 Umfassende Aufzählung einzelner Fallgruppen bei: Staudinger/Weber (2017) § 1018 Rn 103–104a, 106–124, 127–132; MüKo/Mohr § 1018 Rn 31, 37, 41; Schellhammer, Sachenrecht Rn 516–518; Ertl, MittBayNot 1988, 61–64.

38 OLG Koblenz, NJW-RR 2014, 401–404.

39 BGH, DNotZ 1959, 240.

40 Erman/Grziwotz § 1018 Rn 13; Brehm/Berger 21.15; Westermann/Gursky/Eickmann § 121 Rn 6.

41 Heck, § 73 S. 304.

42 Motive III, 260, 475.

Geltendmachung etwaiger Ausgleichsansprüche aus. Der Verzicht kann auch ein Notwegerecht betreffen, welches der Eigentümer des dienenden Grundstücks eigentlich gegen den Eigentümer des herrschenden Grundstücks hätte.

b) Eingrenzung der Untersuchung

Bereits an der Auswahl der in dem Problemaufriss genannten Beispiele wird deutlich, dass die Problematik der Rechtsbeziehungen zwischen den Beteiligten nicht bei allen der drei vom Gesetz vorgezeichneten Typen von Grunddienstbarkeiten in gleichem Maße auftritt.

aa) Kein Auftreten der Problematik bei Unterlassungsdienstbarkeiten

In keinem der im Problemaufriss gewählten Beispiele kommt eine Unterlassungsdienstbarkeit vor. Denn bei Unterlassungsdienstbarkeiten werden bei einer Teilung des herrschenden Grundstücks weder zwischen den Eigentümern der herrschenden Grundstücke Verteilungsschwierigkeiten auftreten, die eine Regelung des Innenverhältnisses erforderlich machen, noch stellt sich die Frage, wie die Grunddienstbarkeit im Außenverhältnis geltend gemacht werden kann.[43] Der Grund liegt darin, dass bei Unterlassungsdienstbarkeiten die Verteilung der Berechtigung nicht streitig sein wird und denklogisch auch nicht streitig sein kann. Wenn eine Grunddienstbarkeit den Eigentümer des dienenden Grundstücks z. B. verpflichtet, auf seinem Grundstück ein Gebäude nur in einer 1 1/2 geschossigen Bauweise zu errichten[44] oder kein Gewerbe zu betreiben[45], so muss dieses Unterlassen nicht irgendwie im Innenverhältnis zwischen mehreren Eigentümern herrschender Grundstücke aufgeteilt oder kontingentiert werden. Vielmehr kommt es allen gleichermaßen von selbst zugute. Auch im Außenverhältnis ist das Unterlassungsgebot absolut und verändert sich nicht, wenn es durch die Teilung des herrschenden Grundstücks von mehreren Berechtigten durchgesetzt werden kann:[46] Es ist für den Eigentümer des dienenden Grundstücks nicht möglich, das Unterlassen nur teilweise gegenüber einem Eigentümer eines herrschenden Grundstücks zu erfüllen; entweder er hält sich an die Baubeschränkung bzw. das Gewerbeverbot, oder eben nicht. Eine Übertretung des Unterlassungsgebots beeinträchtigt alle Eigentümer herrschender Grundstücke in ihren Rechten aus der Grunddienstbarkeit und berechtigt diese im Außenver-

---

43 So schon Cohn, S. 27.

44 OLG Hamm, RPfleger 1996, 444 f.

45 BGH, NJW 1981, 343 f.

46 BGH, NJW 1965, 2398; jurisPK-BGB/Münch § 1025 Rn 10.

hältnis zur Durchsetzung von Abwehransprüchen. Da die hier zu diskutierende Problematik also in den Fällen der Unterlassungsdienstbarkeit nicht auftaucht, ist diese Unterart der Grunddienstbarkeit für diese Arbeit nicht von Interesse.

bb) Die Problematik bei Benutzungs- und Verzichtsdienstbarkeiten

Aber auch bei den verbleibenden Benutzungs- und Verzichtsdienstbarkeiten taucht die Problematik um die Ausübung der Grunddienstbarkeit bei Teilung des herrschenden Grundstücks nicht in jedem Fall auf.

aaa) Eingrenzung bei Benutzungsdienstbarkeiten

Dies gilt zum einen für die Benutzungsgrunddienstbarkeiten: Bei diesen kann zwischen solchen Grunddienstbarkeiten, die hinsichtlich des Umfangs ihrer Ausübung räumlich, zeitlich oder mengenmäßig beschränkt sind und die somit ein „Duldungskontingent" oder ein Benutzungsmaß aufweisen und solchen, bei denen keine Beschränkung der Ausübung vorliegt, differenziert werden.[47]

Alle in den Beispielsfällen vorkommenden Grunddienstbarkeiten sind der Kategorie der im Benutzungsmaß beschränkten Benutzungsdienstbarkeit zuzuordnen: Die Gartennutzung ist auf eine bestimmte Fläche räumlich beschränkt, nur ein Parkplatz darf als Stellplatz benutzt werden, womit ebenfalls eine räumliche Beschränkung vorliegt und auch die Tonerde darf nur auf einer bestimmten Fläche abgebaut werden.

Allgemein wird man sagen können, dass Grunddienstbarkeiten, die ein Entnahme- oder ein Gewerbeausübungsrecht gewährleisten, immer im Benutzungsmaß beschränkt sind, weil die zu entnehmenden Bodenbestandteile endlich sind und die Fläche, auf der ein Gewerbe betrieben werden kann, nicht unendlich ausgedehnt werden kann. Selbst wenn in diesen Fällen keine Begrenzung bestünde, also endlos Erde abgebaut werden dürfte und ein Gewerbe auf dem gesamten Grundstück betrieben werde könnte, stellt sich zumindest die Frage nach dem Innenverhältnis zwischen den Eigentümern der herrschenden Grundstücke. Denn irgendwann ist sämtliche Erde abgebaut und die gesamte verfügbare Fläche

---

47 Diese Differenzierung nimmt schon Engländer (S. 341) vor und spricht von einem „gemessenen Servitut". Allerdings existierte die Differenzierung bereits vorher: Im früheren Recht war die Unterscheidung in „gemessene" und „ungemessene" Dienstbarkeiten geltendes Recht; sie wurde in das BGB jedoch nicht übernommen (German Schmidt, S. 158). Vgl. auch Amann, DNotZ 2015, 164,165, der von „begrenzten" Grunddienstbarkeiten spricht und hierzu Beispiele aufführt.

für den Gewerbebetrieb ausgenutzt. Das Benutzungsmaß ergibt sich hier also zwangsläufig aus der Substanz des dienenden Grundstücks.

Aber auch die meisten sonstigen durch die Grunddienstbarkeit eingeräumten Benutzungsrechte sind in ihrem Benutzungsmaß beschränkt. Entweder, ausdrücklich räumlich, wie dies in den Beispielen ein und zwei hinsichtlich der Gartennutzung und des PKW-Stellplatzes der Fall ist. Ebenfalls denkbar ist eine zahlenmäßige Beschränkung: Ein Weiderecht kann etwa so bestellt werden, dass es nur mit einer bestimmten Zahl von Vieh ausgeübt werden darf.[48] Aber auch wenn, anders als in den Beispielen, die Benutzung nicht auf eine Teilfläche beschränkt ist und z. B. die Benutzung des gesamten Kellers eingeräumt wird,[49] liegt ein Benutzungsmaß vor, und zwar wieder der Natur der Sache nach: Im Fall des Kellers bleibt es bei einer Beschränkung auf die feststehende Kellerfläche, die nicht erweitert werden kann.

Das Vorhandensein eines solchen Benutzungsmaßes führt dazu, dass die Ausübung der Grunddienstbarkeit unter den Berechtigten auf irgendeine Art aufgeteilt werden muss, was zur Konkurrenz um die Ausübung der Grunddienstbarkeit führen kann und dann die oben angesprochenen Fragen nach dem Innen- und Außenverhältnis aufwirft. Vor allem bei diesen Grunddienstbarkeiten stellt sich daher die Problematik, die in dieser Arbeit einer Lösung zugeführt werden soll.

Anders ist dies bei solchen Grunddienstbarkeiten, die in ihrer Ausübung nicht auf ein bestimmtes Maß festgelegt sind. Dies sind vor allem nicht näher bezeichnete Wege- und Fahrtrechte[50], Strom-, Telefon-, oder Wasserleitungsrechte.[51]

---

48 BayObLGZ 1976, 58–66.

49 BayObLG, NJW-RR 2005, 604.

50 Beispiel für ein solches Wegerecht bei: Schöner/Stöber Rn 1113; ein konkretes Maß wird bei einem Wege-/Fahrtrecht nicht dadurch geschaffen, dass die Ausübung der Dienstbarkeit an eine bestimmte Nutzung des herrschenden Grundstücks, z. B. als Zier- und Nutzgarten oder Wohnhaus bzw. an einen Zweck, z. B. zu allen haus- und landwirtschaftlichen Zwecken, gebunden wird oder auf eine bestimmte Breite des Weges festgelegt wird (dies wird in vielen Formularbüchern vorgeschlagen, vgl. nur Kersten/Bühling/Basty § 64 Rn 9 M; Beck'sches Notar-Handbuch/Everts A VII Rn 33; KöFBGrundstR/Koller Kap 4 Rn 254). Die Koppelung der Ausübung der Dienstbarkeit an eine bestimmte Nutzungsart legt nur die Art der Ausübung, nicht aber ein konkretes Benutzungsmaß im Rahmen der Nutzungsart fest. Gleiches gilt für die Festlegung auf eine bestimmte Breite. Ein Gebrauchsmaß würde bei einem Wege- oder Fahrtrecht nur dann geschaffen, wenn es auf eine bestimmte Zeit oder auf eine bestimmte Anzahl von Personen/Fahrzeugen beschränkt würde. Dies erscheint theoretisch möglich, praktisch finden sich hierfür, soweit ersichtlich, keine Beispiele.

51 Auch für solche Grunddienstbarkeiten kann theoretisch ein konkretes Maß festgelegt werden:

Bei solchen Grunddienstbarkeiten besteht im Grunde eine (fast) unendliche Kapazität: Ein Wegerecht kann am Tag von einer, hundert oder tausend Personen parallel beliebig oft ausgeübt werden, ohne dass dies die Kapazität des dienenden Grundstücks irgendwie ausschöpfen würde.[52] Ebenso kann die Menge des geleiteten Stroms und Wassers gesteigert werden, ohne dass sich einer der Berechtigten einschränken müsste oder dies den Eigentümer des dienenden Grundstücks stärker belasten würde. Hier besteht ein Konfliktpotential, welches die Frage nach dem Innen- und Außenverhältnis aufwirft, von vornherein nicht; im Innenverhältnis zwischen den Berechtigten bedarf es keiner Verteilung, weil die aus der Grunddienstbarkeit fließende Berechtigung von allen Eigentümern herrschender Grundstücke in (fast) beliebigem Umfang nebeneinander ausgeübt werden kann und im Außenverhältnis bedarf es keiner Erörterung, welcher Berechtigte gegenüber dem Eigentümer des dienenden Grundstücks ein Dulden in welchem Umfang durchsetzen kann, da den Eigentümer des dienenden Grundstücks ohnehin eine unbeschränkte Duldungspflicht trifft.

Allerdings sind auch solche an sich nicht beschränkten Grunddienstbarkeiten in gewisser Weise über § 1025 S. 1, 2. HS. BGB auf ein Maß beschränkt, weil ihre Ausübung im Fall der Teilung des herrschenden Grundstücks im Zweifel nicht beschwerlicher werden darf, als vor der Teilung. Insofern kann also nur eingeschränkt von einer unendlichen Kapazität oder unbeschränkten Duldungspflicht gesprochen werden.

Die genaue Bestimmung des Maßes, ab dem die Beschwerlichkeitsschwelle erreicht ist, und fraglich wird, welche Benutzung im Außenverhältnis verlangt werden kann und wie sie im Innenverhältnis verteilt werden muss, ist schwierig und eine Frage des Einzelfalls. Der Grund liegt darin, dass bei einer Grunddienstbarkeit, die kein Benutzungsmaß festlegt, bei gleichbleibender Benutzungsart eine erhebliche Bedarfssteigerung aufseiten des herrschenden Grundstücks zulässig ist und der Ausübungsumfang des Benutzungsrechts entsprechend dem Bedarf gesteigert werden darf, wenn dies vorhersehbar und nicht willkürlich ist.[53] Ein Wegerecht darf z. B. stärker ausgeübt werden, wenn das herrschende Grundstück

Ein Leitungsrecht kann z. B. auf die Verlegung nur eines Rohres mit einem bestimmten Durchmesser beschränkt werden (KöFBGrundstR/Koller Kap 4 Rn 254).

52 Der Fall, dass das Wegerecht täglich durch Zehntausende oder gar Hunderttausende von Menschen ausgeübt wird, es zu Stauungen kommt und so doch ein Kontingent für das Wegerecht sichtbar wird, erscheint, eine einvernehmliche und friedliche Benutzung vorausgesetzt, in den allermeisten Fällen kaum vorstellbar.

53 BGH, DNotZ 2003, 704, 706; BGH, WM 2006, 336, 338; Staudinger/Weber (2017) § 1018 Rn 158; MüKo/Mohr § 1018 Rn 59; Palandt/Herrler § 1018 Rn 11; Erman/

stärker bebaut wird und infolgedessen mehr Personen vom Wegerecht Gebrauch machen.[54] Nichts anderes gilt aber im Fall der Teilung des herrschenden Grundstücks: Denn es kann für den Umfang der Grunddienstbarkeit keinen Unterschied machen, ob ein Wegerecht wegen stärkerer Bebauung eines einheitlichen Grundstücks einer höheren Beanspruchung ausgesetzt ist, oder ob das wegen einer Teilung des herrschenden Grundstücks geschieht.[55] Auch bei der Teilung des herrschenden Grundstücks kann sich daher eine Erweiterung des Maßes der Ausübung ergeben.

Es ist daher festzustellen, dass sich die Problematik der Ausübung der Grunddienstbarkeit bei Benutzungsdienstbarkeiten die ein Benutzungsmaß aufweisen immer, bei solchen, die kein genaues Benutzungsmaß aufweist, nur dann stellt, wenn im Einzelfall die Ausübung durch mehrere Eigentümer herrschender Grundstücke für den Eigentümer des dienenden Grundstücks zu einer höheren Beschwerlichkeit führt, die über eine normale Bedarfssteigerung hinausgeht. In diesem Fall stellt das Höchstmaß der vom Eigentümer des dienenden Grundstücks hinzunehmenden Benutzung das Maß der verteilungsfähigen Benutzungsmöglichkeit dar und es stellt sich dann wieder die Frage nach dem Innen- und Außenverhältnis. In den Fällen, in denen die Teilung des herrschenden Grundstücks nur zu einer stärkeren Ausübung im Rahmen einer vom Eigentümer des dienenden Grundstücks hinzunehmenden Bedarfssteigerung führt und alle Berechtigten das aus der Grunddienstbarkeit fließende Recht parallel benutzen können, stellt sich die Frage nach der Ausübung der Grunddienstbarkeit im hier gegebenen Kontext dagegen nicht. Die letztgenannte Konstellation ist daher für diese Arbeit nicht von Interesse.

bbb) Verzichtsdienstbarkeiten

Bei Verzichtsdienstbarkeiten wird sich in den meisten Fällen die Frage nach dem Innen- und Außenverhältnis nicht stellen. Wenn der Eigentümer des dienenden Grundstücks z. B. auf das Recht auf die Nutzung eines Notwegs oder das Fällen eines Grenzbaums verzichtet, er sich verpflichtet, allgemein gegen vom herrschenden Grundstück herrührende Immissionen nicht vorzugehen und keine Ausgleichsansprüche zu erheben oder Ausgleichsansprüche wegen

---

Grziwotz § 1018 Rn 10; Bamberger/Roth/Wegmann § 1018 Rn 32; Schöner/Stöber Rn 1158; German Schmidt, S. 194, 202, 226.

54 BGH, LM § 1018 Nr. 20; BGH, NJW 1959, 2060.

55 MüKo/Mohr § 1025 Rn 3; Staudinger/Weber (2017) § 1025 Rn 8; NK-BGB/Otto § 1025 Rn 7; Erman/Grziwotz § 1025 Rn 2; so auch schon Motive III, S. 488.

Baumfalls nicht geltend zu machen,[56] so führt das bei der Teilung des herrschenden Grundstücks nicht zu Verteilungsschwierigkeiten. Anders als bei der Unterlassungsdienstbarkeit führt ein Verstoß gegen den durch die Grunddienstbarkeit fixierten Verzicht zwar nicht zwangsläufig zu einer Verletzung aller Eigentümer aller herrschenden Grundstücke. Eine nur teilweise Erfüllung des Verzichts ist durchaus denkbar, indem z. B. der Eigentümer des dienenden Grundstücks die Rechte, auf welche er in der Grunddienstbarkeit verzichtet hat, nach der Teilung nur gegen einen von nun mehreren Eigentümern eines herrschenden Grundstücks geltend macht. Er geht also z. B. nur gegen einen von mehreren Immissionen verursachende Eigentümer herrschender Grundstücke vor oder verlangt nur von einem Ausgleich für Baumfall. In diesem Fall wird die Verpflichtung aus der Grunddienstbarkeit vom Eigentümer des dienenden Grundstücks nur selektiv gegenüber einigen Eigentümern herrschender Grundstücke erfüllt. Der Verzicht kommt also nicht zwangsläufig immer allen Eigentümern aller herrschenden Grundstücke gemeinsam zugute, sondern jedem einzelnen Eigentümer eines herrschenden Grundstücks, soweit der Eigentümer des dienenden Grundstücks sich ihm gegenüber an den Verzicht hält, gesondert, dann aber in vollem Umfang. Daraus folgt, dass es in diesen Fällen einer Verteilung im Innenverhältnis zwischen den Eigentümern aller herrschenden Grundstücke nicht bedarf. Jeder Eigentümer eines herrschenden Grundstücks hat für sich das volle Recht aus der Verzichtsdienstbarkeit für sein Grundstück. Da die Verletzung jeweils individuell bei jedem Eigentümer eines herrschenden Grundstücks erfolgt ist, muss das Außenverhältnis so beschaffen sein, dass jeder Eigentümer eines herrschenden Grundstücks eine Verletzung selbstständig geltend machen kann.

Theoretisch sind aber auch bei Verzichtsdienstbarkeiten Konstellationen denkbar, in denen es doch zu Verteilungsschwierigkeiten kommen kann und in denen sich dann die Frage nach dem Innen- und Außenverhältnis stellt. Das wäre zum einen der Fall, wenn der Verzicht von vornherein auf ein bestimmtes Maß begrenzt wäre. Beispielsweise könnte die Immissionsduldungsverpflichtung so vereinbart sein, dass Immissionen nur bis zu einem bestimmten Grenzwert ohne Ausgleichsansprüche hingenommen werden müssen. Dann stellt sich für die Eigentümer der herrschenden Grundstücke im Innenverhältnis die Frage, wer von ihnen wie viele Immissionen verursachen darf, bis der Grenzwert erreicht ist und wer sich im Außenverhältnis gegen vom Eigentümer des dienenden Grundstücks erhobene Ansprüche im Außenverhältnis in welcher

56 Beispiele aus: KöFBGrundstR/Koller Kap 4 Rn 289–295.

Höhe auf die Grunddienstbarkeit berufen darf. Auch in Bezug auf den Baumfall ist denkbar, dass die Grunddienstbarkeit so ausgestaltet wird, dass der Ausgleich für Baumfall nur bis zu einer bestimmten Anzahl von Bäumen ausgeschlossen wird. Wenn der Verzicht nur für zehn Bäume gilt, stellt sich unter den Eigentümern der herrschenden Grundstücke im Innenverhältnis die Frage, von welchem herrschenden Grundstück wie viele Bäume fallen dürfen, und auf wie viele von zehn Bäumen sich jeder Eigentümer eines herrschenden Grundstücks gegenüber dem Eigentümer des dienenden Grundstücks im Außenverhältnis berufen darf. Obwohl kein Grund ersichtlich ist, der einer Vereinbarung und Eintragung solcher auf ein bestimmtes Maß beschränkter Verzichtsdienstbarkeiten entgegenstehen würde, finden sich hierfür, soweit ersichtlich, keine Beispiele in Literatur und Rechtsprechung.

Wie schon bei der Benutzungsdienstbarkeit kann eine Begrenzung des Maßes auch bei der Verzichtsdienstbarkeit durch die Beschränkung des § 1025 S. 1, 2. HS BGB entstehen, wenn die Teilung dazu führt, dass der Verzicht für den Eigentümer des dienenden Grundstücks zu einer höheren Beschwerlichkeit führt. Das ist etwa denkbar, wenn das dienende Grundstück infolge der Teilung des herrschenden Grundstücks und einer dadurch vermehrten Nutzung verstärkten Immissionen ausgesetzt ist.[57] Hier ist freilich – wie bei der Benutzungsdienstbarkeit – zu berücksichtigten, dass die Begrenzung des Maßes nur im konkreten Einzelfall festgestellt werden kann und nur dann besteht, wenn sich die verstärkte Belastung außerhalb einer vorhersehbaren Bedarfssteigerung des herrschenden Grundstücks bewegt.

Bei Verzichtsdienstbarkeiten kann die Problematik um die Ausübung der Grunddienstbarkeit wie bei der Benutzungsdienstbarkeit somit nur auftauchen, wenn ein Verzichtsmaß besteht. Solche beschränkten Verzichtsdienstbarkeiten tauchen aber, soweit ersichtlich, in der Praxis nicht auf. Insofern hat die Untersuchung des Außen- und Innenverhältnisses für die Verzichtsdienstbarkeit nur eine geringe und rein theoretische Bedeutung. Aus diesem Grund findet sich im Problemaufriss auch kein Beispiel zu dieser Unterart der Grunddienstbarkeit. Die Verzichtsdienstbarkeit soll daher in dieser Arbeit nicht weiter behandelt werden.

3) Die Grunddienstbarkeit und mit ihr einhergehende Rechtsbeziehungen

Die Rechtsnatur der Grunddienstbarkeit als subjektiv-dingliches Recht, das wie alle Grundstücksrechte durch Einigung und Eintragung entsteht, wurde bereits

57 MüKo/Mohr § 1025 Rn 3.

erläutert. Das dingliche Recht wird jedoch meistens nicht isoliert auftreten, sondern mit schuldrechtlichen Beziehungen einhergehen. Insofern sind von dem dinglichen Recht Grunddienstbarkeit zum einen das schuldrechtliche Verpflichtungsgeschäft und zum anderen das gesetzliche Begleitschuldverhältnis zu unterscheiden.

a) Das schuldrechtliche Verpflichtungsgeschäft

Das schuldrechtliche Verpflichtungsgeschäft ist auf die Begründung der Grunddienstbarkeit gerichtet (Kausalgeschäft) und macht sie kondiktionsfest, indem es einen Rechtsgrund für das Behalten einer einmal eingeräumten Grunddienstbarkeit konstituiert.[58] Bei dem Verpflichtungsgeschäft kann es sich beispielsweise um einen Rechtskauf, einen Tausch oder eine Schenkung handeln.[59] Der Inhalt dieses Vertrags kann sich in der Bestellungsverpflichtung in Bezug auf die Grunddienstbarkeit erschöpfen[60], es können aber auch Regelungen über ein Entgelt für die Bestellung, Unterhaltspflichten und die Kündigung der Vereinbarung getroffen werden.[61] Verletzungen der im Verpflichtungsgeschäft festgelegten Pflichten führen über § 280 BGB zur Schadenersatzpflicht.[62] Da es sich um einen Vertrag handelt, wirkt er nur relativ zwischen den Vertragsparteien, nicht aber, wie die Grunddienstbarkeit, gegenüber früheren oder späteren Eigentümern des herrschenden oder dienenden Grundstücks. Die Unwirksamkeit des Verpflichtungsgeschäfts hat wegen des Abstraktionsprinzips auf die Grunddienstbarkeit keine Auswirkung, es sei denn, der Bestand des dinglichen Rechts ist durch eine auflösende Bedingung an die Wirksamkeit des Verpflichtungsgeschäfts gebunden.[63]

In dieser Arbeit sollen Rechtsbeziehungen, die sich aus dem Verpflichtungsgeschäft ergeben, außer Betracht bleiben. Es handelt sich um rein schuldrechtliche Vereinbarungen, die ohne Relevanz für die Ausübung der Grunddienstbarkeit als dingliches Recht sind.

---

58 Staudinger/Weber (2017) § 1018 Rn 12; Bamberger/Roth/Wegmann § 1018 Rn 4.

59 Staudinger/Weber (2017) § 1018 Rn 12; NK-BGB/Otto § 1018 Rn 100; Palandt/Herrler § 1018 Rn 33.

60 Staudinger/Weber (2017) § 1018 Rn 12; NK-BGB/Otto § 1018 Rn 101.

61 MüKo/Mohr § 1018 Rn 7; Staudinger/Weber (2017) § 1018 Rn 14; NK-BGB/Otto § 1018 Rn 100.

62 MüKo/Mohr § 1018 Rn 7.

63 MüKo/Mohr § 1018 Rn 7; Staudinger/Weber (2017) § 1018 Rn 14.

b) *Das gesetzliche Begleitschuldverhältnis*

Nach heute ganz herrschender Meinung[64] ergibt sich aus den §§ 1020 bis 1023 BGB ein dingliches Begleitschuldverhältnis.[65] In diesen Vorschriften werden Pflichten zur schonenden Rechtsausübung, sowie zur Erhaltung und Unterhaltung von Anlagen, die zur Ausübung der Grunddienstbarkeit auf dem belasteten Grundstück erforderlich sind, begründet. Auf die Pflichten aus dem dinglichen Begleitschuldverhältnis sind die allgemeinen Bestimmungen des Schuldrechts grundsätzlich anwendbar.[66] Ihre dingliche Wirkung äußert sich nur in ihrer Sukzessivwirkung: Die Pflichten gelten nicht wie bei dem soeben besprochenen Verpflichtungsgeschäft nur relativ zwischen den Vertragsparteien, sondern für und gegen den jeweiligen Eigentümer des herrschenden und dienenden Grundstücks.[67] Das Begleitschuldverhältnis kann von den Eigentümern des herrschenden und dienenden Grundstücks privatautonom ausgestaltet werden,[68] insbesondere kann die Unterhaltsverpflichtung für Anlagen auf dem herrschenden Grundstück nach § 1021 BGB verschoben werden. Damit eine solche vom Gesetz abweichende Ausgestaltung aber die beschriebene Sukzessivwirkung erlangt, bedarf es der Eintragung im Grundbuch.[69]

Es erscheint zwar durchaus denkbar, dass eine Teilung des herrschenden Grundstücks auch im Begleitschuldverhältnis zu Problemen führt.[70] So etwa dann, wenn gem. § 1021 Abs. 1 S. 2 BGB vereinbart wurde, dass die Unterhaltungspflicht für eine Anlage auf dem dienenden Grundstück den Eigentümer des herrschenden Grundstücks trifft, dies im Grundbuch eingetragen wurde und dann eine Teilung des herrschenden Grundstücks erfolgt. In diesem Fall kann zwischen den Eigentümern des herrschenden Grundstücks streitig sein, wer in welchem Umfang zur Unterhaltung von Anlagen beizutragen hat. Diese Fragen

---

64 BGH; DNotZ 1989, 565; BGH, NJW 1985, 2944; Staudinger/Weber (2017) § 1018 Rn 134–136a; MüKo/Mohr § 1018 Rn 10; NK-BGB/Otto § 1020 Rn 1; Palandt/Herrler § 1018 Rn 1; Soergel/Stürner § 1020 Rn 1; Amann, DNotZ 1989, 531, 534; aA BGB-RGRK/Rothe § 1020 Rn 1.

65 Das gesetzliche Begleitschuldverhältnis wird von Ulshöfer in ihrer Dissertation ausführlich untersucht.

66 Staudinger/Weber (2017) § 1018 Rn 136a; NK-BGB/Otto § 1020 Rn 6–8.

67 NK-BGB/Otto § 1020 Rn 2; Staudinger/Weber (2017) § 1018 Rn 136; Amann, DNotZ 1989, 531, 535 f.

68 NK-BGB/Otto § 1020 Rn 19.

69 NK-BGB/Otto § 1020 Rn 19, § 1021 Rn 3; Staudinger/Weber (2017) § 1021 Rn 1; MüKo/Mohr § 1021 Rn 1; Palandt/Herrler § 1021 Rn 1; Schöner/Stöber Rn 1153d.

70 Ulshöfer geht – soweit ersichtlich – in ihrer Arbeit auf diese Fragen nicht ein.

gehören aber nicht primär zur Ausübung der Rechtsmacht aus dem dinglichen Recht selbst. Auch die Rechtsbeziehungen, die sich aus dem Begleitschuldverhältnis ergeben, sollen daher in dieser Arbeit nicht weiter behandelt werden.

II. Die Ausübung der Grunddienstbarkeit

In Bezug auf Immobiliarrechte, die mehreren Personen zustehen, können eine Vielzahl von rechtlichen Bereichen regelungsbedürftig sein. Diese Bereiche lassen sich in sog. Modi unterteilen.[71] Amann nimmt die feinste Aufteilung vor und erkennt insgesamt neun Modi: Verfügungsmodus, Einziehungsmodus, Erfüllungsmodus, Verteilungsmodus, Verwaltungsmodus, Willensbildungsmodus, Vertretungsmodus, Abwehrmodus und Sukzessionsmodus.[72] Alle diese Modi zusammengenommen stellen die Ausübung des jeweiligen Immobiliarrechts dar. Diese Modi betreffen Immobiliarrechte allgemein und sind nicht auf ein bestimmtes Recht zugeschnitten. Nicht alle Modi haben in Bezug auf die Grunddienstbarkeit Relevanz.

Das betrifft zum einen Einziehungs-, Erfüllungs-, und Verteilungsmodus. Diese Modi befassen sich mit der Geltendmachung von Forderungen, die aus dem Immobiliarrecht hervorgehen oder die deren Hauptinhalt bilden.[73] Der Begriff der Forderung ist schuldrechtlich definiert und bezeichnet schuldrechtliche Ansprüche, die darauf gerichtet sind, von einem anderen ein Tun oder Unterlassen zu verlangen.[74] Die Grunddienstbarkeit hat aber weder eine solche Forderung zum Gegenstand, noch bringt sie unmittelbar Forderungen hervor. Bei der Grunddienstbarkeit kann einzig das Begleitschuldverhältnis, welches aber nicht Thema dieser Arbeit ist, Forderungen hervorbringen, nicht aber das dingliche Recht Grunddienstbarkeit selbst.[75] Insbesondere stellen Verteidigungsansprüche aus §§ 1027, 1004 BGB keine Forderungen dar, sondern sind nur sogenannte Rechtsverwirklichungsansprüche, die der Verwirklichung der Grunddienstbarkeit dienen.[76] Es sind dingliche Ansprüche, auf die einzelne schuldrechtliche Regelungen

71 Amann, FS Hagen, 77–83; Meikel/Böhringer § 47 Rn 1; ähnlich auch Bauer/von Oefele/Wegmann § 47 Rn 1–7, der aber nur sechs Bereiche unterscheidet.

72 Amann, FS Hagen, 77–83.

73 Amann, FS Hagen, 78–81.

74 Staudinger/Olzen (2015) § 241 Rn 113; MüKo/Bachmann § 241 Rn 6; Palandt/Grüneberg Einl. v § 241 Rn 3; Looschelders Rn 7–9.; Gernhuber, S. 34 f.; Larenz, Schuldrecht, S. 15; Esser/Schmidt, S. 85; Creifelds, S. 67.

75 Amann, FS Hagen, 78 f.

76 MüKo/Bachmann § 241 Rn 8; Medicus/Lorenz Rn 6; wohl auch: Esser/Schmidt, S. 85 f.; Larenz, Schuldrecht, S. 15.

möglicherweise teilweise (entsprechend) angewendet werden können;[77] das ändert aber nichts daran, dass die für Forderungen verwendete Terminologie auf dingliche Verteidigungsansprüche nicht ohne Weiteres passt: Solche Ansprüche werden nicht wie eine Kaufpreisforderung eingezogen, erfüllt oder verteilt. Von Verteilung kann in Bezug auf die Grunddienstbarkeit daher nur insofern gesprochen werden, als es um die Verteilung des aus dem dinglichen Recht folgenden Benutzungsmaßes unter mehreren Eigentümern herrschender Grundstücke geht.

Neben dem Verteidigungsmodus bedarf es auch keines gesonderten Vertretungsmodus. Es ist nicht ersichtlich, wem gegenüber die Grunddienstbarkeit abgesehen von der Verteidigung im Außenverhältnis vertreten werden müsste.

Auch der Sukzessionsmodus bedarf bei der Grunddienstbarkeit keiner weiteren Besprechung. Denn die Grunddienstbarkeit ist im Prinzip ein ewiges Recht (s. o. Teil 1 I.1)a)) und folgt dem jeweiligen Grundstückseigentümer. Einen besonderen Sukzessionsmodus gibt es also bei der Grunddienstbarkeit nicht.

Die anderen Modi überschneiden sich bei der Grunddienstbarkeit teilweise. Unter Ausübung der Grunddienstbarkeit sollen in dieser Arbeit daher nur drei Bereiche oder Modi verstanden werden: Benutzung, Verteidigung und Verfügung.

1) Benutzung der Grunddienstbarkeit: Fruchtziehung und Gebrauch

Schwerpunkt und Hauptkonfliktpunkt der Ausübung einer Grunddienstbarkeit ist sicherlich die Benutzung, die darin besteht, dass das dienende Grundstück im Rahmen der durch den Inhalt der Grunddienstbarkeit festgelegten einzelnen Beziehungen von den Eigentümern der herrschenden Grundstücke benutzt wird. Benutzen soll hier definiert werden als jede Handlung, die sich auf die Ziehung von Früchten oder auf den Gebrauch richtet. Gebrauch ist zu verstehen als jede Ausübung der mit der Innehabung der Grunddienstbarkeit verbundenen Rechte, die nicht Fruchtziehung ist.[78] Die Begriffe Benutzen und Gebrauchen werden hier also nicht synonym verstanden;[79] das Benutzen ist der Oberbegriff, unter den auch das Gebrauchen fällt.[80]

---

77 Staudinger/Olzen (2015) Einl. zum SchuldR Rn 12; § 241 Rn 113.

78 NK-BGB/Ring § 100 Rn 5; Palandt/Ellenberger § 100 Rn 1.

79 Die Begriffe werden aber oft (bewusst oder unbewusst) synonym verwendet (vgl. Staudinger/von Proff (2015) § 744 Rn 10; MüKo/Karsten Schmidt § 743 Rn 10, 11, 14, §§ 744, 745 Rn 4; jurisPK-BGB/Ehlers § 743 Rn 15; Raubold, S. 12, 46), was bei der Zuordnung der Nutzungen zu Problemen führt. Darauf wird später noch einzugehen sein.

80 Dieses Verständnis legten auch die Redakteure des BGB zugrunde (vgl. Schubert/Johow S. 50: „Der Ausdruck ‚Benutzung' wird als der allgemeinere dem von Anderen

Ergebnis der so verstandenen Benutzung sind die Nutzungen gem. § 100 BGB; im Fall der Fruchtziehung sind das die Früchte gem. § 99 BGB, im Fall des Gebrauchs die in § 100 BGB erwähnten Gebrauchsvorteile.[81] Zusammenfassend soll somit unterschieden werden zwischen den Oberbegriffen des Benutzens und den daraus folgenden Nutzungen und den Unterkategorien der Fruchtziehung, aus der Früchte resultieren, sowie dem Gebrauch, aus dem Gebrauchsvorteilen hervorgehen.

Die Auswahl der Beispiele zeigt, dass je nach Grunddienstbarkeit unterschieden werden muss, welche Form der Benutzung und welche Nutzungen als Resultat daraus vorliegen.[82] In Beispiel drei, in dem die Grunddienstbarkeit den Abbau der kieselsauen Tonerde ermöglicht, räumt das Recht die Befugnis zur Gewinnung von Erträgen in Form von Bodenbestandteilen ein. Die abgebaute Erde[83] wird man als Rechtsfrucht gem. § 99 Abs. 2 BGB des Rechts Grunddienstbarkeit einzuordnen haben.[84] In Beispiel zwei wird man das Parken auf dem Stellplatz als Gebrauch der Grunddienstbarkeit einordnen müssen, da hier die mit der Innehabung des Rechts Grunddienstbarkeit verbundenen Rechte ausgeübt werden,

---

angewendeten Ausdrucke ‚Gebrauch', vorzuziehen sein."). In den Motiven wird die Benutzung ebenfalls als Oberbegriff verstanden, der Früchte und Gebrauch umfasst (vgl. Motive III, S. 475: „Unter Nutzungen werden nach § 793 Früchte und die mit dem Gebrauch verbundenen Vortheile verstanden. Der Ausdruck ‚Benutzung' wird in entsprechendem Sinne zu verstehen sein."). Dem folgt auch Osieka, S. 36 f., der das Wort „Benutzen" wie folgt definiert: „Jede unmittelbare Einwirkung seitens des Berechtigten auf das Grundstück, die für ihn von Nutzen ist, mag es sich nun um die Gewinnung von Früchten handeln, oder nur um Vorteile, die der Gebrauch des Grundstücks gewährt, oder um beides zusammen.".

81 Das Gesetz geht selbst davon aus, dass entstandenen Nutzungen ein (hier als „Benutzung" bezeichneter) Vorgang der Nutzungsziehung vorausgeht, dessen Resultat die Nutzungen sind. Das kommt darin zum Ausdruck, dass das BGB nicht immer, wie z. B. in den §§ 292 Abs. 2, 302, 446, 745 Abs. 3, 991, 993, 1030, 1213 f., 2023, 2379 f. BGB nur allgemein von „Nutzungen" spricht, sondern zwischen „gezogenen Nutzungen" (vgl. §§ 346 Abs. 1, 987 Abs. 1, 988, 2020 BGB) und „nicht gezogenen Nutzungen" (vgl. §§ 347, 987 Abs. 2 BGB) unterscheidet. Für Früchte als Untergruppe der Nutzungen kennt das Gesetz ebenfalls den Begriff der „gezogenen Früchte" (vgl. §§ 993 Abs. 1, 1039 Abs. 1 BGB).

82 So auch Eichler, S. 586 f.

83 Nach einer Mindermeinung ist nicht die gewonnene Erde selbst Rechtsfrucht, sondern nur das Eigentum an ihr, weil Rechtsfrucht immer nur ein Recht sein kann (vgl. Staudinger/Jickeli/Stieper (2012) § 99 Rn 13).

84 Affolter, S. 108.

ohne das Früchte gezogen werden.[85] Gebrauchsvorteil ist die Möglichkeit, den Stellplatz als Parkfläche zu benutzen.[86] Und in Beispiel eins wird man den Begriff der Gartennutzung so aufzufassen haben, dass sowohl Fruchtziehung als auch Gebrauch eingeräumt werden: Einerseits können Blumen gepflückt und Obst geerntet und somit Früchte gezogen werden, andererseits darf der Garten aber auch zum reinen Verweilen und zur Freizeitgestaltung genutzt werden und gewährt dann Gebrauchsvorteile.[87]

Die Benutzung betrifft das Innenverhältnis zwischen den Eigentümern der herrschenden Grundstücke.[88] Fraglich in Bezug auf die Benutzung ist insbesondere, nach welcher Grundregel Benutzung und Nutzungen verteilt werden und ob und wie die Eigentümer der herrschenden Grundstücke abweichende Regelungen vereinbaren können. In Bezug auf die Ausübung kann man damit von einem

85 Palandt/Ellenberger § 100 Rn 1.

86 Nach ganz herrschender Meinung muss der Gebrauchsvorteil nicht in einem Vermögensvorteil bestehen, sondern kann auch rein ideell/immateriell sein (MüKo/Stresemann § 100 Rn 3; NK-BGB/Ring § 100 Rn 16; Soergel/Marly § 100 Rn 3; Palandt/Ellenberger § 100 Rn 1; PWW/Völzmann-Stickelbrock § 100 Rn 2; Erman/Schmidt § 100 Rn 2; jurisPK-BGB/Vieweg § 100 Rn 4, aA: OLG Hamburg, MDR 1953, 613 f.). Davon zu unterscheiden ist die Frage nach dem Vorteilswert, der sich in der Regel nach dem entsprechenden Miet- oder Pachtwert bestimmt und im Extremfall auch null betragen kann (Staudinger/Jickeli/Stieper (2012) § 100 Rn 5). Der Begriff des Gebrauchsvorteils knüpft also nicht an einen bestimmten Wert an.

87 Bork, Rn 268.

88 Die Benutzung kann in besonders gelagerten Fällen auch das Außenverhältnis berühren, wenn nämlich die Grunddienstbarkeit so ausgestaltet ist, dass der Eigentümer des herrschenden Grundstücks das dienende Grundstück nur neben dessen Eigentümer mitbenutzen darf. Wird dann das herrschende Grundstück real geteilt, konkurrieren nicht nur die Eigentümer der herrschenden Grundstücke um die Benutzung des dienenden Grundstücks, sondern auch der Eigentümer des dienenden Grundstücks. Die Rechtsprechung löst diesen Fall, indem sie den Eigentümer des dienenden Grundstücks mit in das Innenverhältnis hineinzieht und die Regeln der §§ 741–758 BGB auf ihn analog anwendet, obwohl eine Bruchteilsgemeinschaft zwischen den Eigentümern der herrschenden Grundstücke und dem Eigentümer des dienenden Grundstücks mangels eines gemeinschaftlichen Rechts eigentlich nicht besteht (vgl. BGH, NJW 2008, 3703–3705.). Der Eigentümer des dienenden Grundstücks wird also wie ein zusätzlicher Eigentümer eines herrschenden Grundstücks behandelt. Insofern muss diese Konstellation hier nicht gesondert besprochen werden, weil die zu dem Innenverhältnis unter den Eigentümern der herrschenden Grundstücke auch für einen eventuell mitbenutzungsberechtigten Eigentümer des dienenden Grundstücks (entsprechend) gelten.

freilich nicht auf Forderungen bezogenen Verteilungsmodus sprechen. Die Benutzung der Grunddienstbarkeit umfasst weiter den Willensbildungsmodus; denn die Eigentümer der herrschenden Grundstücke müssen sich über die gemeinsame Benutzung und die Verteilung der Nutzungen einig werden. Ob man bei der Benutzung auch von einer Verwaltung und daher auch von einem Verwaltungsmodus der Grunddienstbarkeit sprechen kann, wird noch zu klären sein.

2) Verteidigung der Grunddienstbarkeit

Zur Ausübung der Grunddienstbarkeit gehört auch die Verteidigung derselben im Falle der Beeinträchtigung der Benutzung durch den Eigentümer des dienenden Grundstücks oder Dritte. Die Verteidigung erfolgt bei der Grunddienstbarkeit vor allem nach §§ 1027, 1004 BGB und für den Fall, dass der Eigentümer des herrschenden Grundstücks zugleich Besitzer des dienenden Grundstücks ist, nach §§ 1029, 861, 862 BGB.[89] Die Verteidigung betrifft das Außenverhältnis der Eigentümer des herrschenden Grundstücks gegenüber dem Eigentümer des dienenden Grundstücks und Dritten.

3) Verfügung über die Grunddienstbarkeit

Weiter soll hier auch die Verfügung über die Grunddienstbarkeit, also deren Aufhebung, Übertragung, Belastung und inhaltliche Veränderung der Ausübung zugerechnet werden. Auch der Verfügungsmodus betrifft das Außenverhältnis.

III. Die Grundstücksteilung

Es können drei Arten von Grundstücksteilungen unterschieden werden.[90]

1) Realteilung

Unter Realteilung ist der Vorgang zu verstehen, dass aus einem Grundstück mehrere Grundstücke gebildet werden.[91] Dieser Vorgang ist zwar im BGB nicht ausdrücklich geregelt, die Möglichkeit hierzu folgt aber als actus contrarius zu der in § 890 Abs. 1 BGB geregelten Grundstücksvereinigung nach einhelliger Ansicht aus § 903 BGB und wird auch im BGB an verschiedenen Stellen explizit erwähnt,

89 Daneben wird auch eine analoge Anwendung der §§ 985–986 BGB diskutiert (Staudinger/Weber (2017) § 1027 Rn 23; MüKo/Mohr § 1027 Rn 1; Ulshöfer S. 108–109).

90 Hettiger, S. 36–53.

91 Hettiger, S. 36 f.; Geißel, MittRhNotK 1997, 333.

so etwa in den §§ 1025, 1026, 1108, 1109 BGB.[92] Allgemein wird zwischen der Teilung im eigenen Besitz und der Teilung von Amts wegen gem. § 7 Abs. 1 GBO unterschieden.[93] Bei ersterer beabsichtigt der Eigentümer nur die Teilung also solches, bei der sehr viel häufigeren Teilung von Amts wegen ist sie notwendiges Durchgangsstadium, weil der Eigentümer eine andere Verfügung, etwa die Teilveräußerung eines realen Grundstücksteils beabsichtigt.[94]

Materiell-rechtlich bedarf es zu einer wirksamen Teilung einer darauf gerichteten formfreien[95] Teilungserklärung des teilenden Eigentümers gegenüber dem Grundbuchamt, eventuell öffentlich-rechtlicher Genehmigungen, z. B. gem. §§ 51 Abs. 1 Nr. 1, 144 Abs. 1 Nr. 2, 169 Abs. 1 Nr. 5 BauGB,[96] und der Eintragung der Teile im Grundbuch unter verschiedenen Nummern.[97] Die Teilungserklärung ist eine Verfügung des Eigentümers über das Grundstück, da sie eine inhaltliche Veränderung des bisher einheitlichen Grundstücks bewirkt, indem sie dieses in mehrere Rechtsobjekte aufspaltet.[98] Die Teilungserklärung wird bei der Teilung im eigenen Besitz regelmäßig im formellrechtlichen Eintragungsantrag (der dann als gemischter Antrag im Sinne von § 30 GBO der Form des § 29 GBO bedarf)[99] gem. § 13 GBO enthalten sei; bei der Teilung von Amts wegen liegt sie in der (den Eintragungsantrag ersetzenden) materiell-rechtlichen Einigungserklärung

92 Staudinger/Gursky (2013) § 890 Rn 52; MüKo/Kohler § 890 Rn 14; Palandt/Herrler § 890 Rn 5.

93 Die Terminologie ist uneinheitlich, vgl. hierzu Hettiger S. 39; Böttcher, RPfleger 1989, 133, 134. So spricht Bauer/von Oefele/Maaß § 7 Rn 23, 31 von „Teilung auf Antrag" und „notwendiger Teilung" und Hügel/Kral § 7 Rn 5, 6 von „fakultativer Teilung" und „notwendiger Teilung". Gemeint ist aber dieselbe Differenzierung. Wie hier: Meikel/Böttcher § 7 Rn 22, 23.

94 Hettiger, S. 39; Kuntze/Ertl/Herrmann/Eickmann § 7 Rn 3, 21; Meikel/Böttcher § 7 Rn 21–27.; Hügel/Kral § 7 Rn 5, 6; Böttcher, RPfleger 1989, 133, 134.

95 Um den grundbuchrechtlichen Vollzug gem. § 29 Abs. 1 GBO sicherzustellen, wird freilich auf formeller Seite doch eine Beurkundung der Teilungserklärung erforderlich, vgl. Bauer/von Oefele/Knothe § 29 Rn 30.

96 Die Genehmigungsbedürftigkeit kann sich auch aus Landesrecht ergeben, vgl. hierzu Grauel, Notariatskunde § 4 Rn 3.

97 Böttcher, RPfleger 1989, 133, 134; Geißel, MittRhNotK 1997, 333, 334; MüKo/Kohler § 890 Rn 16; Palandt/Herrler § 890 Rn 6.

98 Staudinger/Gursky (2013) § 890 Rn 52; Soergel/Stürner § 890 Rn 11; von Thur II S. 240 Fn 20.

99 Staudinger/Gursky (2013) § 890 Rn 53; Meikel/Böttcher § 7 Rn 22; Demharter § 7 Rn 4; Hügel/Kral § 7 Rn 30.

des Eigentümers zur Veräußerung gem. § 20 GBO, bzw. in der formellrechtlichen Belastungsbewilligung gem. § 19 GBO.[100]

Grundbuchrechtlich kann die Teilung auf zwei Arten vollzogen werden: Entweder wird das bisherige Grundbuchblatt beibehalten. Die jetzt selbstständigen Teile werden dann im Bestandsverzeichnis in den Spalten 1 und 4 unter neuen laufenden Nummern eingetragen; in Spalte 6 wird der eigentliche Teilungsvermerk eingeschrieben. In den ersten drei Abteilungen werden grundsätzlich keine Eintragungen vorgenommen.[101] Weiter ist auch die Übertragung auf ein neues Grundbuchblatt möglich, was häufig anlässlich einer Veräußerung vorkommt.[102] Das auf dem alten Blatt verbleibende Restgrundstück wird dann unter einer neuen laufenden Nummer auf dem alten Blatt eingetragen. Auf dem neuen Blatt wird das neu entstandene Grundstück im Bestandsverzeichnis unter einer neuen laufenden Nummer eingetragen. In der 1. Abteilung wird die Übertragung vermerkt. In der zweiten und dritten Abteilung werden alle etwa vorhandenen Belastungen eingetragen.[103]

Die Realteilung muss von der bloßen Zerlegung einer Katasterparzelle in mehrere neue Flurstücke unterschieden werden. Im letzteren Fall liegt keine Teilung im Rechtssinne vor; es entstehen mehrere Flurstücke, die aber weiterhin ein einheitliches Grundstück ergeben.[104] Die Realteilung setzt aber eine entsprechende vorherige katastermäßige Zerlegung voraus, wenn eine real abzuteilende Fläche noch keine Flurstücksqualität hat.[105]

Die in dieser Arbeit zu besprechende Problematik um die Ausübung der Grunddienstbarkeit tritt, wie auch die Beispielsfälle zeigen, immer dann auf, wenn eine Realteilung in Form der Teilung von Amts wegen erfolgt, wenn also die Teilung mit einer Veräußerung der entstehenden Grundstücksteile an mehrere Personen einhergeht. Die bloße Teilung im eigenen Besitz wird dagegen nicht zu Problemen führen, da sie zwar zur Entstehung mehrerer Rechtsobjekte führt, diese aber nach wie vor im Eigentum eines Rechtssubjekts stehen. In Bezug auf die Grunddienstbarkeit bleibt es dann trotz der Teilung bei einem einzigen Eigentümer der herrschenden Grundstücke, der das Recht für jede Parzelle ge-

---

100 Meikel/Böttcher § 7 Rn 5; Böttcher, RPfleger 1989, 133, 134.

101 Bauer/von Oefele/Maaß § 7 Rn 51; Meikel/Böttcher § 7 Rn 68–71.; Schöner/Stöber Rn 675.

102 Hügel/Kral § 7 Rn 56.

103 Bauer/von Oefele/Maaß § 7 Rn 52; Meikel/Böttcher § 7 Rn 72–75.; Schöner/Stöber Rn 676.

104 Bauer/von Oefele/Maaß § 7 Rn 5; Meikel/Böttcher § 7 Rn 4; Schöner/Stöber Rn 668.

105 Hügel/Kral § 7 Rn 3; Staudinger/Gursky (2013) § 890 Rn 54.

sondert ausüben kann.[106] Es fehlt in diesem Fall an zwei Parteien, die um die Ausübung der Grunddienstbarkeit konkurrieren könnten.[107] Probleme werden bei der Teilung im eigenen Besitz erst dann auftreten, wenn ein Teilgrundstück später mit zeitlichem Abstand an eine dritte Person veräußert wird.

2) Ideelle Teilung

Unter der ideellen Teilung eines Grundstücks wird die Aufteilung eines Grundstücks in Miteigentum gem. §§ 1008, 741 BGB verstanden.[108] Miteigentum an einem Grundstück entsteht rechtsgeschäftlich, wenn entweder der Eigentümer einen Eigentumsbruchteil an einen anderen veräußert oder mehrere Personen das Grundstück als Bruchteilsberechtigte erwerben und die Miteigentümer mit ihren Quoten gemäß § 47 Abs. 1 GBO im Grundbuch eingetragen werden.[109] Im Gegensatz zur Realteilung ist eine ideelle Teilung nur durch den Eigentümer ohne

---

106 Cohn, S. 26.

107 Aus diesem Grund muss auch die Konstellation, dass das herrschende Grundstück mehreren Eigentümern zur gesamten Hand zusteht und dann eine Realteilung dieses Grundstücks durch die Gesamthänder durchgeführt wird, nicht weiter erörtert werden. Sind die Eigentümer des herrschenden Grundstücks in einer nicht rechtsfähigen Güter- oder Erbengemeinschaft gem. §§ 1415, 2032 BGB verbunden, so sind sie selbst gesamthänderisch Eigentümer des herrschenden Grundstücks und werden nach der Realteilung in Bezug auf jedes Teilgrundstück gesamthänderisch Eigentümer. Damit sind aber die Parteien, die um die Ausübung der Grunddienstbarkeit streiten könnten dieselben, wie vor der Teilung. Es kommt zu einer Vermehrung der Rechtsobjekte, auf die sich die Grunddienstbarkeit bezieht; die Gesamthänder, die aus der Grunddienstbarkeit berechtigt sind, bleiben jedoch unverändert. Es entsteht durch die Realteilung mithin keine zusätzliche Konkurrenzsituation, die erörtert werden müsste. Die schon vor der Realteilung bestehende Konkurrenz zwischen den Gesamthändern um die Ausübung der Grunddienstbarkeit ist auch nach der Realteilung nach den Spezialregelungen zu lösen, die das Gesetz für die jeweilige Gesamthand bereit hält (vgl. hierzu sogleich unter 2)). Von vornherein keine Probleme birgt die Konstellation, dass eine GbR als dritte im BGB geregelte Form der Gesamthand gem. § 705 BGB Eigentümer des herrschenden Grundstücks ist und eine Realteilung erfolgt. Da die GbR (teil-)rechtsfähig ist und selbst Eigentümer des herrschenden Grundstücks ist, liegt eine einfache Vorratsteilung vor, mit dem Ergebnis, dass die GbR Eigentümer aller Teilgrundstücke wird. Auch hier entsteht keine Konkurrenzsituation.

108 Staudinger/Gursky (2013) § 1008 Rn 2; Bamberger/Roth/Fritzsche § 1008 Rn 1; Palandt/Herrler § 1008 Rn 1; Jauernig/Berger § 1008 Rn 1.

109 MüKo/Karsten Schmidt § 1008 Rn 12; NK-BGB/Nusser § 1008 Rn 27; Palandt/Herrler § 1008 Rn 3.

Anteilsübertragung an Dritte nicht möglich, da die Bruchteilsgemeinschaft ihrem Wesen nach voraussetzt, dass die Anteile von mehreren Rechtssubjekten gehalten werden.[110] Eine Vorratsteilung durch den Eigentümer dergestalt, dass eine Teilung für eine erst in Zukunft geplante Veräußerung eines Eigentumsbruchteils durchgeführt wird, ist bei der ideellen Teilung daher nicht möglich.[111]

In Bezug auf die dogmatische Struktur der Bruchteilsgemeinschaft ist heute die Einheitstheorie ganz herrschend.[112] Die Aufteilung eines Grundstücks in Miteigentum berührt danach das Grundstück als Rechtsobjekt nicht: Es besteht auch nach der Entstehung von Miteigentum nur ein Grundstück, nicht aber mehrere – auch nicht ideelle – Teilgrundstücke.[113] Die ideelle Teilung ist daher gar keine Grundstücksteilung im technischen Sinne,[114] da nicht das gemeinschaftliche Grundstück selbst, sondern nur die Rechtszuständigkeit in Bezug auf das Grundstück geteilt wird.[115] Dies kommt grundbuchrechtlich dadurch zum Ausdruck, dass zwar gem. § 47 Abs. 1 GBO die Anteile der Berechtigten in Bruchteilen in der ersten Abteilung im Grundbuch anzugeben sind; nicht aber findet, wie bei der Realteilung, eine Eintragung der Anteile unter neuen laufenden Nummern im Bestandsverzeichnis oder gar die Übertragung auf neue Grundbuchblätter statt.

Indes kann auch die bloße Aufteilung der Rechtszuständigkeit in Bezug auf die Grunddienstbarkeit dieselben Probleme aufwerfen, wie eine Realteilung. Bei der ideellen Teilung des herrschenden Grundstücks ist zwar im Unterschied zur Realteilung nicht schon streitig, ob sich die Grunddienstbarkeit in ein oder mehrere Rechte aufspaltet. Denn wenn schon das Eigentum am herrschenden Grundstück real ungeteilt bleibt, erscheint es fernliegend, nur die Grunddienstbarkeit, die, wie oben unter Teil 1 I.1)a) beschrieben, zu dem herrschenden Grundstück in einem engen Verhältnis steht, in mehrere selbstständige reale Einzelgrunddienstbarkeiten aufzuspalten. Allerdings führt auch die ideelle Teilung dazu, dass

---

110 Das geht schon aus dem Wortlaut der §§ 741 I, 1008 BGB hervor. Das Recht, bzw. das Eigentum muss „mehreren" zustehen.

111 MüKo/Karsten Schmidt § 1008 Rn 5; Palandt/Herrler § 1008 Rn 2.

112 Die dogmatische Struktur der Bruchteilsgemeinschaft war früher streitig. Die Einheitstheorie ist aber heute allgemein anerkannt. Darstellung bei Staudinger/Langhein/von Proff (2015) Vorbem zu §§ 741 ff. Rn 8; MüKo/Karsten Schmidt § 741 Rn 2; Hilbrandt, AcP 202 (2002) 631, 632. Eine abweichende Meinung vertritt, soweit ersichtlich, heute nur noch Madaus, AcP 212 (2012), 295, dessen Ansatz der Vervielfältigung des Vollrechts aber keine Gefolgschaft gefunden hat.

113 Hettiger, S. 46 f.; Hilbrandt, AcP 202 (2002) 631, 632.

114 Dohnanyi, S. 27.

115 MüKo/Karsten Schmidt § 741 Rn 2; Palandt/Sprau § 741 Rn 7; Erman/Aderhold § 741 Rn 1.

sich hinsichtlich der Grunddienstbarkeit mehrere Personen gegenüberstehen, die jeweils ein Interesse an der Ausübung haben und darüber in Konflikt geraten können. In den im Problemaufriss geschilderten Beispielen könnte die Realteilung ohne Weiteres auch durch eine ideelle Teilung ersetzt werden, die Fragen nach der Ausübung blieben gleich. In der Literatur wird auf die ideelle Teilung des herrschenden Grundstücks und die daraus resultierenden Fragen nach der Ausübung der Grunddienstbarkeit nicht eingegangen. Die ganz herrschende Meinung nimmt an, dass § 1025 BGB nur für die Realteilung, nicht aber auch für die ideelle Teilung gilt.[116] Demgemäß schildert sie auch nur das Meinungsspektrum für die Ausübung der Grunddienstbarkeit bei realer Grundstücksteilung. Für die ideelle Teilung des herrschenden Grundstücks scheint ein ähnliches Meinungsspektrum nicht zu existieren. Auf die Gründe hierfür und die Ausübung der Grunddienstbarkeit bei der ideellen Teilung wird einzugehen sein.

Eine gewisse Ähnlichkeit mit der gerade beschriebenen ideellen Teilung weist, der Vorgang der Entstehung einiger Arten der Gesamthand am herrschenden Grundstück auf. Wenn das herrschende Grundstück durch die Vereinbarung einer Gütergemeinschaft gem. § 1416 Abs. 1 BGB Gesamtgut der Ehegatten wird oder es nach dem Tod des Eigentümers mehreren Erben gem. § 2032 Abs. 1 BGB in Erbengemeinschaft zusteht, wird das herrschende Grundstück als Rechtsobjekt nicht aufgespalten; wohl aber liegt die Rechtszuständigkeit dann – wie bei der ideellen Teilung – bei mehreren Personen. In den Fällen des Gesamtgutes und der Erbengemeinschaft entsteht eine nicht rechtsfähige Gesamthand,[117] die mangels eigener Rechtspersönlichkeit nicht Eigentümer eines herrschenden Grundstücks sein kann. Eigentümer des herrschenden Grundstücks und damit die aus der Grunddienstbarkeit Berechtigten sind daher immer die hinter der Gesamthand stehenden Ehegatten, bzw. Erben. Da auch diese sich über die Ausübung einer

---

116 Staudinger/Weber (2017) § 1025 Rn 1, 3; NK-BGB/Otto § 1025 Rn 1; MüKo/Mohr § 1025 Rn 2; Bamberger/Roth/Wegmann § 1025 Rn 2; Erman/Grziwotz § 1025 Rn 1; BGB-RGRK/Rothe § 1025 Rn 1; dieses Verständnis hat wohl auch der Gesetzgeber zugrunde gelegt, der von „Naturaltheilung" spricht und auf die grundbuchtechnische Teilung verweist, vgl. Motive III, S. 487 f.; aA Palandt/Herrler § 1025 Rn 1; jurisPK-BGB § 1025 Rn 40, beide allerdings ohne Begründung.

117 Zur Gütergemeinschaft: BayObLG, DNotZ 2003, 454 f.; Staudinger/Thiele (2007) § 1416 Rn 3–7; MüKo/Kanzleiter § 1416 Rn 3; Erman/Heinemann § 1416 Rn 1; Palandt/Brudermüller § 1416 Rn 1; Gernhuber/Coester-Waltjen, § 38 Rn 9 f.; zur Erbengemeinschaft: BGH, NJW 2006, 3715; Staudinger/Löhnig (2016) § 2032 Rn 5; MüKo/Gergen § 2032 Rn 12; Erman/Bayer § 2032 Rn 1, 3; Palandt/Weidlich Einf. v § 2032 Rn 1; Lange, Kap 14 Rn 12.

zugunsten des herrschenden Grundstücks bestehenden Grunddienstbarkeit untereinander sowie gegenüber Dritten uneinig sein können, könnte man auch die Ausübung der Grunddienstbarkeit in diesen Konstellationen im Rahmen dieser Arbeit untersuchen. Davon soll jedoch Abstand genommen werden. Zum einen, weil die Erstreckung des Teilungsbegriffs auf die Begründung einer Gesamthand als eine zu weite Dehnung des Begriffs der Teilung erscheint und sich damit zu weit von dem Thema dieser Arbeit entfernt. Die Begründung einer Gesamthand weist zwar einige Parallelen zu der ideellen Teilung auf, wird aber weder in der Literatur noch in der Rechtsprechung als Teilungsvorgang beschrieben oder charakterisiert. Der Grund liegt darin, dass bei einer Gesamthandszuständigkeit jeder Gegenstand ungeteilt Gegenstand eines wechselnden, jedoch seinerseits ungeteilten Gesamthandsvermögens ist.[118] Der Begriff des Gemeinschaftsvermögens gibt es bei der ideellen Teilung jedoch nicht, weil jeder Bruchteil nicht einem Gemeinschaftsvermögen, sondern einem individuellen Inhaber zugeordnet ist.[119] Ideelle Teilung und Gesamthand sind unvereinbare Gegensätze. Lässt sich schon bei der ideellen Teilung nur im übertragenen Sinne von einer Teilung sprechen, so passt dieser Begriff auf Gesamthandsgemeinschaften überhaupt nicht mehr. Zum anderen soll ein Ausufern dieser Arbeit verhindert werden: Das Thema dieser Arbeit macht eine vertiefte Auseinandersetzung mit den unterschiedlichsten Regelungen des Schuld- und Sachenrechts erforderlich; eine Ausdehnung auch in den Bereich des Familien- und Erbrechts erscheint der Übersichtlichkeit der Arbeit nicht zuträglich. Zuletzt, weil das Gesetz für die Ausübung von Rechten, die Teil des Gesamtgutes oder des Nachlasses sind, in den §§ 1422–1482., bzw. 2032–2057a BGB ausführliche Regelungen bereithält. Es erscheint naheliegend, diese Regelungen auch auf die Ausübung einer Grunddienstbarkeit anzuwenden, wenn das herrschende Grundstück einer Gesamthand zugeordnet ist. Demgemäß wird diese Konstellation von der Literatur auch gar nicht erwähnt und erscheint nicht weiter diskussionsbedürftig. Noch weniger zum Thema dieser Arbeit gehört die Frage nach der Ausübung der Grunddienstbarkeit, wenn das herrschende Grundstück im Eigentum einer GbR steht. Da die GbR als dritte im BGB geregelte Gesamthand nach heute allgemein herrschender Ansicht jedenfalls teilrechtsfähig ist,[120] stellt die Übertragung eines herrschenden Grundstücks in das

118 MüKo/Karsten Schmidt § 741 Rn 6; Staudinger/Langhein/von Proff (2015) Vorbem zu §§ 741 ff. Rn 9.

119 MüKo/Karsten Schmidt § 741 Rn 6; Staudinger/Langhein/von Proff (2015) Vorbem zu §§ 741 ff. Rn 10.

120 BGHZ 146, 341–361.; MüKo/Schäfer § 705 Rn 160; Erman/Westermann Vor § 705 Rn 18 f.; Palandt/Sprau § 705 Rn 24; Karsten Schmidt, Gesellschaftsrecht, § 62 II., S. 1771–1775.

Vermögen einer GbR nicht einmal hinsichtlich der Rechtszuständigkeit einen Fall der Teilung dar: Anders als im Fall der Güter- oder Erbengemeinschaft wird die GbR selbst Eigentümer des herrschenden Grundstücks.[121] Es findet keine Aufteilung der Rechtszuständigkeit, sondern nur ein Wechsel des die Position des Eigentümers des herrschenden Grundstücks übernehmenden Rechtssubjekts statt. Die Grunddienstbarkeit wird durch die GbR ausgeübt. Die Gesellschafter bestimmen ihrerseits gem. §§ 705–740 BGB die Geschicke der GbR. Angesichts dieser Überlegungen werden Konstellationen, in denen das Eigentum eines oder mehrerer herrschender Grundstücke gesamthänderisch gebunden ist oder wird, in dieser Arbeit – von notwendigen Abgrenzungsfragen abgesehen – nicht weiter besprochen.

3) Ideell-reale Teilung

Ideell-reale Teilung[122] meint die Aufteilung eines Grundstücks in Wohnungseigentum nach dem WEG. Die Aufteilung in Wohnungseigentum kann als ideell-reale Teilung bezeichnet werden, weil sie Merkmale der beiden oben besprochenen Teilungsarten in sich vereint.[123] Zum einen weist sie eine (bei dieser Art der Teilung wohl vorherrschende[124]) ideelle Komponente auf, weil durch die Teilung in Wohnungseigentum gem. § 1 Abs. 5 WEG Miteigentum nach Bruchteilen am gemeinschaftlichen Grundstück entsteht. Auch hier findet also keine Teilung des Grundstücks in mehrere rechtlich voneinander unabhängige Grundstücke statt.[125] Sie enthält aber auch eine reale Komponente: An den nach § 5 WEG bezeichneten Räumen entsteht, je nach Nutzung der Räume, für die jeweiligen Wohnungseigentümer Sondereigentum in Form des Wohnungs- und/oder Teileigentums gem. § 1 Abs. 2 und 3 WEG. Jeder ideelle Bruchteil wird mit einem individuellen Sondereigentum verbunden. Dieses Sondereigentum steht dem jeweiligen Wohnungseigentümer nach § 13 Abs. 1 WEG alleine zu; auch gegenüber den anderen Wohnungseigentümern entstehen in Bezug auf das Sondereigentum grundsätzlich die umfassenden Rechte eines Alleineigentümers.[126] Man kann also durchaus sagen, dass die im Sondereigentum stehenden Räume entsprechend einer Realteilung verselbstständigt werden. Diese Verselbstständigung schlägt sich

---

121 Das die GbR selbst Eigentümer eines Grundstücks sein kann, ist unstreitig und ergibt sich schon aus dem Gesetz, vgl. § 899a BGB, § 47 Abs. 2 GBO.

122 Den Begriff der ideell-realen Teilung verwendet Hettiger, S. 47 f. in seiner Arbeit.

123 BGHZ 49, 250, 251.

124 Baur/Stürner, § 29 Rn 9.

125 MüKo/Commichau § 1 WEG Rn 16; Timme/Timme § 1 Rn 162.

126 Timme/Dötsch § 13 Rn 16.

auch grundbuchrechtlich nieder: Jeder Miteigentumsanteil erhält, unabhängig von der Art der Begründung, nach § 7 Abs. 1 S. 1 WEG ein gesondertes Grundbuchblatt auf dem der Miteigentumsanteil und das zugehörige Sondereigentum gem. § 7 Abs. 1 S. 2 WEG einzutragen sind. Das Grundbuchblatt des Grundstücks wird dagegen nach der Aufteilung in Wohnungseigentum gem. § 7 Abs. 1 S. 3 WEG geschlossen.

Es bestehen gem. § 2 WEG zwei Möglichkeiten zur Begründung von Wohnungseigentum: Zum einen ist gem. § 3 WEG vertragliche Einräumung möglich, zum anderen kann Wohnungseigentum auch gem. § 8 WEG durch Teilung begründet werden. Letzteres hat sich in der Praxis durchgesetzt.[127] Auch die unterschiedlichen Begründungsmöglichkeiten verdeutlichen die Zwitterstellung des Wohnungseigentums zwischen dem realen Eigentum und Bruchteilseigentum. Die vertragliche Einräumung setzt voraus, dass an dem Grundstück bereits Miteigentum besteht. Es erlangen in diesem Fall immer mindestens zwei Personen Wohnungseigentum.[128] Diese Variante ist der ideellen Teilung angenähert, da mindestens zwei Rechtssubjekte beteiligt sein müssen. Die vertragliche Einräumung ist eine besondere Form der dinglichen Einigung gem. § 873 Abs. 1 BGB[129] und bedarf gem. § 4 Abs. 2 S. 1 WEG der für die Auflassung vorgeschriebenen Form. Dagegen kann durch die Teilung auch ein Alleineigentümer durch materiell-rechtlich formlose[130] einseitige Erklärung Wohnungseigentum schaffen. Abweichend von den Grundsätzen, die das BGB zur Bruchteilsgemeinschaft aufstellt, wird im Rahmen des § 8 WEG zugelassen, dass ein einzelner Eigentümer sein Grundstück in mehrere Miteigentumsanteile aufteilen kann (sog Vorratsteilung).[131] Diese Variante ist der Realteilung entlehnt.

Wie schon bei den vorherigen Teilungsarten, kann bei der Teilung des herrschenden Grundstücks in Wohnungseigentum die Ausübung der Grunddienstbarkeit im Innen- und Außenverhältnis zwischen den Beteiligten umstritten sein. Auch die ideell-reale Teilung wird daher im Rahmen dieser Arbeit zu untersuchen sein. Von Interesse wird dabei vor allem der Vergleich zu den übrigen Teilungs-

---

127 Bärmann/Armbrüster § 8 Rn 1; Timme/Kral § 8 Rn 2; Jennißen/Krause§ 8 Rn 2.

128 Bärmann/Armbrüster § 2 Rn 9; Timme/Gerono § 3 Rn 1, 3.

129 Bärmann/Armbrüster § 3 Rn 4; Timme/Gerono § 3 Rn 69; Jennißen/Zimmer § 3 Rn 4a.

130 Auch hier wird jedoch wegen § 29 Abs. 1 GBO zum grundbuchrechtlichen Vollzug der Nachweis der Erklärung durch öffentliche oder öffentlich beglaubigte Urkunde formell-rechtlich erforderlich (vgl. Timme/Kral § 8 Rn 20; Jennißen/Krause § 8 Rn 12; Bärmann/Armbrüster § 8 Rn 22).

131 Bärmann/Armbrüster § 8 Rn 3; Timme/Kral § 8 Rn 1; Jennißen/Krause § 8 Rn 1.

arten sein. Denn das Wohnungseigentum ist gegenüber dem BGB, in dessen Rahmen sich diese Arbeit ansonsten ganz überwiegend bewegt, Spezialgesetz und folgt eigenen Regeln, wie bei einem Blick auf § 10 Abs. 2 S. 1 WEG deutlich wird. Vorschriften des BGB kommen nur subsidiär zur Anwendung. Möglicherweise richtet sich die Ausübung der Grunddienstbarkeit hier nach ganz anderen Gesichtspunkten.

IV. Folgerungen für die weitere Untersuchung

Die Klärung der Begrifflichkeiten führt für die weitere Untersuchung zu folgenden Ergebnissen:

- Die Problematik der Ausübung der Grunddienstbarkeit bei Teilung des herrschenden Grundstücks tritt nicht bei allen Grunddienstbarkeiten auf, sondern vor allem bei Benutzungsdienstbarkeiten, die ein Benutzungsmaß aufweisen. Zwar ist auch bei Verzichtsdienstbarkeiten theoretisch die Festlegung eines Maßes denkbar, dies kommt aber, soweit ersichtlich, in der Praxis nicht vor. Diese Arbeit konzentriert sich daher, wie auch die Auswahl der Beispiele zeigt, nur auf solche Benutzungsdienstbarkeiten.
- Diese Arbeit beschränkt sich auf die Ausübung des dinglichen Rechts. Das schuldrechtliche Verpflichtungsgeschäft und das gesetzliche Begleitschuldverhältnis sollen nicht weiter betrachtet werden.
- Bei der Ausübung der Grunddienstbarkeit sind drei Aspekte oder Modi zu unterscheiden und zu untersuchen: Benutzung, Verteidigung und Verfügung. Die Benutzung ist dem Innenverhältnis zwischen den Eigentümern der herrschenden Grundstücke, die beiden anderen Aspekte sind dem Außenverhältnis zuzuordnen.
- Die Ausübung der Grunddienstbarkeit wirft sowohl bei der Realteilung als auch bei der ideellen und ideell-realen Teilung Fragen nach der Ausübung auf. Auf alle drei Teilungsarten muss daher in dieser Arbeit eingegangen werden. An den Teilungsarten soll sich daher auch der Aufbau dieser Arbeit orientieren. Problematisiert wird von der Literatur vor allem die Ausübung der Grunddienstbarkeit bei der Realteilung, sodass hier der Schwerpunkt der Arbeit liegen wird.

Teil 2: Die Ausübung der Grunddienstbarkeit nach der realen Teilung des herrschenden Grundstücks

I. Das Schicksal der Grunddienstbarkeit nach der realen Teilung des herrschenden Grundstücks

Bevor überhaupt die Frage nach der Ausübung der Grunddienstbarkeit nach der Teilung des herrschenden Grundstücks gestellt werden kann, muss die Ausgangslage festgestellt werden. Es muss gefragt werden, wie sich die Realteilung auf die Grunddienstbarkeit auswirkt.

Es ist allgemeine Ansicht, dass die Realteilung des herrschenden Grundstücks nicht zum Erlöschen der Grunddienstbarkeit führt, diese also auch nach der Teilung in irgendeiner Form fortbesteht. Das bringt das Gesetz selbst unzweideutig in § 1025 S. 1, 1. HS BGB zum Ausdruck. Streit besteht aber darüber, in welcher Gestalt die Grunddienstbarkeit aus der Teilung hervorgeht. Insofern sind zwei Möglichkeiten denkbar: Entweder bleibt die Grunddienstbarkeit als einheitliches Recht bestehen und steht den Eigentümern der herrschenden Grundstücke gemeinsam zu oder sie spaltet sich in mehrere selbstständige Teildienstbarkeiten auf, sodass jeder Eigentümer Inhaber einer eigenen Dienstbarkeit wird. Entsprechend dieser Möglichkeiten verlaufen die Meinungen in der Literatur.

Der Gesetzgeber hat diesen Streit bewusst nicht entschieden. Wohl sah er das Problem, er maß dem Streit aber nur theoretische Bedeutung bei und wollte die Lösung des Streits der Wissenschaft überlassen.[132] Soweit ersichtlich hat eine dogmatische Diskussion dieser Frage im Rahmen der BGB-Gesetzgebung daher auch nicht stattgefunden, zumindest ergibt sich aus der Beratung des BGB nichts Derartiges.[133] Entgegen der Meinung des Gesetzgebers hat der Streit aber nicht nur eine rein theoretische Bedeutung. Denn für die Bestimmung der Rechtsbeziehungen zwischen dem Eigentümer des dienenden Grundstücks und den Eigentümern mehrerer herrschender Grundstücke macht es einen erheblichen Unterschied, ob es um ein einheitliches Recht geht, das in irgendeiner, hier genauer zu be-

---

132 Vgl. Motive III, S. 487: „Die Frage (…) hat eine mehr theoretische als praktische Bedeutung"; Schubert S. 161: „Ob die Servitut als eine einheitliche fortbesteht, ob sie vervielfältigt wird, sind vielbestrittene theoretische Fragen, deren Behandlung auch fernerhin der Doktrin überlassen werden kann."

133 Jakobs/Schubert § 1025.

leuchtenden Form mehreren zusteht, oder um mehrere Rechte, die grundsätzlich erst einmal beziehungslos nebeneinander her bestehen.[134] Ein gemeinschaftliches Recht folgt völlig anderen Regeln als mehrere selbstständige Rechte. Es kann zur Anwendung ganz unterschiedlicher Vorschriften kommen.

1) Die herrschende Meinung: Einheitliche Grunddienstbarkeit

Die ganz herrschende Meinung, bestehend aus einem Großteil der Literatur[135] und der Rechtsprechung[136] geht davon aus, dass sich die Grunddienstbarkeit bei einer Teilung des herrschenden Grundstücks nicht vervielfältigt, sondern als einheitliches Recht fortbesteht.[137] In der Folge wird durch die Teilung das Grundbuch des belasteten Grundstücks unrichtig, da es hinsichtlich der Grunddienstbarkeit noch die Lage vor der Teilung ausweist. Im Grundbuch des dienenden Grundstücks kann daher durch Vermerk eine Berichtigung der Bezeichnung des berechtigten Grundstücks erfolgen. Ob hierzu auch eine Verpflichtung des Grundbuchamts

---

134 So auch schon Dohnanyi, S. 205 und Hettiger, S. 245 die allerdings den Meinungsstand und die Auswirkungen nicht näher beleuchten.

135 Erman/Grziwotz § 1025 Rn 2; MüKo BGB/Mohr § 1025 Rn 2; NK-BGB/Otto § 1025 Rn 4; Palandt/Herrler § 1025 Rn 1; PWW/Ahrens § 1025 Rn 2; Staudinger/Weber (2017) § 1025 Rn 5; Soergel/Stürner § 1025 Rn 1; BGB-RGRK/Rothe § 1025 Rn 1; jurisPK-BGB/Münch § 1025 Rn 4; Westermann/Gursky/Eickmann § 121 Rn 17; Wilhelm Rn 1970; Lemke/Böttcher § 1025 BGB Rn 1; Schöner/Stöber Rn 1166; Bauer/von Oefele/Bayer/Lieder Rn III 416; Meikel/Böttcher § 7 Rn 95; Meisner/Stern/Hodes/Dehner § 31 VIII 1; Geißel, MittRhNotK 1997, 333, 343; Böttcher, RpflStud. 2009, 5, 11; Herrler, DNotZ 2017, 729; aus der älteren Literatur: Planck/Brodmann/Strecker § 1025 Anmerkung 1.c); Westermann, S. 80 f.; Biermann § 1025 Anmerkung 1; Cohn, S. 26; Fuchs § 1025 Rn 1.

136 BGH, NJW-RR 2008, 827 f.; BayObLG, NJW 1990, 1043, 1044; BayObLG, DNotZ 1991, 600, 602; BayObLG, RPfleger 1983, 434; OLG Frankfurt, NJW 1969, 469.

137 Im Folgenden soll von einer durch den Teilungsvorgang bestehen gebliebenen „einheitlichen Grunddienstbarkeit“ gesprochen werden. Der von einigen (z. B. Staudinger/Weber (2017) § 1025 Rn 5; NK-BGB/Otto § 1025 Rn 4; jurisPK-BGB/Münch § 1025 Rn 4) synonym verwendete Begriff der „Gesamtgrunddienstbarkeit“ wird dagegen in dieser Arbeit nicht verwendet, weil er missverständlich erscheint. Er erweckt Assoziationen mit der in § 428 BGB geregelten Gesamtgläubigerschaft. Auf die Gesamtgläubigerschaft und ihre Anwendung auf die Grunddienstbarkeit wird zwar noch einzugehen sein; in dieser Untersuchung soll aber schon der Anschein einer begrifflichen (Vor-) Festlegung vermieden werden. Der Begriff „einheitliche Grunddienstbarkeit“ ist ergebnisoffener und daher für diese Arbeit besser geeignet.

besteht, ist umstritten.[138] Unabhängig von diesem Streit besteht jedoch Einigkeit darüber, dass die Grunddienstbarkeit nach der Teilung auch dann zugunsten aller Eigentümer herrschender Grundstücke wirkt, wenn sich die Teilung nicht aus den Grundbucheintragungen des dienenden Grundstücks ergibt.[139] Auf der anderen Seite kann beim herrschenden Grundstück auch im Grundbuch des neuen Teilgrundstücks auf Antrag im Berichtigungsweg ein Herrschvermerk gem. § 9 GBO eingetragen werden.[140]

a) *Zulässigkeit der Begründung einer einheitlichen Grunddienstbarkeit ohne Teilung*

Zunächst ist zu prüfen, ob die herrschende Meinung mit ihrem Ergebnis, dass nach der Teilung des herrschenden Grundstücks eine ungeteilte Grunddienstbarkeit bestehen bleibt, überhaupt zu einer rechtlich zulässigen Lösung kommt. Hintergrund ist der Gedanke, dass als Ergebnis der Teilung nur solche Konstruktionen anerkannt werden können, die auch von vornherein ohne den Teilungsvorgang bestellt werden könnten.[141] Diese Frage ist zwingend zu beantworten, da es undenkbar erscheint, dass die Teilung des herrschenden Grundstücks eine Folge zeitigt, die rechtsgeschäftlich nicht vereinbart werden kann. Etwas anderes würde der Typenfixierung des Sachenrechts widersprechen, wonach der Inhalt möglicher Berechtigungen mindestens in Umrissen zwingend durch das Gesetz festgelegt sein muss.[142]

Das Gesetz nimmt zu dieser Frage keine Stellung. Der Wortlaut ist insofern unergiebig: § 1018 BGB, der von der Belastung zugunsten „*eines* anderen Grundstücks“ spricht, kann nicht entnommen werden, ob das Wort „eines“ als Zahlenwort oder unbestimmter Artikel verwendet wird.[143]

---

138 Eine Pflicht bejahen: Staudinger/Weber (2017) § 1025 Rn 4; NK-BGB/Otto § 1025 Rn 4; Schöner/Stöber Rn 1166; Schmenger, BWNotZ 2007, 73, 84 f.; ablehnend dagegen: BayObLG, DNotZ 1996, 24–27; Meikel/Böttcher § 7 Rn 95; Demharter § 7 Rn 14; Erman/Grziwotz § 1025 Rn 2.

139 BGH, RPfleger 2008, 295 f.; Meikel/Böttcher § 7 Rn 95; Demharter § 7 Rn 14; MüKo/Mohr § 1025 Rn 2; NK-BGB/Otto § 1025 Rn 4; Palandt/Herrler § 1025 Rn 1; Erman/Grziwotz § 1025 Rn 2.

140 NK-BGB/Otto § 1025 Rn 4; Erman/Grziwotz § 1025 Rn 2.

141 Hettiger, S. 244.

142 Baur/Stürner § 1 Rn 7; Westermann/Gursky/Eickmann § 2 Rn 15; Staudinger/Seiler (2012) Einl. zum SachenR Rn 38–40; MüKo/Gaier Einl. Sachenrecht Rn 11.

143 OLG Frankfurt, NJW 1969, 469; Hettiger, S. 246.

aa) Die herrschende Meinung: Eine einheitliche Grunddienstbarkeit ist möglich

Die heute ganz herrschende Meinung nimmt an, dass die Begründung einer Grunddienstbarkeit zugunsten mehrerer herrschender Grundstücke jedenfalls dann zulässig ist, wenn sie für sämtliche herrschenden Grundstücke vorteilhaft ist.[144] Die Rechtsprechung hatte dies zunächst für die Errichtung einer einheitlichen Anlage entschieden: Die Bestellung einer einheitlichen Grunddienstbarkeit soll jedenfalls dann zulässig sein, wenn mehreren Grundstückseigentümern das Recht eingeräumt wird, auf dem dienenden Grundstück eine ihnen allen zum Vorteil gereichende einheitliche Anlage zu errichten.[145] Dies wurde dann auch für das Wegerecht entschieden: Auch hier soll die Bestellung zugunsten mehrerer herrschender Grundstücke zulässig sein, wenn es für alle herrschenden Grundstücke vorteilhaft ist.[146][147]

Andere gehen noch weiter als die herrschende Meinung und halten die Bestellung einer einheitlichen Grunddienstbarkeit zugunsten mehrerer herrschender Grundstücke generell für zulässig.[148]

Diese Ansicht verweist zum einen auf die Parallelität zur beschränkten persönlichen Dienstbarkeit gem. § 1090 BGB: Grunddienstbarkeit und beschränkte persönliche Dienstbarkeit gleichen sich in ihrem Inhalt und unterscheiden sich nur hinsichtlich des Inhabers, der bei der einen subjektiv-dinglich und bei der anderen subjektiv-persönlich ist (s. o. Teil 1 I.2)a)). Angesichts dieser Ähnlichkeit sei aber nicht begründbar, warum im Fall der beschränkten persönlichen Dienst-

---

144 BayObLG, MittBayNot 2002, 288; OLG Frankfurt, BeckRS 2009, 22008; Meikel/Böhringer § 47 Rn 145; Staudinger/Weber (2017) § 1018 Rn 51; MüKo/Mohr § 1018 Rn 23; NK-BGB/Otto § 1018 Rn 36; BGB-RGRK/Rothe § 1018 Rn 10; Soergel/Stürner § 1018 Rn 38; Mayer, MittBayNot 2002, 288, 289; Herget, NJW 1966, 1060–1063.

145 BayObLG, NJW 1966, 56; KG, NJW 1970, 1686 f.

146 OLG Frankfurt, NJW 1969, 469; SchlHOLG, SchlHA 1975, 94 f.; OLG Düsseldorf, MittRhNotK 1988, 175; LG Traunstein, RPfleger 1987, 242.

147 Das OLG Frankfurt stellt in der gerade genannten Entscheidung zusätzlich darauf ab, dass sich die herrschenden Grundstücke im Eigentum der gleichen Person befinden. Dieses Kriterium wird allerdings nur im Leitsatz erwähnt und in der Urteilsbegründung nicht aufgegriffen, sodass unklar erscheint, warum es überhaupt aufgestellt wurde. Das Kriterium hat sich nicht durchgesetzt und wird teilweise ausdrücklich als unerheblich verworfen, vgl. BGB-RGRK/Rothe § 1018 Rn 10; MüKo/Mohr § 1018 Rn 23; Haegele, RPfleger 1969, 266, 268.

148 Schöner/Stöber Rn 1124; Palandt/Herrler § 1018 Rn 3; Meisner/Stern/Hodes/Dehner S. 633; Böttcher, RpflStud. 2009, 5, 11.

barkeit eine Gesamtberechtigung zugunsten mehrerer Berechtigter unstreitig möglich ist[149] und dann bei der Grunddienstbarkeit nicht möglich sein soll.[150]

Weiterhin wird mit dem Wortlaut des § 1025 BGB argumentiert. Bleibe hiernach die Grunddienstbarkeit nach der Teilung bestehen, so sei kein Grund ersichtlich, weshalb eine derartige Aufspaltung des dinglichen Rechts nicht bereits bei der Bestellung möglich sein solle.[151]

Zuletzt werden Praxisargumente geltend gemacht: Zum einen bleibe das Grundbuch durch eine einheitliche Grunddienstbarkeit übersichtlicher: Die Belastung des dienenden Grundstücks könne in einem einzigen Vermerk erfolgen, wodurch die Anzahl der Eintragungen vermindert werde.[152] Die Übersichtlichkeit führe gleichzeitig auch zu einer Kostenersparnis. Während ansonsten mehrere Grunddienstbarkeiten bestellt werden müssten, für die gem. § 55 Abs. 2 GNotKG iVm KV Nr. 14121[153] jeweils eine eigene Eintragungsgebühr anfalle, entstehe bei der einheitlichen Grunddienstbarkeit nur eine Gebühr.[154]

Darüber hinaus verdeutliche eine einheitliche Grunddienstbarkeit den einheitlichen wirtschaftlichen Zweck einer Grunddienstbarkeit. Eine künstliche grundbuchrechtliche Aufspaltung eines einem einheitlichen wirtschaftlichen Zweck dienenden Rechts werde vermieden.[155]

bb) Die Mindermeinung: Unzulässigkeit der einheitlichen Grunddienstbarkeit

Die Gegenmeinung, nach der eine einheitliche Grunddienstbarkeit nicht begründet werden kann, wurde vor allem in der älteren Literatur vertreten.[156] Einige Vertreter haben ihre Auffassung revidiert und folgen nun auch der herrschenden

149 Staudinger/Reymann (2017) § 1090 Rn 6; NK-BGB/Otto § 1090 Rn 9; Bamberger/Roth/Wegmann § 1090 Rn 4.

150 BayObLG, NJW 1966, 56; OLG Frankfurt, NJW 1969, 469.

151 OLG Frankfurt, NJW 1969, 469; BGB-RGRK/Rothe § 1018 Rn 10; Staudinger/Weber (2017) § 1018 Rn 51; Mayer, MittBayNot 2002, 288, 289.

152 Herget, NJW 1966, 1060, 1062; OLG Frankfurt, BeckRS 2009, 22008.

153 Früher § 63 Abs. 1 S. 1 KostO. Die KostO würde 2013 durch das GNotKG ersetzt.

154 BayObLG, NJW 1966, 56; OLG Frankfurt, NJW 1969, 469; OLG Frankfurt, BeckRS 2009, 22008; Mayer, MittBayNot 2002, 288; BGB-RGRK/Rothe § 1018 Rn 10; MüKo/Mohr § 1018 Rn 23; Staudinger/Weber (2017) § 1018 Rn 51.

155 BayObLGZ 1965, 267, 271.

156 Planck/Strecker Vorbemerkung vor § 1018, S. 732; Wolff/Raiser § 106 I 1; LG Dortmund, RPfleger 1963, 197; Meisner/Ring/Götz § 27 Rn 37; wohl auch: Haegele, RPfleger 1969, 266, 268; Haegele, RPfleger 1966, 268.

Meinung.[157] Aktuell wird die Gegenmeinung, soweit ersichtlich, nur noch von Wegmann vertreten.[158] Die Gegenmeinung stützt sich auf folgende Argumente:

Es wird vorgebracht, eine einheitliche Grunddienstbarkeit verlagere unzulässig das Dingliche zum Persönlichen und vom Grundstück zum Berechtigten; die Grunddienstbarkeit sei grundstücksgebunden und nicht, wie die beschränkte persönliche Dienstbarkeit, auf eine Person ausgerichtet.[159] Damit ist wohl gemeint, dass eine einheitliche Grunddienstbarkeit den zeitweiligen subjektiven Interessen mehrerer Grundstückeigentümer als Individuen entsprechen mag, dagegen aber nicht unbedingt immer, wie dies von § 1019 BGB gefordert wird, einen wirklich dauerhaften objektiven Vorteil für die Benutzung der herrschenden Grundstücke darstellt. Das Prinzip der Utilität (vgl. hierzu Teil I I.1)a)) könnte auf diese Weise verwässert werden.

Es wird weiter argumentiert, die Grunddienstbarkeit gelte gem. § 96 BGB als wesentlicher Bestandteil des herrschenden Grundstücks (vgl. Teil 1 I. 2)a)). Sie könne dann aber nicht gleichzeitig auch als Bestandteil eines anderen Grundstücks gelten.[160]

Ferner wird gegen die Zulässigkeit einer einheitlichen Grunddienstbarkeit ins Feld geführt, die Grunddienstbarkeit spiegele ein besonderes Bedürfnis des herrschenden Grundstücks wieder. Das Bedürfnis könne sich im Laufe der Zeit ändern und schaffe gewachsene Beziehungen eigener Art zum dienenden Grundstück. Dies sei bei einer einheitlichen Grunddienstbarkeit nicht möglich, weswegen sich eine solche Grunddienstbarkeit verbiete.[161]

Ein weiteres Argument wird aus § 1024 BGB gezogen. In § 1024 BGB wird die Konstellation behandelt, dass eine Grunddienstbarkeit mit einer anderen bei der Ausübung zusammentrifft. Diese Regelung gehe offenbar von der regelmäßigen Bestellung mehrerer Grunddienstbarkeiten aus. Der Gesetzgeber habe sich damit gegen eine einheitliche Grunddienstbarkeit entschieden und es bestehe daher gar kein Bedürfnis für eine einheitliche Grunddienstbarkeit.[162]

---

157 Vgl. nur Staudinger/Ring (1994) 1018 Rn 15; zum vorherigen Standpunkt: Staudinger/Ring (1981) § 1018 Rn 15.

158 Bamberger/Roth/Wegmann § 1018 Rn 18; Bauer/von Oefele/Wegmann § 47 Rn 84.

159 Meisner/Ring/Ring/Götz § 27 Rn 37; Staudinger/Ring (1981) § 1018 Rn 15.

160 LG Dortmund, RPfleger 1963, 197, 198; Staudinger/Ring (1981) § 1018 Rn 15; Hettiger, S. 250.

161 Meisner/Ring/Ring/Götz § 27 Rn 37; Staudinger/Ring (1981) § 1018 Rn 15.

162 Bauer/von Oefele/Wegmann § 47 Rn 83 f.; Bamberger/Roth/Wegmann § 1018 Rn 18.

cc) Entscheidung des Streits

Insgesamt überzeugt die Argumentation der herrschenden Meinung. Insbesondere das Praxisbedürfnis und die Parallele zur beschränkten persönlichen Dienstbarkeit sprechen für die herrschende Meinung.

Gegen den Aspekt der Grundbuchvereinfachung wendet Haegele ein, es bestehe die Möglichkeit, dass dieser Vorteil entfalle, wenn sich nachträglich der Inhalt der Grunddienstbarkeit des einen oder anderen herrschenden Grundstücks ändere. Dann bleibe von dem einheitlichen Vermerk nicht viel übrig.[163] Das mag zwar richtig sein, ändert aber an der zu erstrebenden übersichtlicheren Ausgangsposition nichts.

Gegen das Argument des Praxisbedürfnisses allgemein wendet Hettiger ein, dass praktische Gesichtspunkte bei der Beantwortung der hier vorliegenden materiell-rechtlichen Frage außer Betracht zu bleiben hätten, weil die Frage allein aus dem materiellen Recht zu beantworten sei; grundbuchrechtliche, kostenrechtliche und wirtschaftliche Gründe dürften nicht berücksichtigt werden.[164] Das überzeugt in dieser Allgemeinheit nicht. Natürlich dürfen praktische Gesichtspunkte nicht dazu führen, dass eine klare materiellrechtliche Wertung – wie etwa ein gesetzliches Verbot – ignoriert oder umgangen wird. Anders muss aber der Fall gewertet werden, wenn – wie hier – eine Frage vom Gesetz offen gelassen wird und keine klaren materiellen Wertungen in Form eines Verbots vorliegen. In diesem Fall erscheint es durchaus möglich, auch praktische Gesichtspunkte zu berücksichtigen. Man kann also nicht generell sagen, dass praktische Gesichtspunkte bei der Gesetzesauslegung keine Rolle spielen können. Bei der Grunddienstbarkeit ist aber kein materieller Gesichtspunkt ersichtlich, der es ausschließt, dem Rechtsverkehr die kostengünstigere und übersichtlichere einheitliche Grunddienstbarkeit anzubieten. Im Übrigen ist das Grundbuchamt im Rahmen des Gesetzes verpflichtet, Mehrarbeit und Kosten zu vermeiden, was ebenfalls für die Zulassung einer einheitlichen Grunddienstbarkeit spricht.[165]

Hettiger wendet gegen den Schluss von der Zulässigkeit der beschränkten persönlichen Dienstbarkeit auf die Zulässigkeit der einheitlichen Grunddienstbarkeit ein, dass subjektiv-persönliche Rechte nicht mit subjektiv dinglichen Rechten vergleichbar seien und die Wertungen der einen Dienstbarkeit nicht generell auf

---

163 Haegele, RPfleger 1969, 266, 268.

164 Hettiger, S. 246 f. mit Verweis auf Wolf S. 115 f., der dieses Argument allerdings gegen eine einheitliche Grunddienstbarkeit im Fall des § 1026 BGB ins Feld führt.

165 BayObLG, NJW 1966, 56.

die andere übertragen werden könnten.[166] So allgemein ist dies aber keine Begründung. Beide Rechte sind inhaltlich identisch, was der Gesetzgeber auch dadurch zum Ausdruck gebracht hat, dass er beide Rechte der Kategorie der Dienstbarkeiten zugeordnet hat. Es bestehen mehr Gemeinsamkeiten als Unterschiede.[167] Die Frage, ob nun, wie bei der beschränkten persönlichen Dienstbarkeit, eine Mehrheit von (konkret bezeichneten) Personen oder, wie bei der Grunddienstbarkeit, eine Mehrheit von (abstrakt bezeichneten) Eigentümern berechtigt sein darf, ist im Prinzip identisch: In beiden Fällen geht es um die Frage, ob einer Mehrheit von Inhabern das Recht einheitlich zustehen kann. Warum derart nahe verwandte Rechte in Bezug auf die Gesamtberechtigung nicht einheitlich behandelt werden sollten, erschließt sich nicht.

Nicht zu überzeugen vermag freilich die Argumentation der herrschenden Meinung mit § 1025 BGB. Denn es ist gerade nicht eindeutig, dass das Ergebnis der Realteilung eine einheitliche Grunddienstbarkeit ist. Dies ist vielmehr umstritten und soll hier gerade geklärt werden. Eine eindeutige Aussage auf die Entstehung einer einheitlichen Grunddienstbarkeit enthält § 1025 BGB nicht. Insofern ist die Argumentation mit § 1025 BGB zirkelschlüssig.

Die Argumente der Mindermeinung vermögen dagegen nicht zu überzeugen.

Warum eine einheitliche Grunddienstbarkeit eine unzulässige Verlagerung vom Dinglichen auf das Persönliche darstellen soll, erschließt sich nicht.[168] Denn auch bei einer einheitlichen Grunddienstbarkeit bleibt es bei der dinglichen Anknüpfung an die jeweiligen Eigentümer der herrschenden Grundstücke, eine Individualisierung auf eine Person findet nicht statt. Das Prinzip der Utilität behält auch hier seine Gültigkeit. Insofern kommt es zu keiner Überschneidung mit der beschränkten persönlichen Dienstbarkeit.

Stärker wiegt das Argument, die herrschende Meinung führe dazu, dass die Grunddienstbarkeit als wesentlicher Bestandteil zweier Grundstücke gelte. Das mutet auf den ersten Blick eigenartig an. Allerdings ist § 96 BGB nicht direkt zu entnehmen, dass die Eigenschaft als wesentlicher Bestandteil ausschließlich ist und nur in Bezug auf ein Grundstück bestehen kann. Auch der Telos von § 96 BGB steht der doppelten Bestandteilseigenschaft der Grunddienstbarkeit nicht entgegen. Der Sinn des § 96 BGB besteht primär darin, neben Sachen auch bestimmte Rechte von der Sonderrechtsfähigkeit auszuschließen, damit sie der

166 Hettiger, S. 252.

167 Wolf, S. 110 f.

168 SchlHOLG, SchlHA 1975, 94, 95.

hypothekarischen Haftung des § 1120 BGB unterworfen sind.[169] Dieser Zweck wird aber durch die Tatsache, dass eine Grunddienstbarkeit als wesentlicher Bestandteil mehrerer Grundstücke gilt, nicht infrage gestellt. Das schon deshalb nicht, weil eine Grunddienstbarkeit, gleichgültig ob als Einzel- oder einheitliches Recht, als subjektiv-dingliches Recht ohnehin nicht als ein Sonderrecht denkbar ist, welches irgendwie getrennt von dem Grundstück übertragen oder verwertet und so dem Haftungsverband entzogen werden könnte.

Dagegen fällt das Argument von den Beziehungen, die sich im Laufe der Zeit zwischen herrschendem und dienendem Grundstück entwickeln, ab und überzeugt nicht. Zum einen, weil schon unklar ist, welche Art von Beziehungen hier gemeint ist. Zum anderen: Warum sollen sich solche Beziehungen, welcher Art sie auch sein mögen, nicht auch zwischen mehreren herrschenden und dem dienenden Grundstück bilden können? Sicherlich werden solche Beziehungen zwischen mehreren Beteiligten unübersichtlicher sein, als nur zwischen zwei Beteiligten. Andererseits kann aber gerade auch die Einbeziehung aller Beteiligten in ein Netz von Rechtsbeziehungen den Bedürfnissen der herrschenden Grundstücke am besten Rechnung tragen, weil die Bedürfnisse dann nicht nur nebeneinander herlaufen, sondern sich aufeinander beziehen.

Die Argumentation von Wegmann in Bezug auf § 1024 BGB überzeugt aus zwei Gründen ebenfalls nicht. Zum einen ist es eine bloße Unterstellung, der Gesetzgeber habe in § 1024 BGB ein Strukturkonzept dergestalt aufstellen wollen, dass eine einheitliche Grunddienstbarkeit grundsätzlich nicht zulässig sein soll. Dem Wortlaut des § 1024 BGB lässt sich das nicht entnehmen. § 1024 BGB trifft nur eine Folgeregelung hinsichtlich des Zusammentreffens mehrerer Grunddienstbarkeiten. Damit wird implizit gesagt, dass die Bestellung mehrerer Einzelgrunddienstbarkeiten möglich ist, nicht aber, dass eine einheitliche Grunddienstbarkeit unzulässig ist. Auch in den Gesetzesmaterialien zu § 1024 BGB finden sich keine Hinweise darauf, dass der Gesetzgeber die Schaffung eines derartigen Strukturkonzepts intendiert hat.[170] Zum anderen erscheint sein Standpunkt in sich widersprüchlich: Einerseits spricht sich Wegmann mit Verweis auf § 1024 BGB gegen eine einheitliche Grunddienstbarkeit aus, andererseits will er aber die Bruchteilsgemeinschaft als Berechtigungsverhältnis an einer Grunddienstbarkeit zulassen.[171] Es ist aber inkonsequent, erst die

169 Bamberger/Roth/Fritzsche § 96 Rn 1; Palandt/Ellenberger § 96 Rn 1; RGZ 83, 198, 200.

170 Motive III, S. 486 f.

171 Bauer/von Oefele/Wegmann § 47 Rn 78–80, 84 f.; Bamberger/Roth/Wegmann § 1018 Rn 18.

Zulässigkeit eines einheitlichen Rechts abzulehnen, dann aber die Bruchteilsgemeinschaft, die schon begrifflich nur an einem einheitlichen Recht bestehen kann, zuzulassen.[172]

Die anfängliche Bestellung einer einheitlichen Grunddienstbarkeit zugunsten mehrerer herrschender Grundstücke ist nach alledem möglich. Infolgedessen erscheint es auch denkbar, dass die einheitliche Grunddienstbarkeit das Ergebnis der Realteilung des herrschenden Grundstücks ist.

b) Argumente für die Entstehung einer einheitlichen Grunddienstbarkeit nach der Teilung

Nachdem geklärt wurde, dass eine Grunddienstbarkeit auch als ein einheitliches Recht zugunsten mehrerer herrschender Grundstücke bestellt werden kann, erscheint denkbar, dass dieses Ergebnis auch durch die Realteilung des herrschenden Grundstücks herbeigeführt wird. Folgende Argumente lassen sich finden:

Der Wortlaut des § 1025 S. 1 BGB spricht davon, dass „die Grunddienstbarkeit" für die einzelnen Teile fortbesteht. Aus der Verwendung des Singulars kann geschlossen werden, dass nach der Teilung ein einheitliches Recht fortbesteht.[173] Hiergegen wird zwar eingewendet, dass auch ein anderes Verständnis möglich sei.[174] Welches anderes Verständnis dies sein soll, erschließt sich jedoch nicht. Der erste unbefangene Eindruck, den der Wortlaut hinterlässt, deutet auf eine einheitliche Grunddienstbarkeit hin.[175] Der Wortlaut kann auch nicht deswegen unbeachtet bleiben, weil er mit einer bestimmten gewünschten Auslegung einer Bestimmung nicht übereinstimmt.[176] Ansonsten könnte man jede Gesetzesauslegung auch gegen den Wortlaut des Gesetzes aus sich selbst heraus begründen.

Wenn man vom Bestehen von Einzelrechten ausgeht, wäre die Vorschrift des § 1025 S. 2 BGB sinnlos. Im Übrigen wäre sie dann auch begrifflich unzutreffend. Unterstellt man die Aufteilung in Einzelgrunddienstbarkeiten, würde eine solche Einzelgrunddienstbarkeit für einen realen Grundstücksteil, für den sie keinen Vorteil bietet, schon nicht entstehen, da das Prinzip der Utilität gem. § 1019 BGB (vgl. Teil 1 I.2)a)) in Bezug auf diesen Teil nicht erfüllt wäre. Dann bedarf es aber der Regelung des § 1025 S. 2 BGB zum Erlöschen einer Grunddienstbarkeit nicht.

---

172 Mayer, MittBayNot 2002, 288, 289.

173 Westermann, S. 81; dies wird auch von der Gegenmeinung eingeräumt: Hettiger, S. 246; von Tuhr, § 3, S. 86.

174 Hettiger, S. 246.

175 Westermann, S. 81.

176 Dohnanyi, S. 206.

Selbst wenn man annimmt, dass § 1025 S. 2 BGB wegen § 1019 BGB nur klarstellende Bedeutung hat, passt § 1025 S. 2 BGB auch begrifflich nicht auf die Entstehung von Einzelgrunddienstbarkeiten: Ein Erlöschen ist mangels Entstehung auch begrifflich gar nicht möglich. Das Gesetz müsste dann, wenn überhaupt, statt des Passus „erlischt sie für die übrigen Teile“ „so entsteht sie für die übrigen Teile nicht“ vorsehen.

§ 1025 S. 2 BGB führt bei nicht vorhandenem Bedarf bei einem der Teile nicht zu einem entsprechenden Erlöschen des Rechts, sondern zu einer vollen Aufrechterhaltung des Rechts für die anderen Teile. Hier ist also der Bedarf des einen Grundstücksteils in der Lage, dass ganze Recht mit Inhalt zu füllen, was bei selbstständigen Rechten nicht möglich wäre.[177]

Es wird argumentiert, der Wille des Teilenden gehe grundsätzlich nur dahin, das Grundstück, nicht aber auch die Grunddienstbarkeit aufzuteilen.[178] Gegen dieses Argument wird jedoch zu Recht eingewendet, dass es auf einen konkreten Willen nicht ankommt, da § 1025 BGB eine gesetzliche Folgeregelung der Grundstücksteilung festlegt. Die Folgen bestimmt allein das materielle Recht und nicht der Wille des Eigentümers in Bezug auf die Grunddienstbarkeit.[179]

Westermann führt an, die Entstehung einer einheitlichen Grunddienstbarkeit belaste Berechtigte und Verpflichteten weniger stark, als die Entstehung einer Vielzahl von einzelnen Grunddienstbarkeiten.[180] Dagegen argumentiert Hettiger, dass nach einer Teilung des herrschenden Grundstücks lediglich der Eigentümer des dienenden Grundstücks schutzwürdig sei. Dieser werde durch § 1025 S. 1, 2. HS BGB geschützt. Dieser Schutz bestehe aber in gleichem Umfang unabhängig davon, ob sich die Ausübung als Ausübung eines einzelnen Rechts oder mehrerer Rechte darstellt.[181]

Es ist aber zum einen nicht einzusehen, warum nur der Eigentümer des dienenden Grundstücks und nicht auch die Eigentümer herrschender Grundstücke schutzwürdig sein sollen. Nachvollziehbar ist es höchstens, den Eigentümer des herrschenden Grundstücks, der die Teilung vorgenommen hat, die Schutzbedürftigkeit zu versagen, weil dieser die neue Lage hinsichtlich der Grunddienstbarkeit selbst verursacht hat. Selbst in diesem Fall ist aber fraglich, ob man demjenigen, der mit der Teilung seines Grundstücks eine gesetzlich zulässige Verfügung vornimmt, einfach jegliches Schutzbedürfnis absprechen kann. Für andere Eigentü-

177 Westermann, S. 81.

178 Meisner/Stern/Hodes/Dehner § 31 VIII 1; Herget, NJW 1966, 1060, 1061.

179 Hettiger, S. 247 f.

180 Westermann, S. 81.

181 Hettiger, S. 248.

mer herrschender Grundstücke, die erst später hinzukommen, weil sie etwa ein herrschendes Teilgrundstück erwerben, wird man die Schutzbedürftigkeit aber nicht einfach verneinen können. Kann man also einerseits nicht sagen, dass die Belange der Eigentümer herrschender Grundstücke nach der Teilung generell nicht zu berücksichtigen seien, so besteht andererseits bei diesen ein Interesse am Fortbestand der ursprünglich einheitlichen Dienstbarkeit; dies schon allein aus grundbuchrechtlichen Gesichtspunkten, weil jeder Eigentümer eines herrschenden Grundstücks im Wege der Berichtigung des Grundbuchs für sich die Eintragung einer eigenen Grunddienstbarkeit erwirken müsste, während bei einem einheitlichen Recht allein die Bezeichnung der an der Grunddienstbarkeit berechtigten Grundstücke korrigiert werden muss.

Hettiger ist zwar zuzugestehen, dass wegen § 1025 S. 1, 2. HS BGB rein materiell allein durch die Tatsache, dass mehrere Grunddienstbarkeiten bestehen keine höhere Belastung für den Eigentümer des dienenden Grundstücks entsteht als durch ein einheitliches Recht. Allerdings führt eine Vielzahl von Rechten für den Eigentümer des dienenden Grundstücks zu einem höheren organisatorischen Aufwand. Versammelt sich bei einer einheitlichen Grunddienstbarkeit noch die Menge der Berechtigten hinter einem Recht, so sieht sich der Eigentümer des dienenden Grundstücks bei selbstständigen Rechten jedem einzelnen Eigentümer eines herrschenden Grundstücks gesondert gegenüber, der jeweils ein eigenes Recht geltend macht. Der psychologische Effekt, den das Entstehen eines Einzelrechts für jedes herrschende Grundstück bei deren Eigentümern auslöst, sollte nicht unterschätzt werden: Ein einem selbst allein zustehendes Recht wird schneller, häufiger und unbedachter geltend gemacht werden, als ein Recht, das einem nur mit mehreren Berechtigten gemeinsam zusteht. Dieser Effekt ist zwar nicht materiell, wohl aber tatsächlich für den Eigentümer des dienenden Grundstücks belastender. Auch das sollte berücksichtigt werden.

Wie schon bei der anfänglichen Begründung einer einheitlichen Grunddienstbarkeit sprechen bei der Teilung des herrschenden Grundstücks Praxisargumente für eine einheitliche Grunddienstbarkeit. Auch hier bleibt das Grundbuch durch eine einheitlich eingetragene Grunddienstbarkeit übersichtlicher, es wird Platz im Grundbuch gespart und bei der Berichtigung der Berechtigtenbezeichnung werden gegenüber der Eintragung einer Vielzahl von Grunddienstbarkeiten Kosten gespart, die ansonsten gem. § 55 Abs. 2 GNotKG iVm KV Nr. 14121 anfallen würden.[182] Dass die generelle Ablehnung der Be-

182 Nimmt man an, dass die Realteilung zu einer Vielzahl von Grunddienstbarkeiten führt, so entstehen diese als neue Rechte. Es handelt sich nicht um eine Verände-

rücksichtigung praktischer Gesichtspunkte nicht überzeugt, wurde oben (Teil 2 I.a)cc)) bereits dargelegt. Diese Ausführungen gelten nicht nur in Bezug auf die anfängliche Bestellung eines Gesamtrechts, sondern auch bei der späteren Teilung gem. § 1025 S. 1 BGB.

Teilweise wird argumentiert, für die Entstehung einer einheitlichen Grunddienstbarkeit und gegen die Aufspaltung in mehrere Rechte nach der Teilung spreche der Grundsatz der Unteilbarkeit der Grunddienstbarkeiten.[183] Was dieser Grundsatz genau besagt, ist unklar. Der Gesetzgeber hat dieses Prinzip zwar bei der Normierung der Grunddienstbarkeit zugrunde gelegt, aber den genauen Inhalt bewusst nicht näher beschrieben und dessen Erläuterung und Beweis der Theorie überlassen.[184] In der Literatur hat eine genaue Festlegung dieses Grundsatzes aber – soweit ersichtlich – nicht stattgefunden.

2) Die Gegenmeinung: Mehrere Grunddienstbarkeiten

Die Gegenmeinung[185] vertritt dagegen die Ansicht, mit der Grundstücksteilung vervielfache sich die Grunddienstbarkeit kraft Gesetz und es entstünden eine der Anzahl der herrschenden Grundstücke entsprechende Zahl von Grunddienstbarkeiten. Grundbuchrechtlich lägen nach der Teilung mehrere selbstständige, gleichrangige Grunddienstbarkeiten vor, die unter einer Sammelbezeichnung eingetragen werden können.[186] Diese Meinung bringt folgende Argumente vor:

---

rung der ursprünglich bestehenden Grunddienstbarkeit gem. KV Nr. 14130, vgl. Fackelmann/Heinemann/Drempetic KV Nr. 14130 Rn 9. Selbst wenn man dies anders sehen wollte, eine Veränderung der Grunddienstbarkeit annehmen wollte und die Eintragung der neu entstehenden Mehrzahl von Grunddienstbarkeiten in einem Vermerk zulassen würde, würde dies doch zur Entstehnung einer Gebühr für jedes Recht führen, vgl. KV Vorbem 1.4 IV; Fackelmann/Heinemann/Schneider § 55 Rn 20.

183 Meisner/Stern/Hodes/Dehner § 31 VIII 1; OLG Frankfurt, NJW 1969, 469; Herget, NJW 1966, 1060, 1061.

184 Motive III, S. 482, 487; Schubert, S. 156–161.

185 Bamberger/Roth/Wegmann § 1025 Rn 3; Hettiger, S. 250–253; Rütten, S. 272; Meisner/Ring/Götz § 28 Rn 45; AK-BGB/Ott § 1025 Rn 1; Herrmann, DNotZ 1974, 188, 189; Dohnanyi S. 211; Eichler S. 601 f.; aus der älteren Literatur: Crome, § 431 Anmerkung 5., S. 493; Dernburg, § 167 II. S. 566; von Tuhr, § 3, S. 86; Engländer, S. 342 f.; Wolff/Raiser § 108 II. 1; schon aus der Zeit vor dem BGB: Steinlechner, § 17, S. 58–61; wohl auch: Jauernig/Berger §§ 1025, 1026 Rn 1; Hk-BGB/Staudinger §§ 1025, 1026 Rn 2, die von einer Vervielfältigung der Berechtigung sprechen.

186 Bamberger/Roth/Wegmann § 1025 Rn 3.

Es wird argumentiert, § 1025 S. 1 HS. 2 BGB gehe von einer Konkurrenzsituation mehrerer wiederstreitender Nutzungsrechte entsprechend § 1024 BGB aus.[187] Daraus sei auf das Entstehen einer Vielzahl von Rechten zu schließen.

Auch hier wird – was von der Mindermeinung schon gegen die Begründung einer einheitlichen Grunddienstbarkeit ohne Teilung vorgebracht wurde, vgl. I.1) a)bb) – damit argumentiert, dass die Grunddienstbarkeit unstreitig als wesentlicher Bestandteil des herrschenden Grundstücks anzusehen ist. Als solcher folge sie dem rechtlichen Schicksal des jeweiligen Teils.[188] Anderenfalls wäre die Grunddienstbarkeit Bestandteil mehrerer Grundstücke, was abzulehnen sei. Es sei inkonsequent, eine Teilung des Grundstücks zuzulassen, die Grunddienstbarkeit aber davon auszunehmen.[189]

Weiter wird vorgebracht, einheitliche Rechte könne es nur bei Verwertungsrechten, wie etwa den Grundpfandrechten, nicht aber bei Nutzungsrechten geben.[190]

Geltend gemacht wird auch, charakteristisch für die Grunddienstbarkeit seien die besonderen Bedürfnisse des berechtigten Grundstücks. Diese Bedürfnisse verfestigten sich in Beziehungen, die sich nur bei selbstständigen Rechten individuell bilden könnten. Eine einheitliche Grunddienstbarkeit lasse die Bildung solcher Beziehungen und damit eine ausreichende Verfestigung der Bedürfnisse nicht zu.[191] Dies folge auch aus § 1019 BGB. Der Vorteil müsse stets für jedes herrschende Grundstück einzeln bestimmt werden, da die Vorteile völlig unterschiedlich aussehen können.[192]

Ring meint, die Unhaltbarkeit der Entstehung einer einheitlichen Grunddienstbarkeit im Fall des § 1025 BGB zeige sich am Fall der Unterlassungs- und Verzichtsdienstbarkeiten, weil hier für jeden Eigentümer eines herrschenden Grundstücks ein selbstständiges Verbietungsrecht entstünde. Eine einheitliche Berechtigung könne hier nicht verwirklicht werden.[193]

Zuletzt wird noch vorgebracht, dass die Folgen der herrschenden Meinung nicht absehbar seien, weil das geltende Recht die Rechtsbeziehungen nicht kläre: Die Bruchteilsgemeinschaft passe nicht, da sie nur auf ein abstraktes, zahlenmäßig zu bestimmendes Beteiligungsverhältnis abstelle, was aber nicht

187 Bamberger/Roth/Wegmann § 1025 Rn 3.
188 Meisner/Ring/Ring/Götz § 28 Rn 45.
189 Hettiger, S. 250 f.; von Tuhr, § 3, S, 86.
190 Meisner/Ring/Ring/Götz § 28 Rn 45.
191 Meisner/Ring/Götz § 28 Rn 45.
192 Hettiger, S. 252.
193 Staudinger/Ring (1981) § 1025 Rn 3; Meisner/Ring/Ring/Götz § 28 Rn 45.

notwendigerweise der passende Maßstab für die Berechtigung sei. Maßgeblich müsse das Bedürfnis der Eigentümer der herrschenden Grundstücke sein; das Recht kenne aber keine Rechtsgemeinschaft, die als Verteilungsmaßstab auf die Bedürfnisse abstellt. Mangels geeigneter Instrumentarien müsse daher davon ausgegangen werden, dass eine Mehrheit von Rechten entstehe.[194] Dagegen stünde bei der Annahme einer Vielzahl von Grunddienstbarkeiten § 1024 BGB als Regelung zur Verfügung.

3) Entscheidung des Streits

Insgesamt überzeugen die Argumente der herrschenden Meinung. Wortlaut und Systematik weisen in die Richtung einer einheitlichen Grunddienstbarkeit. Für sich genommen würde dies freilich nicht genügen, da der Gesetzgeber, wie geschildert, den Streit bewusst offen gelassen hat. Gewicht haben aber insbesondere die Praxisaspekte der Übersichtlichkeit und Kosteneffizienz, die die Handhabung der Grunddienstbarkeit für den Rechtsverkehr allgemein günstiger gestalten.

Nicht zu überzeugen vermag bei der herrschenden Meinung die Argumentation mit dem Willen des teilenden Eigentümers des herrschenden Grundstücks und die Argumentation mit dem Prinzip von der Unteilbarkeit der Grunddienstbarkeit. Ersteres wurde bereits erläutert. Letzteres ergibt sich aus drei Gesichtspunkten: zum Ersten aus der Unklarheit in Bezug auf diesen Grundsatz. Nach Hettiger besagt er nur, dass die Teilung keinen Einfluss auf die Ausübungsbefugnisse hat. Mit der Frage, aus welchen Rechten die Gesamtheit der Ausübungsbefugnisse resultiert, hat er dagegen nichts zu tun.[195] Auch wenn sich das aus den von Hettiger genannten Quellen nicht unmittelbar ergibt, kann dem angesichts der mangelnden Definition und Durchdringung des Prinzips durch die Literatur, doch wenig entgegengesetzt werden. Weiterhin verweist Hettiger auch zu Recht auf die Gesetzgebungsmaterialien, in denen der Grundsatz vor der Diskussion der Teilungsproblematik zwar angesprochen, nicht aber direkt auch darauf bezogen wird.[196] Der Gesetzgeber scheint also nicht davon ausgegangen zu sein, dass das Prinzip der Unteilbarkeit der Grunddienstbarkeit bei der Teilung des herrschenden Grundstücks zwingend zu einem einheitlichen Recht führen muss. Zudem ist auch anzumerken, dass die zweite Kommission die einzige Vorschrift im Entwurf des BGB, nämlich § 968 BGB, die jedenfalls die Folgen des Grund-

---

194 Engländer, S. 342.
195 Hettiger, S. 249; Wolf, S. 116 f.
196 Hettiger S. 249, Motive III, S. 487.

satzes der Unteilbarkeit der Grunddienstbarkeit regelte[197] und bestimmte, dass eine Grunddienstbarkeit nach Bruchteilen weder begründet noch aufgehoben werden kann, ersatzlos aus dem BGB gestrichen hat.[198] Der Gesetzgeber sah in der Vorschrift nur eine Reminiszenz des römischen Rechts, die im Gesetz nicht zum Ausdruck gebracht werden muss.[199] Damit ist völlig offen, in welcher Form der Gesetzgeber diesen Grundsatz im BGB verankern wollte.

Die Argumente der Gegenmeinung vermögen dagegen ganz überwiegend nicht zu überzeugen.

Das gilt zunächst für den Verweis auf § 1025 S. 1, 2. HS. BGB und die Behauptung, hier würden eine Konkurrenzsituation mehrerer Rechte entsprechend § 1024 BGB geschildert. Woraus dieser Schluss gezogen wird, ist völlig unklar. Es besteht keine auffallende Ähnlichkeit zu § 1024 BGB, an der man eine derartige Parallelität festmachen könnte.

Die Argumentation, die auf die Bestandteilseigenschaft der Grunddienstbarkeit gem. § 96 BGB in Bezug auf das herrschende Grundstück verweist, wurde schon gegen die anfängliche Bestellung einer einheitlichen Grunddienstbarkeit ins Feld geführt (vgl. Teil 2 I.1)a)bb)) und hier als gewichtiges, im Ergebnis aber nicht zwingendes Argument verworfen. In Bezug auf die Realteilung wird sie nur insoweit erweitert, als der Gedanke der „Schicksalsgemeinschaft" zwischen Grundstück und dem als Bestandteil geltenden Recht besonders betont wird und daraus geschlossen wird, eine Teilung des Grundstücks müsse zwangsläufig auch zur Teilung der als Bestandteil geltenden Grunddienstbarkeit führen. Die beschriebene Schicksalsgemeinschaft ist aber kein Selbstzweck, sondern dient, wie beschrieben, vor allem der Schaffung eines einheitlichen Haftungsverbandes. Bei der einheitlichen Grunddienstbarkeit besteht insofern aber gar keine Gefahr der Ausklammerung und gesonderten Verwertung aus irgendeinem Haftungsverband, weil eine vom Grundstück isolierte Grunddienstbarkeit gar nicht denkbar ist.

Das Argument, ein einheitliches Recht sei nur bei Verwertungsrechten zulässig, stellt eine bloße Behauptung dar, die weder im Gesetz noch in der Literatur eine Stütze erfährt.

Die Argumentation, dass die einheitliche Grunddienstbarkeit nicht die Berücksichtigung individueller Bedürfnisse des herrschenden Grundstücks zulasse, überzeugt ebenfalls nicht. Auch hier ist wieder unklar, welcher Art die erwähnten Beziehungen sein sollen. Außerdem kann man dieses Argument auch umdrehen:

197 Motive III, S. 482.

198 Jakobs/Schubert, S. 83.

199 Protokolle III, S. 310.

Die Aufspaltung in mehrere Einzelrechte nach der Teilung des herrschenden Grundstücks löst willkürlich die bis dahin bestehende einheitliche Beziehung auf, die eventuell gar keiner Anpassung bedarf.

Schließlich ist auch dem Argument von Ring[200], dass bei Unterlassungs- und Verzichtsdienstbarkeiten eine einheitliche Berechtigung nicht verwirklicht werden könne, abzulehnen. Zum einen weil das, wie in Teil 1 I.2)b)bb)bbb) geklärt wurde, jedenfalls bei der Verzichtsdienstbarkeit nicht uneingeschränkt richtig ist. Hier ist anders als bei der Unterlassungsdienstbarkeit sehr wohl auch ein Verzichtsmaß denkbar, welches mehrere Eigentümer herrschender Grundstücke auch gemeinschaftlich ausüben können. Zum anderen, weil bei der Benutzungsdienstbarkeit, die sicherlich nicht die unwichtigste Unterart der Grunddienstbarkeit darstellt, eben eine gemeinsame Ausübung sehr gut vorstellbar ist. Hier besteht ein rechtliches Bedürfnis für eine einheitliche Berechtigung, die nicht einfach mit Verweis auf ein fehlendes Bedürfnis an anderer Stelle abgetan werden kann. Das oben genannte Argument von Ring würde höchstens dann greifen, wenn man eine Differenzierung dergestalt befürworten würde, dass etwa bei Realteilung des herrschenden Grundstücks eine Unterlassungsdienstbarkeit eine Aufspaltung in mehrere Grunddienstbarkeiten erfolgen und bei Realteilung des herrschenden Grundstücks einer Benutzungsdienstbarkeiten ein einheitliches Recht bestehen bleiben soll. Nicht aber kann damit das Entstehen einer einheitlichen Grunddienstbarkeit nach der Teilung insgesamt verworfen werden.

Das Argument, die Annahme einer einheitlichen Grunddienstbarkeit führe zu Folgeproblemen, ist ebenfalls nicht überzeugend. Denn dieses Argument verkennt, dass auch die Annahme von Einzelrechten und die dann folgende Anwendung des § 1024 BGB Probleme mit sich bringt. Auch hier ist nicht absehbar, wie Ausübungsstreitigkeiten zu lösen sind. Zwar kann eine Ausübungsregelung nach § 1024 BGB durchgesetzt werden, aber niemand weiß, nach welchen Kriterien hier zu entscheiden ist.[201] Auch die Mindermeinung führt somit zu Folgeproblemen und ist nicht schon wegen ihrer nur scheinbaren Problemlosigkeit vorzuziehen.

Damit ist der herrschenden Meinung zu folgen. Die Realteilung des herrschenden Grundstücks führt nicht zur Aufspaltung der ursprünglich einheitlichen Grunddienstbarkeit in selbstständige Einzelrechte, sondern es entsteht eine einheitliche Grunddienstbarkeit zugunsten aller herrschenden Grundstücke. Die Ausübung dieses einheitlichen Rechts ist im Folgenden zu untersuchen.

---

200 Staudinger/Ring (1981) § 1025 Rn 3; Meisner/Ring/Ring/Götz § 28 Rn 45.
201 Mayer, MittBayNot 2002, 288.

II. Die Ausübung der einheitlichen Grunddienstbarkeit

Die soeben beschriebene und verworfene Mindermeinung tut sich jedenfalls bei der Beantwortung der Frage, nach welcher Vorschrift die Eigentümer der herrschenden Grundstücke ihre jeweiligen Grunddienstbarkeiten im Innen- und Außenverhältnis ausüben, relativ leicht.[202] Da sie die Aufspaltung in mehrere selbstständige Rechte befürwortet, kann sie die Vorschrift des § 1024 BGB direkt auf das Innenverhältnis zwischen den Eigentümern der herrschenden Grundstücke anwenden. Im Außenverhältnis bedarf es keiner Vorschrift, weil jeder Eigentümer eines herrschenden Grundstücks ein eigenes Recht hat, welches er gegenüber dem Eigentümer des dienenden Grundstücks und/oder Dritten geltend machen kann. Eine Beschränkung erfährt die Ausübung im Außenverhältnis nur über § 1025 S. 1, 2. HS BGB.[203]

Dagegen hat es die herrschende Meinung bei der Begründung eines tragfähigen Konzepts deutlich schwerer. § 1025 BGB enthält zur Ausübung der Grunddienstbarkeit bis auf das Verbot der zusätzlichen Beschwerung des Eigentümers des dienenden Grundstücks keine Regelungen. Die Anwendung des § 1024 BGB im Innenverhältnis zwischen den Eigentümern herrschender Grundstücke ist bei Bestehen nur einer einheitlichen Grunddienstbarkeit nicht möglich. Und im Außenverhältnis besteht nicht für jeden Eigentümer eines herrschenden Grundstücks eine selbstständige Grunddienstbarkeit, sondern jeder Eigentümer ist am ganzen Recht beteiligt, sodass auch insofern die Ausübung genau geregelt werden muss. In der Folge hat die herrschende Meinung eine Vielzahl von Vorschlägen erarbeitet, die die Ausübung der einheitlichen Grunddienstbarkeit befriedigend regeln sollen. Im Einzelnen werden folgende Meinungen vertreten:

1. Die §§ 741–758 BGB bestimmen das Innen- und Außenverhältnis, wobei für das Innenverhältnis § 745 BGB gilt.
2. Im Außenverhältnis steht den Eigentümern des herrschenden Grundstücks die Grunddienstbarkeit als Gesamtberechtigung analog §§ 428, 432 BGB zu (dies wird als modifizierte Form der Gesamtgläubigerschaft bezeichnet). Im Innenverhältnis gelten die Vorschriften der §§ 741–758 BGB, wobei an Stelle des Mehrheitsbeschlusses gem. § 745 BGB die Vorschrift des § 1024 BGB analog anzuwenden ist.

---

202 Einfach ist allerdings auch nur die Aussage, dass § 1024 BGB anwendbar ist. Nach welchen Kriterien bei der Anwendung des § 1024 BGB zu entscheiden ist, ist unklar, vgl. schon oben unter Teil 2 I.3).

203 Hettiger, S. 253–255; Bamberger/Roth/Wegmann § 1025 Rn 3; AK-BGB/Ott § 1025 Rn 3; Dohnanyi, S. 211; Meisner/Ring/Ring/Götz § 28 Rn 45.

3. Es liegt eine Bruchteilsgemeinschaft vor, sodass die § 741–758 BGB gelten. Im Innenverhältnis werden Entscheidungen jedoch nicht durch Mehrheitsentscheidung gem. § 745 BGB getroffen, sondern § 1024 BGB ist entsprechend anzuwenden.
4. Im Außenverhältnis steht den Eigentümern des herrschenden Grundstücks die Grunddienstbarkeit als Gesamtberechtigung analog §§ 428, 432 BGB zu. Die §§ 741–758 BGB bestimmen das Innenverhältnis.
5. Im Außenverhältnis gilt § 432 BGB, im Innenverhältnis die §§ 741–758 BGB.

Einige Stimmen in der Literatur befassen sich mit dem Streit nur eingeschränkt und weichen in Bezug auf das Außenverhältnis einer Diskussion aus. Die Bestimmung des Außenverhältnisses könne dahinstehen. Allein entscheidend sei, dass jeder Berechtigte die Dienstbarkeit allein ausüben und durch Klage geltend machen könne.[204] Was im Innenverhältnis gelten soll, ist bei diesen Stimmen freilich wieder streitig. Auch hier wollen einige im Innenverhältnis § 745 BGB,[205] andere § 1024 BGB analog anwenden.[206]

Die aufgezählten Ansätze sollen im Folgenden hinsichtlich ihrer Auswirkungen auf die Ausübung der einheitlichen Grunddienstbarkeit näher untersucht werden. Dabei sollen die für die Grunddienstbarkeit relevanten in Teil 1 II. herausgearbeiteten Ausübungsbereiche angesprochen werden. Der Übersichtlichkeit halber soll dabei danach unterschieden werden, ob die Ausübung das Innen- oder das Außenverhältnis tangiert. Das Außenverhältnis beschreibt die Beziehung der Eigentümer herrschender Grundstücke zu Dritten, insbesondere zum Eigentümer

---

204 So ausdrücklich NK-BGB/Otto § 1025 Rn 9; Palandt/Herrler § 1025 Rn 1; offen in Bezug auf die Ableitung der Regeln im Außenverhältnis auch Planck/Strecker § 1025 Anmerkung 1.a), S. 759.

205 Palandt/Herrler§ 1025 Rn 1; Planck/Strecker § 1025 Anmerkung 1.c), S. 760.

206 NK-BGB/Otto § 1025 Rn 9–11.; Staudinger/Weber (2017) § 1025 Rn 5; ursprünglich auch Staudinger/Mayer (2002) § 1025 Rn 5, der zum Außenverhältnis aber keine Stellung bezieht und den Streit nur darstellt. Seine Position hat Mayer in der nächsten Auflage (Staudinger/Mayer (2009) § 1025 Rn 5) aufgegeben und sieht nunmehr auch die analoge Anwendung von § 1024 BGB kritisch. Er stellt den Streit hier nur noch dar, ohne selbst seine Präferenz deutlich zu machen. Unklar ist der Ansatz von Cohn, S. 28. Er möchte offenbar § 1024 BGB unmittelbar anwenden, aber „analog den Bestimmungen über die Gemeinschaft (§ 745)". Da Cohn aber gleichzeitig anzunehmen scheint, dass nach der Realteilung eine einheitliche Grunddienstbarkeit bestehen bleibt, erscheint die direkte Anwendung widersprüchlich. Die Analogie wird nicht erläutert. Es wird von Cohn nicht erklärt, wie sein Ansatz gemeint ist. Er kann daher in dieser Arbeit nicht als eigener Ansatz untersucht werden, weil schon unklar ist, ob es sich überhaupt um einen eigenen Ansatz handelt.

des dienenden Grundstücks. Das Innenverhältnis beschreibt die Beziehungen der Eigentümer der herrschenden Grundstücke untereinander. Der Darstellung des jeweiligen Ansatzes schließt sich eine Bewertung an.

1) Die Eigentümer der herrschenden Grundstücke als Bruchteilsgemeinschaft gem. §§ 741–758 BGB

Die wohl herrschende Meinung wendet auf die Ausübung der Grunddienstbarkeit sowohl im Innen- als auch im Außenverhältnis die §§ 741–758 BGB uneingeschränkt an.[207] Die Anknüpfung an die Bruchteilsgemeinschaft verwundert nicht. Gibt § 1025 BGB schon auf die Frage nach dem Schicksal der Grunddienstbarkeit nach Teilung des herrschenden Grundstücks keine eindeutige Antwort, so gibt diese Vorschrift erst recht keine Auskunft über die aus der Teilung resultierenden Rechtsverhältnisse. Da das Sachenrecht keine allgemeinen Regeln zur Ausübung aller dinglichen Rechte zur Verfügung stellt, liegt ein Rückgriff auf die im Schuldrecht verankerten Regelungen der §§ 741–758 BGB nahe. Denn die dort geregelte Bruchteilsgemeinschaft fungiert vor allem als Auffangregelung für alle Fälle gemeinschaftlichen Rechtserwerbs, die nicht besonders geordnet sind.[208]

Ob und wie die Regeln der Bruchteilsgemeinschaft auf die Grunddienstbarkeit sinnvoll angewendet werden können und wie eine solche Anwendung praktisch aussehen würde, wird von den Vertretern der wohl herrschenden Meinung allerdings nicht näher erläutert. Auf die Anwendung der einzelnen Vorschriften der §§ 741–758 BGB wird vielmehr gar nicht eingegangen. Diese schon in der Einleitung dieser Arbeit angesprochene Vagheit erscheint angesichts des bestehenden Meinungsstreits erstaunlich: Die Bewertung des Ansatzes wird erst möglich, wenn geklärt ist, welchen Aussagegehalt die Regeln der Bruchteilsgemeinschaft für die Grunddienstbarkeit mit ihren Eigenarten haben. Dies zu leisten wird daher die Aufgabe der folgenden Ausführungen sein. Da die herrschende Meinung aber, hierzu keine Angaben macht, muss klargestellt werden, dass es sich bei den weiteren Ausführungen um ein notwendiges Kon-

---

207 BayObLG, NJW-RR 1990, 1043, 1044; Erman/Grziwotz § 1025 Rn 2; RGRK/Rothe § 1025 Rn 1; Westermann/Gursky/Eikmann § 121 Rn 17; Wilhelm Rn 1970; Grziwotz/Lüke/Saller 4. Teil Rn 297; Geißel, MittRhNotK 1997, 333, 343; Ahrens, Rn 198; Herrler, DNotZ 2017, 729; Predari § 48 Anmerkung 1 (entsprechende Anwendung).

208 Staudinger/von Proff (2015) § 741 Rn 57; Erman/Westermann/Aderhold § 741 Rn 1; von Schellhammer wird die Bruchteilsgemeinschaft plastisch als „gesetzlicher Lückenbüßer“ bezeichnet, vgl. Schellhammer, Schuldrecht, Rn 701.

turieren und einen Versuch der Rekonstruktion des Standpunktes der wohl herrschenden Meinung anhand von Schrifttum und Rechtsprechung zu den Regelungen der §§ 741–758 BGB handelt, die sich so nicht direkt bei den Vertretern dieses Ansatzes finden lässt. Unter Berücksichtigung der Besonderheiten der Grunddienstbarkeit soll so versucht werden, die Idee der Anwendung der §§ 741–758 BGB mit Leben zu füllen.

a) Das Außenverhältnis: Verfügung und Verteidigung

aa) Verfügung über die Grunddienstbarkeit

Eine Regelung über die Verfügung findet sich für die Bruchteilsgemeinschaft in § 747 BGB. Unter Verfügung ist die unmittelbare Einwirkung auf den Bestand eines Rechts durch Übertragung, Aufhebung, Belastung oder inhaltliche Änderung zu verstehen.[209] Dieser viergliedrige Verfügungsbegriff hat für die Grunddienstbarkeit aber nur eingeschränkte Bedeutung.

aaa) Übertragung und Belastung

Keine Bedeutung hat der Begriff der Verfügung in Bezug auf die Übertragung und Belastung einer Grunddienstbarkeit. Es wurde oben in Teil 1 I.2)a) bereits festgestellt, dass eine Grunddienstbarkeit hinsichtlich Übertragung und Belastung als Bestandteil des herrschenden Grundstücks gilt und gem. § 96 BGB dessen Schicksal teilt, also mit dem herrschenden Grundstück übertragen und belastet wird. Das dingliche Recht Grunddienstbarkeit ist als solches weder als einheitliches Recht noch als ideeller Bruchteil selbstständig übertragbar und belastbar.[210] Bei Realteilung des herrschenden Grundstücks bedarf es daher hinsichtlich Übertragung und Belastung der Grunddienstbarkeit der Anwendung der Regeln der Bruchteilsgemeinschaft nicht. Vielmehr ist insofern nur die Übertragung und Belastung des jeweiligen Teilgrundstücks maßgeblich. Da die Teilgrundstücke selbstständige Rechtsobjekte sind, und nicht, wie bei der ideellen Teilung, kraft der Teilung eine Bruchteilsgemeinschaft an nur einem Grundstück entsteht, sind auch in Bezug auf das Grundstück die §§ 741–758 BGB nicht anwendbar und es besteht keine Bruchteilsgemeinschaft. Vielmehr kann jeder Eigentümer eines realen Teilgrundstücks dieses (und damit auch seinen Bruchteil an der einheitlichen Grunddienstbarkeit) selbstständig übertragen und belasten. Die einheitliche

---

209 BGHZ 1, 294, 304; Wolf/Neuner, § 29 Rn 31; Brox/Walker, Rn 104; Bork, Rn 450; Creifelds, S. 1406.

210 OLG Hamm, OLGZ 1980, 270, 271; MüKo/Mohr § 1018 Rn 73; Staudinger/Weber (2017) § 1018 Rn 167 f.; Palandt/Herrler § 1018 Rn 34.

Grunddienstbarkeit bleibt durch Übertragung und Belastung eines Teilgrundstücks unverändert.

bbb) Aufhebung

Dagegen kann die Aufhebung einer Grunddienstbarkeit durch Verzicht unabhängig vom Schicksal des herrschenden Grundstücks erfolgen. Bei der Grunddienstbarkeit erfolgt die Aufhebung nach §§ 875, 876 BGB durch Aufgabeerklärung des/der Berechtigten und durch Löschung aus dem Grundbuch.[211] In der Regel wird die Aufgabeerklärung in der verfahrensrechtlich erforderlichen Löschungsbewilligung gem. § 19 GBO enthalten sein.[212]

Bei der Aufhebung der einheitlichen Grunddienstbarkeit muss unterschieden werden, ob es um die Aufhebung der einheitlichen Grunddienstbarkeit insgesamt oder nur um die Aufhebung eines einem einzelnen Eigentümer eines herrschenden Grundstücks an der einheitlichen Grunddienstbarkeit zustehenden Bruchteils geht. Für die Aufhebung der gesamten einheitlichen Grunddienstbarkeit gilt § 747 S. 2 BGB. Danach kann eine Aufhebung nur gemeinschaftlich durch alle Teilhaber erfolgen.[213] Ein einzelner Teilhaber kann also nicht mit Wirkung für andere Berechtigte das komplette Recht aufheben; er verfügt, wenn er das doch tut, als Nichtberechtigter.[214] Auch eine Mehrheit kann die einheitliche Grunddienstbarkeit nicht aufheben, solange auch nur ein Teilhaber nicht zustimmt. Ein Mehrheitsbeschluss nach § 745 Abs. 1 BGB scheidet aus, weil die Mehrheit nur über Verwaltung und Benutzung entscheiden kann. Die Aufhebung der Grunddienstbarkeit und damit auch der Gemeinschaft an ihr ist aber keine Benutzung und erst recht keine Verwaltung mehr, da sie sich weder auf die Ziehung von Nutzungen noch auf die Erhaltung und Verbesserung der Grunddienstbarkeit richtet.[215]

Für die Aufhebung der einzelnen Bruchteile an der einheitlichen Grunddienstbarkeit könnte man aus § 747 S. 1 BGB folgern, dass jedem Eigentümer eines herrschenden Grundstücks in Bezug auf seinen Bruchteil selbstständig der Verzicht möglich ist. Denn § 747 S. 1 BGB schränkt den Begriff der Verfügung nicht auf

---

211 MüKo/Mohr § 1018 Rn 75; Staudinger/Weber (2017) § 1018 Rn 169; Palandt/Herrler § 1018 Rn 35.

212 Staudinger/Weber (2017) § 1018 Rn 170; MüKo/Kohler § 875 Rn 9; Palandt/Herrler § 875 Rn 3.

213 KG, RPfleger 1974, 431; Lemke/Böttcher § 1025 Rn 1; Staudinger/Weber (2017) § 1025 Rn 6; NK-BGB/Otto § 1025 Rn 5.

214 Staudinger/Eickelberg (2015) § 747 Rn 76.

215 Staudinger/von Proff (2015) § 744 Rn 10; Staudinger/Eickelberg (2015) 747 Rn 67, 71; MüKo/Karsten Schmidt § 747 Rn 24; Erman/Aderhold 3 744 Rn 3.

einzelne Verfügungsarten ein. Trotzdem wird jedoch für die Bruchteilsgemeinschaft angenommen, dass eine einseitige Anteilsaufhebung durch Verzicht nicht möglich ist, und zwar weder in dem Sinne, dass der aufgehobene Teil in der Folge den anderen Teilhabern anwächst, noch in dem Sinne, dass die Grunddienstbarkeit zu einem dem ideellen Anteil entsprechenden realen Bruchteil untergeht.[216]

Eine Aufhebung, die bei den anderen Teilhabern zu einer Anwachsung ihres Bruchteils führt, scheitert daran, dass es sich dabei der Sache nach um eine Übertragung des Anteils handeln würde, die aber nicht einseitig möglich wäre, sondern nur bei Mitwirkung der übrigen Teilhaber, die den Anteil durch Anwachsung erwerben.[217] Speziell bei der Grunddienstbarkeit ist, wie gerade geklärt wurde, eine derartige gesonderte Übertragung des Rechts schon gar nicht möglich, da sie nur bei der Übertragung des herrschenden Grundstücks, nicht aber durch Einzelübertragung des dinglichen Rechts übergehen kann. Die Anwachsung einer Grunddienstbarkeit würde aber gerade eine solche Einzelübertragung bedeuten und widerspricht damit dem Wesen dieses Rechts. Darüber hinaus kennt das Gesetz im Recht der Bruchteilsgemeinschaft eine derartige Anwachsung auch gar nicht.[218]

Auch die Aufhebung eines Bruchteils an dinglichen Rechten mit der Folge, dass der entsprechende Bruchteil ohne Anwachsung bei den anderen Teilhabern ersatzlos untergeht, wird allgemein abgelehnt.[219] Zur Begründung wird auf die Rechtslage bei der Dereliktion eines Miteigentumsanteils verwiesen.[220] Der BGH hat sich nämlich gegen die Möglichkeit des Untergehens eines Bruchteils durch einseitige Verfügung eines Teilhabers ausgesprochen: In einem Grundsatzurteil[221] zum Miteigentum hat er festgestellt, das Erlöschen eines Miteigentumsanteils breche die Miteigentümergemeinschaft auseinander und würde sie aufheben. Das Bestehen einer Gemeinschaft setzte voraus, dass die sich auf das gemeinsame Grundstück beziehenden Anteile zusammen ein ganzes ergeben. Daran fehle es

---

216 Staudinger/Eickelberg (2015) § 747 Rn 18; MüKo/Karsten Schmidt § 747 Rn 16; Palandt/Sprau Vorb v §§ 749–758 Rn 2.

217 Staudinger/Eickelberg (2015) § 747 Rn 18; Staudinger/Gursky (2012) § 875 Rn 34.

218 Staudinger/Eickelberg (2015) § 747 Rn 17; MüKo/Karsten Schmidt § 747 Rn 16; Bamberger/Roth/Gehrlein § 747 Rn 3.

219 Staudinger/Gursky (2012) § 875 Rn 34; Staudinger/Eickelberg (2015) § 747 Rn 18; jurisPK-BGB/Vieweg § 875 Rn 7; MüKo/Karsten Schmidt § 747 Rn 16; NK-BGB/Krause § 875 Rn 3; Palandt/Herrler § 875 Rn 2.

220 Staudinger/Gursky (2012) § 875 Rn 34.

221 BGH, NJW 2007, 2254, 2255 f., dem folgt die ganz herrschende Meinung, vgl. Staudinger/Pfeifer (2011) § 928 Rn 8; NK-BGB/Grziwotz § 928 Rn 4; Bamberger/Roth/Grün § 928 Rn 2; Palandt/Herrler § 928 Rn 1; Jauernig/Berger § 928 Rn 2; jurisPK-BGB/Benning § 928 Rn 6; aA MüKo/Kanzleiter § 928 Rn 3.

aber beim Erlöschen eines Anteils. Die einseitige Aufhebung eines Anteils führe damit dieselben Folgen herbei, die sonst nur durch die Auflösung der Bruchteilsgemeinschaft gem. §§ 749–758 BGB zu erreichen sind. Diese Vorschriften gingen aber der einseitigen Aufhebung vor. Diese vom BGH für das Miteigentum aufgestellten Erwägungen können auf andere dingliche Rechte und speziell auf eine Grunddienstbarkeit, die mehreren Eigentümern herrschender Grundstücke zu Bruchteilen zusteht, ohne Weiteres übertragen werden. Auch bei der Grunddienstbarkeit würde das vollständige Untergehen eines Bruchteils dazu führen, dass eine Gesamtheit ohne Einhaltung von Auflösungsvorschriften aufgespalten wird. Diese Rechtsmacht darf aber nicht ohne Weiteres der Willkür nur eines Teilhabers anvertraut werden.

Insgesamt ist somit festzustellen, dass ein einzelner Bruchteil an einer Grunddienstbarkeit generell nicht aufgehoben werden kann.

ccc) Inhaltliche Veränderung

Eine inhaltliche Änderung der einheitlichen Grunddienstbarkeit, indem etwa ihre bereits durch Einigung und Eintragung konkretisierte Ausübungsstelle verlegt wird,[222] erfolgt nach §§ 877, 873 BGB durch Einigung zwischen dem Eigentümer des dienenden und des herrschenden Grundstücks und der Eintragung im Grund-

222 BGH, NJW-RR 2006, 237, 238; Staudinger/Gursky (2012) § 877 Rn 16; MüKo/Kohler § 877 Rn 6; dagegen ist die Erweiterung oder Verringerung des ursprünglich vereinbarte Ausübungsmaßes grundsätzlich nicht als Inhaltsänderung, sondern als Teilneubestellung, bzw. Teilaufhebung der Grunddienstbarkeit zu werten (MüKo/Kohler § 877 Rn 7; NK-BGB/Krause § 877 Rn 11, 13 Palandt/Herrler § 877 Rn 4). So soll etwa eine Neubestellung und keine Inhaltsänderung vorliegen, wenn die Grunddienstbarkeit um eine von der bisher eingeräumten Befugnis völlig verschieden andere Befugnis erweitert werden soll (BayObLG, Rpfleger 1967, 11, 12: Ergänzung eines Geh- und Fahrtrechts um ein Überbaurecht; aA: Staudinger/Gursky (2012) § 877 Rn 32). Die Erweiterung einer Grunddienstbarkeit durch eine Vereinbarung nach § 1021 BGB soll dagegen eine Inhaltsänderung sein (Staudinger/Gursky (2012) § 877 Rn 24; MüKo/Kohler § 877 Rn 7). Dies kann man allerdings damit begründen, dass eine Vereinbarung nach § 1021 BGB nicht das dingliche Recht selbst, sondern nur einen Aspekt des dinglichen Begleitschuldverhältnisses verändert. Keine Inhaltsänderung, sondern eine Aufhebung mit anschließender Neubestellung ist auch die Umwandlung einer Grunddienstbarkeit in ein anderes Recht, insbesondere in eine beschränkte persönliche Dienstbarkeit (BayObLG, FGPrax 2003, 10, 11; OLG Zweibrücken, RPfleger 1975, 248; Staudinger/Gursky (2012) § 877 Rn 11; MüKo/Kohler § 877 Rn 6; Palandt/Herrler § 877 Rn 3).

buch.[223] Im Fall der Teilung des herrschenden Grundstücks und der Anwendung der Regeln der Bruchteilsgemeinschaft greift unmittelbar § 747 S. 2 BGB ein, mit der Folge, dass aufseiten der Eigentümer der herrschenden Grundstücke die Änderung nur gemeinschaftlich und nicht durch Mehrheitsentschluss möglich ist.

Die inhaltliche Änderung nur eines Bruchteils ist nicht vorstellbar. Denn der Inhalt der Grunddienstbarkeit bestimmt sich nur nach dem Gesamtrecht; die einzelnen Bruchteile bestehen für dieses Gesamtrecht und können nicht einen irgendwie von diesem Gesamtrecht abweichenden Inhalt haben. Eine inhaltliche Änderung von Bruchteilen kann nur über eine Änderung des Gesamtrechts § 747 S. 2 BGB erfolgen.

bb) Verteidigung der Grunddienstbarkeit

Der Eigentümer des herrschenden Grundstücks muss die Grunddienstbarkeit verteidigen, wenn die durch das dingliche Recht eingeräumte Benutzungsbefugnis durch den Eigentümer des dienenden Grundstücks oder Dritte eingeschränkt oder verwehrt wird. In den Beispielen wäre das etwa der Fall, wenn der Eigentümer des dienenden Grundstücks die Eigentümer der herrschenden Grundstücke durch einen Zaun aus dem Garten aussperrt, den Abbau der Tonerde unmöglich macht, indem er auf dem Grundstück ein Gebäude errichtet oder wenn ein Dritter den Stellplatz besetzt.

In solchen Fällen kann der Eigentümer des herrschenden Grundstücks die Benutzung des dienenden Grundstücks über die negatorische Klage gem. §§ 1027, 1004 BGB durchsetzen,[224] indem er auf Beseitigung der Beeinträchtigung bzw. das Unterlassen von Störungen klagt. Weiterhin können Störungen auch über die Regeln des Besitzschutzes durch possessorische Ansprüche gem. §§ 1029, 861, 862 BGB vom Eigentümer des herrschenden Grundstücks abgewehrt werden, wenn er selbst aufgrund der Benutzung Besitzer des dienenden Grundstücks ist.

Existieren infolge der Realteilung mehrere herrschende Grundstücke, die ihre Nutzung auf eine einheitliche Grunddienstbarkeit stützen, an der sie zu Bruchteilen beteiligt sind, stellt sich die Frage, wer von den Eigentümern der herrschenden Grundstücke im Fall der Beeinträchtigung in welchem Umfang die Rechte aus Grunddienstbarkeit gegenüber dem Eigentümer des dienenden Grundstücks oder Dritten verteidigen kann. Auf die Beispiele bezogen bedeutet das: Wenn im ersten Beispielsfall der Eigentümer des dienenden Grundstücks einem der drei

223 Staudinger/Weber (2017) § 1018 Rn 165; NK-BGB/Otto § 1018 Rn 112.

224 Baur/Stürner, § 33 Rn 42; BGH, NJW 2011, 518, 519; zur Verjährung dieser Ansprüche: Amann, DNotZ 2015, 164–173.

Eigentümer eines herrschenden Grundstücks oder allen das Betreten des Gartens verweigert, was können die abgewiesenen Eigentümer eines herrschenden Grundstücks dann verlangen? Die Beseitigung von Beeinträchtigungen in Bezug auf den ganzen Garten? Jeder nur in Bezug auf einen Teil des Gartens, der dem jeweiligen Bruchteil entspricht? Kann Beseitigung von Beeinträchtigungen im eigenen Namen verlangt werden, oder muss die Beseitigung im Namen der Eigentümer herrschender Grundstücke, die aus der Grunddienstbarkeit berechtigt sind, verlangt werden? In den anderen beiden Fällen stellt sich die Frage ebenso, unabhängig davon, ob es um Stellplätze oder den Abbau von Tonerde auf einer bestimmten Fläche geht.

Die Frage ist deswegen von Bedeutung, weil in den genannten Beispielen und allgemein häufig bei Benutzungsdienstbarkeiten, die Benutzung auf ein bestimmtes Maß festgelegt ist. Die durch §§ 1027, 1004 BGB, bzw. §§ 1029, 861, 862 durchsetzbare Unterlassungs- und Duldungspflicht ist in diesen Fällen auf ein Kontingent beschränkt. Der Eigentümer des dienenden Grundstücks muss nicht unbegrenzt die Benutzung seines Grundstücks dulden, sondern nur in dem festgelegten Ausmaß. Ist das Duldungskontingent erschöpft, braucht der Eigentümer des dienenden Grundstücks eine weitere Nutzung seines Grundstücks nicht weiter zu dulden und wird einer das Benutzungsmaß überschreitenden Benutzung seinerseits mit einer auf § 1004 BGB gestützten negatorischen Klage entgegentreten, wenn in den Beispielen durch die Eigentümer der herrschenden Grundstücke statt 850 qm auf einmal 900 qm Garten benutzt werden, statt einem drei Stellplätze belegt werden und die Abbaufläche für die Tonerde von 65 auf 70 Tagwerk ausgedehnt wird. Es ist also nicht zwingend so, dass der Eigentümer des dienenden Grundstücks seine durch die Grunddienstbarkeit geschuldete Unterlassungs- und Duldungspflicht nicht unter den Berechtigten verteilen muss und diese automatisch allen zugutekommt.[225] Im Gegenteil ist die Unterlassung- und Duldungspflicht zumindest bei vielen Benutzungsdienstbarkeiten beschränkt und muss verteilt werden. Dem Eigentümer des dienenden Grundstücks kommt hierbei eine Schlüsselposition zu, da er es jedem Eigentümer eines herrschenden Grundstücks gegenüber in der Hand hat, ob er ihm gegenüber die Benutzung duldet oder nicht.[226] Damit stellt sich aber folgerichtig die Frage, wer von mehreren Eigentümern herrschender Grundstücke

225 So aber Amann, DNotZ 2008, 324, 337 f. Dieser Satz trifft nur auf Unterlassungsdienstbarkeiten uneingeschränkt zu.

226 So auch Lehmann, S. 318, allerdings nur für obligatorische Duldungspflichten. Der Gedanke passt aber auch bei der dinglichen Duldungspflicht durch die Grunddienstbarkeit.

vom Eigentümer des dienenden Grundstücks wie viel Unterlassung und Dulden verlangen und gerichtlich durchsetzen kann.

aaa) Keine Beschränkung von Abwehransprüchen auf den jeweiligen Bruchteil der Grunddienstbarkeit

Zunächst soll der Frage nachgegangen werden, ob es vorstellbar ist, dass ein Teilhaber Abwehrrechte im Außenverhältnis nur in Bezug auf seinen Bruchteil geltend machen kann. Dies kann man sich so vorstellen, dass der Eigentümer des dienenden Grundstücks seiner Duldungsverpflichtung jedem einzelnen Eigentümer eines herrschenden Grundstücks gegenüber dadurch nachkommt, dass er ihm gegenüber jeweils nur die Benutzung seines Grundstücks in Höhe seines Bruchteils duldet. Der Eigentümer des dienenden Grundstücks müsste im ersten Beispiel dann jedem Eigentümer eines herrschenden Grundstücks nur das Betreten eines Drittels des 850 qm großen Gartens gestatten (oder zeitlich zu einem Drittel), im zweiten Beispiel den Stellplatz (der räumlich nicht sinnvoll aufgeteilt werden kann) jedem Teilhaber einen Drittel des Tages zur Verfügung stellen und im dritten Beispiel jedem Teilhaber nur auf der Hälfte der 65 Tagwerk den Abbau von Tonerde gestatten. Abwehrrechte könnte der Teilhaber dann nur geltend machen, wenn dieser abgemessene Bruchteil beeinträchtigt ist, nicht aber, wenn die übrigen Teilhaber in der Ausübung gestört werden.

Eine derartige bruchteilsmäßige Beschränkung der Abwehrrechte in Bezug auf die Grunddienstbarkeit im Außenverhältnis ist aber abzulehnen: Zum einen deshalb, weil die einheitliche Grunddienstbarkeit dadurch im Außenverhältnis real aufgespalten würde. Der Eigentümer eines herrschenden Grundstücks würde den Zugriff auf die einheitliche Grunddienstbarkeit komplett verlieren. Dies entspricht aber gerade nicht der Natur der Bruchteilsgemeinschaft, bei der das Recht gerade nicht real aufgespalten wird. Zum anderen spricht gegen eine derartige Beschränkung, dass für alle Parteien völlig unklar wäre, wann der Eigentümer des dienenden Grundstücks seiner Verpflichtung nachkommt und ab wann der Eigentümer des herrschenden Grundstücks Abwehrrechte geltend machen kann. Insbesondere ist es für den Eigentümer des dienenden Grundstücks nicht ersichtlich, nach welchen Kriterien er sein Duldungskontingent verteilen soll. Wie soll er den Garten konkret in Drittel unterteilen? Muss er räumlich teilen oder ist auch eine zeitliche Teilung denkbar? Wie soll er die Zeiten bei der Parkplatznutzung interessengerecht einteilen? In vielen Fällen wird eine genaue Aufspaltung der einheitlichen Grunddienstbarkeit in gleichwertige Ausübungsbruchteile nicht möglich, bzw. mit erheblichen Schwierigkeiten verbunden sein. Es wird für den Eigentümer des dienenden Grundstücks fast unmöglich sein, eine Aufteilung vorzunehmen, die alle Eigentümer der herrschenden Grundstücke gleichermaßen befriedigt. Er wird sich dann mehreren Abwehrklagen der Eigentümer der herrschenden Grundstücke ausgesetzt sehen, ohne zu wissen, in welchem Umfang er ihnen nachkommen muss. Das ist dem Eigentümer des dienenden Grundstücks, der für die Teilung des herrschenden Grundstücks nicht verantwortlich und daher schutzwürdig ist, nicht zumutbar. Eine derartige Aufteilung muss den Teilhabern im Innenverhältnis überlassen werden, es kann aber nicht Aufgabe des Eigentümers des dienenden Grundstücks sein.

Aus diesen Gründen können die Abwehrrechte nicht in Bezug auf den jeweiligen Bruchteil betrachtet werden, sondern nur in Bezug auf die Grunddienstbarkeit als einheitliches Recht. Im Folgenden stellt sich damit nur noch die Frage, in welcher Form jeder Teilhaber Abwehrrechte in Bezug auf die gesamte Grunddienstbarkeit ausüben kann.

bbb) Die Verteidigung als Bestandteil des Eigentumsrechts am herrschenden Grundstück?

Man könnte argumentieren, dass allein die Eigentümerstellung des jeweiligen Eigentümers eines herrschenden Grundstücks in Bezug auf seinen realen Grundstücksteils diesen zur alleinigen Verteidigung der gesamten Grunddienstbarkeit berechtigt, weil die Grunddienstbarkeit insgesamt an jedem herrschenden Grundstück besteht. Diesen Schluss könnte man aus einem Urteil des BGH ziehen, in dem ausgeführt wird, dass für den Fall, dass das herrschende Grundstück in Miteigentum aufgeteilt wird, jeder einzelne Miteigentümer Abwehransprüche aus §§ 1027, 1004 BGB geltend machen kann.[227] Der Miteigentümer mache auch dann, wenn man annehme, dass durch die Teilung eine einheitliche Grunddienstbarkeit entstehe (diese Frage lässt der BGH offen), nicht etwa einen gemeinsamen Anspruch in Prozessstandschaft gem. § 1011 BGB geltend, sondern ein Recht aus seinem Eigentumsbruchteil.

Diese Entscheidung, die unmittelbar nur für die ideell-reale Teilung gilt und die in der Literatur Zustimmung erfahren hat,[228] könnte man auf die Realteilung

227 BGH, NJW-RR 1999, 166 f.

228 MüKo/Karsten Schmidt § 1011 Rn 1; Palandt/Herrler § 1027 Rn 2; allerdings verkennt die Literatur teilweise die Argumentation des BGH und meint, ein Recht zur alleinigen Geltendmachung folge aus der Anwendung des § 1011 BGB (so etwas NK-BGB/Otto § 1027 Rn 7; Staudinger/Weber (2017) § 1027 Rn 5; MüKo/Mohr § 1027 Rn 4). Der BGH wendet § 1011 BGB in der genannten Entscheidung aber gerade nicht an (anders noch in einer früheren Entscheidung: BGH, NJW 1992, 1101); diese Regelung hat in Bezug auf die Argumentation des BGH gar keinen Aussagegehalt, weil das Ver-

übertragen. Wenn man bei einer ideell-realen Teilung annimmt, schon aus einem bloßen Miteigentumsbruchteil am herrschenden Grundstück folge ein selbstständiges Verteidigungsrecht jedes Eigentümers eines herrschenden Grundstücks in Bezug auf die gesamte Grunddienstbarkeit, so könnte man argumentieren, dass dann erst recht aus einem realen Grundstücksteil ein eigenständiges Verteidigungsrecht jedes Eigentümers eines herrschenden Grundstücks folgen muss.

Gegen eine derartige Übertragung bestehen aber Bedenken. Denn die Realteilung kann mit der ideell-realen Teilung nicht ohne Weiteres verglichen werden. In dem vom BGH entschiedenen Fall lagen zwei Bruchteilsgemeinschaften vor: Einmal hinsichtlich des im gemeinschaftlichen Eigentum der Wohnungseigentümer stehenden herrschenden Grundstücks und eine weitere in Bezug auf die Grunddienstbarkeit. Der BGH argumentiert, die Verteidigung der Grunddienstbarkeit folge aus der Bruchteilsberechtigung am Grundstück. Bei der Realteilung kann eine derartige Anknüpfung aber nicht erfolgen, denn hier besteht gerade kein Bruchteilseigentum an einem Grundstück, sondern es entstehen selbstständige Rechtsobjekte, die jedem Eigentümer eines herrschenden Grundstücks jeweils ungeteilt zustehen. Bruchteile bestehen nur hinsichtlich der Grunddienstbarkeit. Bei der Realteilung fehlt die Verknüpfung zwischen den Teilgrundstücken, die bei Miteigentum besteht. Bei der Realteilung verbindet die Eigentümer der herrschenden Grundstücke rechtlich nur die einheitliche Grunddienstbarkeit, beim Miteigentum sind sie dagegen in einer Bruchteilsgemeinschaft miteinander verbunden. Eine Übertragung der Entscheidung ist damit nicht möglich, weil die Ausgangslage eine andere ist.

Die alleinige Verteidigung der Grunddienstbarkeit durch den einzelnen Eigentümer eines herrschenden Grundstücks kann damit nicht allein aus der Eigentümerstellung hinsichtlich eines realen Grundstücksteils abgeleitet werden. Anzuknüpfen ist vielmehr an die einheitliche Grunddienstbarkeit selbst. Hinsichtlich dieses Rechts muss eine Ausübungsregelung bezüglich der Verteidigung des Rechts gefunden werden.

ccc) Keine Regelung der Verteidigung durch Spezialvorschriften innerhalb der §§ 1018–1029 BGB

Eine Vorschrift, die die Ausübung von Abwehrrechten speziell für die Grunddienstbarkeit in Bruchteilsgemeinschaft regeln würde, fehlt. §§ 1027, 1029 BGB treffen in Bezug auf die Ausübung von Abwehrrechten durch mehrere keine Aus-

---

teidigungsrecht in Bezug auf das ganze Recht eben nicht, was § 1011 BGB voraussetzt, aus der ganzen Sache, sondern aus dem jeweiligen Bruchteil heraus begründet wird. Für Rechte aus dem Bruchteil bedarf es der Anwendung des § 1011 aber gar nicht.

sage. Im Sachenrecht findet sich eine derartige Vorschrift nur für das Miteigentum in § 1011 BGB.

ddd) Regelung der Verteidigung in §§ 741–758 BGB

Mangels einer sachenrechtlichen Spezialvorschrift für die Verteidigung der Grunddienstbarkeit im Außenverhältnis ist zu überprüfen, ob die §§ 741–758 BGB eine derartige Regelung enthalten.

Zunächst könnte man auf die Idee kommen, § 743 BGB als Regelung der Verteidigung anzusehen. Für Grunddienstbarkeiten, die, wie in Beispiel 3 die Gewinnung von Tonerde, Früchte abwerfen, könnte man aus § 743 Abs. 1 BGB folgern, dass jeder Eigentümer eines herrschenden Grundstücks für sich im Außenverhältnis von dem Eigentümer des dienenden Grundstücks einen seinem Anteil an der Grunddienstbarkeit entsprechenden Bruchteil der Früchte verlangen kann und dies auch im Außenverhältnis geltend machen kann. Jeder Eigentümer eines herrschenden Grundstücks könnte demnach in diesem Fall Abwehrrechte in Bezug auf das Gesamtrecht selbstständig nur in Höhe seines Bruchteils geltend machen. Für Grunddienstbarkeiten, die, wie in Beispiel 2, den Gebrauch ermöglichen, könnte aus § 743 Abs. 2 BGB geschlossen werden, dass jeder den Gebrauch für sich einklagen kann und zwar mindestens in einem seinem Anteil entsprechenden Bruchteil, ggf. aber auch den ganzen Gebrauch, wenn dies die anderen Teilhaber nicht beeinträchtigt, weil sie z. B. den Gebrauch gar nicht ausüben wollen.

Gegen diese Auslegung des § 743 BGB spricht aber dreierlei: Zum einen führt die Anwendung des § 743 BGB zu einer Differenzierung zwischen solchen Grunddienstbarkeiten, die die Fruchtziehung und solchen, die den Gebrauch ermöglichen. Es ist aber nicht ersichtlich, warum bei der Verteidigung einer Grunddienstbarkeit im Außenverhältnis nach deren Inhalt unterschieden werden sollte. Im Fall der Gartennutzung, die sowohl Fruchtziehung als auch Gebrauch ermöglicht, müsste konsequenterweise innerhalb desselben Rechts jeweils separat über die Verteidigung der jeweiligen Benutzung entschieden werden: Für eine solche Differenzierung lässt sich kein sachlicher Grund finden. Weiterhin kann es für den einzelnen Eigentümer eines herrschenden Grundstücks schwer zu ermitteln sein, was genau der von ihm zu verteidigende Bruchteil im Einzelfall eigentlich ist, insbesondere, wenn sich einige Bereiche des Grundstücks besser für die festgelegte Benutzung eignen, als andere und es daher zwischen den Eigentümern der herrschenden Grundstücke nicht so sehr auf die Größe, sondern auf die Qualität der auf dem dienenden Grundstück zur Verfügung stehenden Fläche ankommt. Sind etwa 10 von den 65 Tagwerk, auf die sich die Grunddienstbarkeit erstreckt, beim Abbau der Erde besonders ergiebig, so leuchtet ein, dass jeder Eigentümer eines herrschenden Grundstücks unabhängig von der Größe seines Bruchteils ein Interesse daran haben wird, dass sich sein Bruchteil auf genau diese 10 Tagwerk erstrecken wird. Eine genaue Aufteilung der Fläche liegt nach der Teilung des herrschenden Grundstücks aber zunächst nicht vor und wird zwischen den Eigentümern erst einmal streitig sein. Dann kann aber von einem einzelnen Teilhaber nicht verlangt werden, sich selbstständig einen Bruchteil abzumessen und nur diesen nach außen zu verteidigen, wenn schon im Innenverhältnis die Verteilung möglicherweise nicht klar ist. Zuletzt beschreibt § 743 BGB nach einhelliger Ansicht nur das Innenverhältnis der Teilhaber in Bezug auf die Verteilung der Benutzung und der Nutzungen untereinander.[229] Über das Außenverhältnis trifft die Vorschrift aber keine Aussage.

Weiterhin könnte man § 744 Abs. 1 BGB als Vorschrift in Betracht ziehen, die die Verteidigung der Grunddienstbarkeiten im Außenverhältnis regelt. § 744 Abs. 1 BGB regelt die Verwaltung des gemeinsamen Gegenstands. Um § 744 Abs. 1 BGB heranziehen zu können, müsste man die Geltendmachung von Verteidigungsrechten unter den Begriff der Verwaltung subsumieren können. Verwaltung wird generell beschrieben als jede Maßnahme rechtlicher oder tatsächlicher Art im Interesse aller Teilhaber, die der Erhaltung oder Verbesserung des gemeinschaftlichen Gegenstands oder Ziehung und Verwertung der Früchte und sonstigen Vorteile der Sache dienen soll, soweit sie nicht im unmittelbaren Gebrauch oder Verbrauch der Sache besteht.[230] Eine Meinung nimmt an, Verwaltung in diesem Sinne sei auch die Prozessführung.[231] Wenn man das so sieht, dann kommt die Grundregel des § 744 Abs. 1 BGB zur Anwendung. Die negatorischen/possessorischen Ansprüche folgen aus einem einheitlichen Recht und stehen den Teilhabern in der Folge gemeinschaftlich zu. Die Verteidigung könnte daher grundsätzlich nur gemeinsam geltend gemacht werden. Anders ist dies nur, wenn eine Verwaltungsregelung getroffen wird, die den Einzelnen zur Geltendmachung ermächtigt.

---

229 BGH, NJW 1958, 1723; Palandt/Sprau § 743 Rn 1; Staudinger/von Proff (2015) § 743 Rn 1; MüKo/Karsten Schmidt § 743 Rn 1, 5; Soergel/Hadding § 743 Rn 1; Bamberger/Roth/Gehrlein § 743 Rn 2 f.; NK-BGB/Kuhn/Radlmayr § 743 Rn 5, 7.

230 MüKo/Karsten Schmidt §§ 744, 745 Rn 4; Palandt/Sprau § 744 Rn 2; Soergel/Hadding § 744 Rn 2; NK-BGB/Kuhn/Radlmayr § 744 Rn 2; ebenso, aber gegen das Kriterium, dass die Maßnahme im Interesse aller Teilhaber sein muss: Staudinger/von Proff (2015) § 744 Rn 7; Bamberger/Roth/Gehrlein § 744 Rn 2; Erman/Aderhold § 744 Rn 2.

231 Staudinger/von Proff (2015) § 744 Rn 9.

Die ganz herrschende Meinung scheint die Prozessführung dagegen nicht als Verwaltung zu sehen. Diese Meinung knüpft hinsichtlich der Durchsetzung des gemeinsamen Rechts an § 747 S. 2 BGB an, sieht die Prozessführung als ein von § 747 S. 2 umfasstes Minus zur Verfügung über das Gesamtrecht an und will sie nur allen Teilhabern gemeinsam zugestehen.[232] Die Verwaltung sei von der Prozessführung zu unterscheiden, obwohl sie Gegenstand von Verwaltungsentscheidungen sein könne.[233]

Beide Ansichten knüpfen hinsichtlich der Verteidigung an unterschiedliche Normen an, kommen aber zum selben Ergebnis und lassen die Prozessführung generell und damit auch die Verteidigung grundsätzlich nur gemeinsam durch alle Teilhaber zu. Eine Entscheidung zwischen den Ansichten ist damit entbehrlich.

Beide Ansichten machen von dem Grundsatz der gemeinsamen Prozessführung Ausnahmen. In den Fällen des § 744 Abs. 2 BGB, des § 1011 BGB und bei Ansprüchen auf tatsächlich oder rechtlich unteilbare Leistungen gem. § 432 BGB soll auch der einzelne Teilhaber im Außenverhältnis prozessführungsbefugt sein und allein und im eigenen Namen Klage erheben können.[234]

In Bezug auf die Verteidigung der Grunddienstbarkeit könnte man annehmen, dass eine Ausnahme im letzteren Sinne vorliegt. Denn die Verteidigung erfolgt über die negatorische/possessorische Klage, die sich auf eine Beseitigungspflicht oder ein Unterlassen des Eigentümers des dienenden Grundstücks oder eines Dritten richtet. Die Beseitigung einer Beeinträchtigung in Bezug auf die gesamte Grunddienstbarkeit (die hier allein maßgeblich ist: es wurde unter Teil 2 II.1)a)bb)aaa) bereits geklärt, dass eine bruchteilsmäßige Verteidigung abzulehnen ist) ist weder rechtlich noch tatsächlich teilbar. Die Beseitigung ist eine einheitliche Handlung, die nicht ohne Wesensveränderung in gleichartige Partien zerlegt werden kann. Ein Unterlassen stellt generell immer eine unteilbare Leistung dar.[235] Man könnte daher versucht sein, in Bezug auf die Verteidigung der Grunddienstbarkeit § 432 BGB anzuwenden.

---

232 PWW/von Dithfurth § 747 Rn 4; Soergel/Hadding § 747 Rn 7; BGB-RGRK/von Gamm § 747 Rn 6; jurisPK-BGB/Ehlers § 747 Rn 10; Erman/Aderhold § 747 Rn 6; Bamberger/Roth/Gehrlein § 747 Rn 9; MüKo/Karsten Schmidt § 747 Rn 33 f.; Palandt/Sprau § 747 Rn 6.

233 MüKo/Karsten Schmidt § 744, 745 Rn 1.

234 Staudinger/von Proff (2015) § 744 Rn 43, 47; Palandt/Sprau § 747 Rn 6; Erman/Aderhold § 747 Rn 6; Bamberger/Roth/Gehrlein § 747 Rn 9.

235 Palandt/Grüneberg § 266 Rn 3; Bamberger/Roth/Gehrlein § 420 Rn 3; NK-BGB/Völzmann-Stickelbrock § 420 Rn 4; Staudinger/Looschelders § 420 Rn 23; Soergel/Gebauer § 420 Rn 7; Lehmann, S. 198.

Gegen die Anwendung des § 432 BGB in Bezug auf die Verteidigung einer Grunddienstbarkeit durch eine negatorische/possessorische Klage bestehen aber erhebliche Bedenken. Diese rühren aus der Stellung des § 432 BGB her, der im allgemeinen Schuldrecht angesiedelt ist. Die Anwendung des § 432 BGB auf die Bruchteilsgemeinschaft wird zwar vielfach kontrovers diskutiert. Die Diskussion dreht sich aber darum, ob § 432 BGB anwendbar ist, wenn eine schuldrechtliche Forderung Gegenstand der Bruchteilsgemeinschaft ist.[236] Bei den negatorischen/possessorischen Ansprüchen handelt es sich aber nicht um eine Forderung, sondern um Rechtsverwirklichungsansprüche dinglicher Natur (vgl. Teil 1 II.), auf die § 432 BGB aus systematischen Gründen nicht direkt angewendet werden kann. Die Richtigkeit dieser Überlegung wird auch durch § 1011 BGB dokumentiert. Wenn § 432 BGB ohne Weiteres auch auf dingliche Ansprüche anwendbar wäre, wäre der Verweis auf § 432 BGB überflüssig.

§ 432 BGB gilt somit für die Verteidigung der Grunddienstbarkeit durch negatorische/possessorische Ansprüche nicht. Es bleibt somit mit der Anwendung der Vorschriften der Bruchteilsgemeinschaft bei dem Grundsatz aus § 744 Abs. 1 bzw. § 747 S. 2 BGB, sodass die Verteidigung allen Eigentümern herrschender Grundstücke gemeinsam obliegt.

eee) Prozessuales und Vollstreckung

Die jeweiligen Eigentümer herrschender Grundstücke verteidigen die Grunddienstbarkeit gemeinsam als notwendige Streitgenossen aus sonstigen Gründen nach § 62 Abs. 1, 2. Alt. ZPO.[237] Das hat zur Folge, dass die von einem Teilhaber erhobene Klage bereits unzulässig ist.[238] Eine andere Ansicht nimmt dagegen an, die Teilhaber einer Bruchteilsgemeinschaft seien bei der Geltendmachung des gemeinschaftlichen Rechts nur einfache Streitgenossen.[239] Diese Ansicht ist aber abzulehnen. Ihre Vertreter berufen sich auf eine Entscheidung des BGH, in der festgestellt wurde, dass Miteigentümer, die auf Unterlassung der Benutzung ihres Grundstücks klagen, keine notwendigen Streitgenossen sind.[240] Diese Ent-

---

236 Staudinger/Looschelders (2012) § 432 Rn 24–28.; Staudinger/von Proff (2015) § 741 Rn 109–120.; MüKo/Bydlinski § 432 Rn 3; Palandt/Grüneberg § 432 Rn 3; Soergel/Gebauer § 432 Rn 2; Erman/Böttcher § 432 Rn 7; BGB/RGRK/Weber § 432 Rn 9.

237 Staudinger/von Proff (2015) § 744 Rn 47; MüKo/Karsten Schmidt § 747 Rn 34; Soergel/Hadding § 747 Rn 7; jurisPK-BGB/Ehlers § 747 Rn 10.

238 Zöller/Vollkommer § 62 Rn 11; Stein/Jonas/Bork § 62 Rn 25; Musielak/Voit § 62 Rn 8; BGHZ 30, 195.

239 Palandt/Sprau § 747 Rn 6; Erman/Aderhold § 747 Rn 6; PWW/Ditfurth § 747 Rn 4.

240 BGH, NJW 1985, 385 f.

scheidung betraf aber eine besondere Konstellation der Bruchteilsgemeinschaft, nämlich das Miteigentum. Das Miteigentum hat in den §§ 1008–1011 BGB eine besondere Regelung erfahren und enthält mit § 1011 BGB eine Norm, die eine Einzelprozessführungsbefugnis gerade anordnet und damit in der Tat für eine einfache Streitgenossenschaft bei Aktivprozessen von Miteigentümern spricht. Die §§ 741–758 BGB enthalten für andere Fälle der Bruchteilsgemeinschaft aber gerade keine für eine Einzelprozessführungsbefugnis sprechende Regelung. Die Entscheidung des BGH kann daher nicht dahin gehend verallgemeinert werden, dass sie eine Aussage für sämtliche Bruchteilsgemeinschaften enthalte, unabhängig von deren Gegenstand. Verteidigen die Teilhaber die Grunddienstbarkeit gemeinsam als notwendige Streitgenossen und ist ihre Klage erfolgreich, wird die aus der negatorischen/possessorischen Klage folgende Beseitigungspflicht nach § 887, bzw. § 888 ZPO vollstreckt, das Unterlassen dagegen nach § 890 ZPO.

fff) Zwischenergebnis

Wendet man die Regeln der Bruchteilsgemeinschaft bei Teilung des herrschenden Grundstücks auf die Grunddienstbarkeit an, können die Eigentümer der herrschenden Grundstücke die Grunddienstbarkeit, von der Ausnahme des § 744 Abs. 2 BGB abgesehen, im Außenverhältnis nur gemeinschaftlich verteidigen. Der einzelne Eigentümer eines herrschenden Grundstücks hat dagegen kein selbstständiges Verteidigungsrecht.

b) Das Innenverhältnis: Die Benutzung der Grunddienstbarkeit

Wie im ersten Teil bereits angedeutet wurde, bildet nicht das Außenverhältnis, sondern das Innenverhältnis zwischen den Eigentümern der herrschenden Grundstücke den Schwerpunkt der Ausübung der Grunddienstbarkeit. Da die durch die Grunddienstbarkeit ermöglichte Benutzung des dienenden Grundstücks im Regelfall ein Benutzungsmaß aufweisen wird, muss diese Benutzung und ihr Ergebnis, die Nutzungen, unabhängig von der Ausübung im Außenverhältnis im Innenverhältnis zwischen den Eigentümern der herrschenden Grundstücke verteilt werden. Das umso mehr, als die Benutzung des dienenden Grundstücks in der Regel einen erheblichen Vermögensvorteil darstellen wird, was gerade an den Beispielen deutlich wird. In solchen Fällen werden alle Eigentümer der herrschenden Grundstücke ein erhebliches Interesse an der Benutzung haben, mit der Folge, dass Konflikte hier besonders leicht entstehen können. Im Folgenden ist zu untersuchen, welche Regeln die Bruchteilsgemeinschaft in den §§ 741–758 BGB für die Verteilung der Benutzung bereithält. Daneben wird auch zu untersuchen sein ob und wie diese Regeln durch die Eigentümer der herrschenden Grundstücke modifiziert werden können. Während die Regelungen zur Verfügung über und Verteidigung der Grunddienstbarkeit im Außenverhältnis schon aus Gründen des Rechtsverkehrsschutzes zwingend sind und abweichende Abreden der Eigentümer der herrschenden Grundstücke nur schuldrechtliche Wirkung haben, nicht aber die Verfügung oder Verteidigung an sich ausschließen können,[241] kann schon aus dem Wortlaut des § 745 BGB deutlich entnommen werden, dass den Teilhabern hier ein gestuftes Gestaltungssystem zur Verfügung steht.

aa) Der Anteil der Eigentümer der herrschenden Grundstücke an der Bruchteilsgemeinschaft

Auf die Frage, nach welchen Kriterien sich die Höhe des jeweiligen Bruchteils des Eigentümers eines herrschenden Grundstücks an der einheitlichen Grunddienstbarkeit bestimmt, wurde bisher nicht eingegangen. Hierzu bestand im Rahmen der bisherigen Untersuchung, die sich nur auf das Außenverhältnis erstreckte, auch noch kein Anlass. Denn es wurde festgestellt, dass eine Verfügung nur in Form der Aufhebung und Veränderung der Grunddienstbarkeit möglich ist und dass hieran gem. § 747 S. 2 BGB immer alle Teilhaber beteiligt werden müssen. Bei der Verteidigung wurde festgestellt, dass diese allen Teilhabern nur gemeinsam zusteht und durchgesetzt werden kann. In beiden Fällen spielte die Höhe der Bruchteile daher keine Rolle.

Im Innenverhältnis bei der Benutzung der Grunddienstbarkeit kommt der Frage nach welchem Schlüssel sich die Anteile der an der Grunddienstbarkeit teilhabenden herrschenden Grundstücke bestimmen, aber erhebliche Bedeutung zu. Welcher Anteil an den Früchten den Teilhabern gem. § 743 Abs. 1 BGB zusteht, wie die Mehrheitsverhältnisse bei der Beschlussfassung über die Benutzung gem. § 745 Abs. 1 BGB liegen und in welcher Höhe jeder Teilhaber nach der Aufhebung gem. §§ 752 S. 1, 753 Abs. 1 S. 1 BGB einen Teil des Gegenstands oder des Verkaufserlöses erhält, bestimmt sich nach der Größe der Anteile. Die Größe des Anteils ist damit Maßstab für die schuldrechtlichen Rechte und Pflichten der Teilhaber untereinander.[242] Die Frage nach der Bestimmung dieses Maßstabs bei der Grunddienstbarkeit ist damit der Auseinandersetzung mit dem Innenverhältnis vorgelagert und muss zuerst geklärt werden.

Zunächst würde könnte man daran denken, hinsichtlich der Höhe der Bruchteile an der Grunddienstbarkeit an die Größe der durch die Realteilung entstan-

241 MüKo/Karsten Schmidt § 747 Rn 8; Staudinger/Eickelberg (2015) § 747 Rn 4; Soergel/Hadding § 747 Rn 1.

242 Staudinger/von Proff (2015) § 742 Rn 1.

denen Teilgrundstücke im Verhältnis zueinander anknüpfen. Unterstellt man also, dass in den Beispielen durch die Realteilung jeweils gleich große Teilgrundstücke entstehen, würde jedem Teilhaber ein gleich hoher Bruchteil an der Grunddienstbarkeit zustehen. Der Maßstab ergibt sich aber nicht von vornherein aus der Teilung des herrschenden Grundstücks. Vielmehr sind mehrere Maßstäbe denkbar, die Anknüpfungspunkt hinsichtlich der Größe der Anteile an der einheitlichen Grunddienstbarkeit sein könnten. Neben der Größe der Teilgrundstücke ist auch denkbar die Anteile an der Grunddienstbarkeit nach dem Verkehrswert des jeweiligen Grundstücksteils, schlicht nach Köpfen, oder nach Bedürfnis für den jeweiligen herrschenden Grundstücksteil zu bestimmen.[243] Keiner der genannten Maßstäbe ist aber zwingend durch die Vorschriften der §§ 741–758 BGB vorgeschrieben, insbesondere existiert kein allgemeiner Grundsatz dergestalt, dass die Größenverhältnisse der herrschenden Grundstücke zueinander maßgeblich sein müssen.[244] Auch aus anderen Vorschriften des BGB lässt sich nichts anderes entnehmen. Vielmehr ergibt sich aus dem Gesetz ein uneinheitliches Bild: Im Falle des gesetzlichen Entstehens einer Bruchteilsgemeinschaft durch Verbindung und Vermischung beweglicher Sachen oder bei der Entstehung einer Eigentümergesamthypothek knüpft das Gesetz gem. §§ 947 Abs. 1 S. 2, 948 Abs. 1 BGB bzw. § 1172 Abs. 2 S. 1 BGB hinsichtlich der Höhe der Anteile an den Wert der Teilsachen an. Bei der Teilung des herrschenden Grundstücks einer Reallast bestimmen sich die Anteile dagegen gem. § 1109 Abs. 1 S. 2 BGB nach der Größe der Grundstücksteile.

Insgesamt können abgestuft vier Anknüpfungspunkte unterschieden werden, nach denen sich die Größe der jeweiligen Anteile an Gesamtrechten bestimmen lässt.

aaa) Erster Anknüpfungspunkt: Parteivereinbarungen

Wenn eine Bruchteilsgemeinschaft durch rechtsgeschäftlichen Erwerb des Bruchteilsgegenstandes entstanden ist, kann hinsichtlich der Höhe der Bruchteilsquote grundsätzlich an eine Vereinbarung zwischen Veräußerer und Erwerbern an-

243 Engländer, S. 341.

244 So aber ohne Begründung Soergel/Stürner § 1025 Rn 1; dagegen Engländer, S. 341, Fn 22, der eine derartige allgemeine Anknüpfung als willkürlich bezeichnet. Engländer möchte auf das Bedürfnis der Teilgrundstücke abstellen. Nach welchen Kriterien dieses Bedürfnis festgestellt werden soll, lässt er allerdings offen. Engländer wird von Westermann (S. 80) beigepflichtet.

geknüpft werden. Diese Vereinbarung kann in dem Verfügungsgeschäft ausdrücklich oder konkludent enthalten sein.[245]

Man kann sich zunächst fragen, ob die Bruchteilsgemeinschaft an der Grunddienstbarkeit bei Realteilung des herrschenden Grundstücks überhaupt rechtsgeschäftlich begründet wird, oder ob sie nicht vielmehr gesetzlich entsteht. Im Fall der Realteilung des herrschenden Grundstücks ist zu beachten, dass die Bruchteilsgemeinschaft an der Grunddienstbarkeit das Resultat zweier Rechtsgeschäfte ist. Das erste Rechtsgeschäft ist die Teilung des herrschenden Grundstücks in mehrere Teilgrundstücke, also die Realteilung, die bereits in Teil 1 III. 1) beschrieben wurde. Das zweite Rechtsgeschäft ist die Verfügung über die Teilgrundstücke, indem ein oder mehrere Teilgrundstücke an eine oder mehrere andere Personen veräußert werden.

Keines der beiden Rechtsgeschäfte begründet für sich allein die Bruchteilsgemeinschaft an der Grunddienstbarkeit. Die reine Teilung führt zwar zu zwei oder mehr selbstständigen Rechtsobjekten, nicht aber zu einer Bruchteilsgemeinschaft an der einheitlich bestehen gebliebenen Grunddienstbarkeit. Denn da Eigentümer des herrschenden Grundstücks (zunächst) ein einheitliches Rechtssubjekt bleibt, fehlt es an einer Tatbestandsvoraussetzung für das Entstehen einer Bruchteilsgemeinschaft: Das Recht muss gem. § 741 BGB mehreren zustehen. Erst die Veräußerung führt dazu, dass nun mehrere Beteiligte vorhanden sind. Auf der anderen Seite kann eine Bruchteilsgemeinschaft an der Grunddienstbarkeit, wenn diese nicht anfänglich nach Bruchteilen bestellt worden ist, nur entstehen, wenn vorher eine Teilung erfolgt und somit mehrere Rechtsobjekte entstehen, die an verschiedene Rechtssubjekte veräußert werden können. Die beiden beschriebenen Rechtsgeschäfte können zwar im Fall der Teilung von Amts wegen, wenn also eine Teilung nur erfolgt, um einen Grundstücksteil veräußern zu können, zusammenfallen: Die Teilungserklärung ist regelmäßig in der materiell-rechtlichen Einigungserklärung des Eigentümers zur Veräußerung enthalten (vgl. Teil 1 III. 1)). Dennoch liegen hier aber zwei Verfügungen vor, die nicht vermischt werden dürfen. Zeitlich muss die Realteilung der Veräußerung immer zwingend vorausgehen. Ansonsten würde es zu einer Verfügung über ein nichtexistentes Rechtsobjekt kommen, was aber nicht möglich ist. Zwischen Teilung des Grundstücks und Veräußerung eines Teils muss zeitlich zumindest eine logische juristische Sekunde liegen, damit zwei Rechtsobjekte entstehen können, die überhaupt jeweils Gegenstand einer nachfolgenden Verfügung sein können.

---

245 Staudinger/von Proff (2015) § 742 Rn 4; MüKo/Karsten Schmidt § 742 Rn 3; Palandt/Sprau § 742 Rn 1.

Weiterhin ist zu beachten, dass die Entstehung der Bruchteilsgemeinschaft an der Grunddienstbarkeit nur Folge der Realteilung des Grundstücks ist. Die Verfügungen beziehen sich regelmäßig auf das Grundstück und bewirken nur wegen der Unselbstständigkeit der Grunddienstbarkeit als Bestandteil des herrschenden Grundstücks die Entstehung einer Bruchteilsgemeinschaft an dieser. Die Bruchteilsgemeinschaft an der Grunddienstbarkeit entsteht gewissermaßen nur als Reflex aus der Teilung, weil sie das Schicksal des herrschenden Grundstücks teilt. Insofern kann man zwar sagen, dass sie durch Rechtsgeschäfte, nämlich Teilung und Veräußerung, entsteht. Gleichzeitig weist sie aber auch Merkmale einer communio incidens auf. Sie tritt nur als zwingende Begleiterscheinung der im Mittelpunkt stehenden Teilung und Veräußerung des herrschenden Grundstücks auch ohne einen entsprechenden Willen der Verfügenden auf. In den meisten Fällen wird bei Realteilung und Veräußerung von Teilgrundstücken in Bezug auf die Grunddienstbarkeit gar kein besonderer Verfügungswille bestehen (vgl. bereits Teil 2 I.1)b)cc)). Das Gegenstück zu einer derartigen reflexartigen Entstehung der Bruchteilsgemeinschaft an einer Grunddienstbarkeit wäre die anfängliche Bestellung einer Grunddienstbarkeit zu Bruchteilen. Hier richtet sich der Wille unmittelbar auf die Entstehung einer Bruchteilsgemeinschaft an der Grunddienstbarkeit.

Angesichts dieser Überlegungen wird man sich die Entstehung der Bruchteilsgemeinschaft an der Grunddienstbarkeit nach Realteilung des herrschenden Grundstücks als kombinierte Begründung vorzustellen haben: Sie resultiert aus zwei rechtsgeschäftlichen Verfügungen in Bezug auf das herrschende Grundstück, ist also insofern rechtsgeschäftlich begründet; zugleich ist sie aber bloße Begleiterscheinung eben dieser Verfügungen, die regelmäßig nicht primär auf deren Begründung zielen werden, weil die Veräußerung der Teilgrundstücke und nicht die Grunddienstbarkeit im Vordergrund steht: Insofern kann man von einer gesetzlichen Entstehung sprechen.

Aus diesen Überlegungen kann für die Maßgeblichkeit einer Parteivereinbarung für die Bestimmung der Bruchteilsquoten in Folge der Realteilung des herrschenden Grundstücks Folgendes geschlossen werden: Wenn hinsichtlich der Höhe der Bruchteilsquote an einem Gegenstand auf eine Parteivereinbarung abgestellt wird, liegt üblicherweise nur ein Rechtsgeschäft vor, welches die Bruchteilsgemeinschaft begründet: Ein Eigentümer veräußert z. B. ein Grundstück an mehrere Erwerber, die das Eigentum in Bruchteilen erwerben (ideelle Teilung). Es liegt nur eine Verfügung vor, die dann auf den Verteilungsschlüssel hin zu untersuchen ist. Das ist hier ohne Weiteres möglich, weil alle Beteiligten ihren Willen in einem Rechtsgeschäft manifestiert haben. Führen aber, wie bei der hier untersuchten Realteilung, zwei Rechtsgeschäfte zum Entstehen der Bruchteilsgemeinschaft an einer Grunddienstbarkeit, so fehlt eine einheitliche Parteivereinbarung, an die hinsichtlich der Anteilshöhe angeknüpft werden könnte. Aus der rein isoliert betrachteten Teilungserklärung kann ein Maßstab für die Höhe der Quoten an der Grunddienstbarkeit schon deswegen nicht abgeleitet werden, weil sie für sich genommen noch nicht das Entstehen einer Bruchteilsgemeinschaft bewirkt. Eine Einteilung nach Anteilen an der Grunddienstbarkeit erfolgt hier nicht und kann auch noch nicht erfolgen, weil hier eben nur das Grundstück real geteilt wird, was aber auf die Grunddienstbarkeit als einheitliches Recht, wie oben geklärt wurde, keine Auswirkungen hat. Darüber hinaus ist die Teilungserklärung eine einseitige Willenserklärung, und beteiligt gerade nicht die später durch die separate Veräußerung an der Grunddienstbarkeit berechtigten Bruchteilsinhaber. Daran ändert auch das Bestehen eines Herrschvermerks nichts. Der Vermerk wird nach der Teilung gem. § 9 Abs. 2 GBO mit jedem der Teile auf das entsprechende Blatt mit übertragen, ohne dass eine Quotelung erfolgen würde.[246]

Ein Anknüpfen an die Verfügung über die Grundstücksteile hinsichtlich der Bruchteilsquote an der einheitlichen Grunddienstbarkeit erscheint aber jedenfalls dann denkbar, wenn nur zwei Parteien beteiligt sind, der Eigentümer also einen Grundstücksteil an nur einen anderen veräußert. Dann liegt ein einziger Veräußerungsvorgang vor, aus dem sich, auch wenn sie sich nicht auf die Grunddienstbarkeit, sondern auf das Grundstück bezieht, unter Umständen Rückschlüsse auf die Bruchteilsquote an der Grunddienstbarkeit ziehen lassen und somit jedenfalls auf einen konkludenten Parteiwillen geschlossen werden kann. Freilich erscheint nur schwer vorstellbar, in welcher Form eine solche konkludente Äußerung der Quotelung erfolgen soll. Völlig ausgeschlossen scheint eine Zuordnung der Bruchteilsquote nach Parteivereinbarung dagegen, wenn das Grundstück in mehr als zwei Grundstücke geteilt wurde und die Teilgrundstücke jeweils an unterschiedliche Personen veräußert werden. Denn dann liegt in Bezug auf die Veräußerung jedes Grundstücksteils eine gesonderte Verfügung vor. Es sitzen nicht alle zukünftigen Eigentümer herrschender Grundstücke an einem Tisch, wenn der Eigentümer die Teilgrundstücke separat veräußert. Eine Einigung über die Quoten kann dann nicht konstruiert werden, weil die neuen Eigentümer sich nie über einen Maßstab verständigt haben.

Insgesamt bleibt festzustellen, dass sich im Regelfall aus Parteivereinbarungen kein klarer Rückschluss auf die Höhe der Bruchteilsquoten ziehen lassen wird.

---

246 Meikel/Böttcher § 9 Rn 39; Bauer/von Oefele/Bayer/Lieder § 9 Rn 9b.

bbb) Zweiter Anknüpfungspunkt: spezielle gesetzliche Verteilungsschlüssel

Es wurde bereits erwähnt, dass das Gesetz selbst einige Verteilungsschlüssel für solche Bruchteilsgemeinschaften enthält, die nicht aufgrund rechtsgeschäftlichen Erwerbs, sondern aufgrund Gesetzes entstehen.[247] Für die Verbindung und Vermischung knüpfen §§ 947 Abs. 1, 948 Abs. 1 BGB hinsichtlich der Höhe der Anteile an den Wert der Ursprungssachen an; auch wenn mehrere Miteigentümer eine Eigentümergrundschuld innehaben, richtet sich die Anteilshöhe gem. § 1172 Abs. 2 S. 1 BGB, nach dem Wert der Grundstücke. Bei der Teilung des aus einer Reallast berechtigten Grundstücks werden die Anteile gem. 1109 Abs. 1 S. 2 BGB nach der Größe der Grundstücke berechnet. Bei der Vereinigung von Bienenschwärmen bestimmt sich die Anteilshöhe gem. § 963 BGB nach der Zahl der Schwärme, die sich vereinigt haben. Bei Schatzfund wird das Miteigentum gem. § 984 BGB hälftig zwischen Entdecker und Eigentümer der Sache, in der der Schatz verborgen war, aufgeteilt. Außerhalb des BGB sind bei einem Sammeldepot gem. § 6 Abs. 1 S. 2 DepotG für die Bestimmung der Höhe der Bruchteile der Wertpapiernennbetrag bzw. die Stückzahl maßgeblich.

Für die Grunddienstbarkeit besteht ein solcher spezieller Verteilungsschlüssel nicht. Man könnte daran denken, dies damit zu erklären, dass die Bruchteilsgemeinschaft an der Grunddienstbarkeit nicht nur aufgrund Gesetzes entsteht, sondern auch, wie oben beschrieben durch freilich nicht direkt auf die Grunddienstbarkeit gerichteten Rechtserwerb. Indessen regelt § 1109 Abs. 1 S. 2 BGB genau den für die Grunddienstbarkeit nicht geregelten Fall für die Reallast. Dies könnte man zum Anlass nehmen, für die Grunddienstbarkeit an § 1109 Abs. 1 S. 2 BGB anzuknüpfen und die Größe der Teilgrundstücke als Maßstab für die Anteilshöhe anzusehen, da § 1109 Abs. 1 S. 2 BGB ebenfalls das Schicksal eines dinglichen Rechts bei Teilung des herrschenden Grundstücks beschreibt und § 1109 Abs. 1 S. 1 BGB mit § 1025 Abs. 1 S. 1 BGB wortgleich übereinstimmt. Parallelen sind unübersehbar. Andererseits enthält § 1025 BGB eben gerade keinen § 1109 Abs. 1 S. 2 BGB entsprechenden Satz. Bei der Reallast handelt es sich darüber hinaus systematisch um ein anderes Recht und gerade nicht um eine Dienstbarkeit. § 1109 Abs. 1 S. 2 BGB kann daher nicht ohne Weiteres analog auf die Bestimmung der Höhe der Bruchteile an der einheitlichen Grunddienstbarkeit angewendet werden.

Insgesamt kann bei der Grunddienstbarkeit hinsichtlich der Höhe der Bruchteilsquoten nicht an einen speziellen Verteilungsschlüssel angeknüpft werden.

---

247 Staudinger/von Proff (2015) § 742 Rn 17–27.

ccc) Dritter Anknüpfungspunkt: Besondere Umstände des Einzelfalls

Nach einhelliger Meinung in Literatur und Rechtsprechung kann sich die Höhe der Bruchteilsquote auch aus den Umständen des Einzelfalls ergeben, wenn die Regel des § 742 BGB diesen Umständen nicht gerecht wird. Die Quote ist dann im Rahmen einer der Billigkeit entsprechenden Schätzung zu ermitteln.[248] Welcher Art diese Umstände des Einzelfalls sein könnten, wird allerdings nirgends näher beschrieben. Der Verweis darauf, eine Schätzung müsse der Billigkeit entsprechen, deutet darauf hin, dass eine Anknüpfung an besondere Umstände nur in besonders extremen Fällen in Betracht kommt, in denen die Anwendung von § 742 BGB zu untragbaren Ergebnissen führen würde. Dies könnte bei der Grunddienstbarkeit etwa dann der Fall sein, wenn ein Teilhaber in Bezug auf sein Grundstück ein besonderes Bedürfnis an der Ausübung der Grunddienstbarkeit hat und dies schon anhand der raummäßigen Aufteilung der Grundstücksteile infolge der Realteilung ersichtlich ist. Im Regelfall werden aber derartige besondere Umstände nicht vorliegen, sodass sich auch aus diesem Anknüpfungspunkt nur selten die Höhe der Bruchteilsquoten der Eigentümer der herrschenden Grundstücke an der Grunddienstbarkeit ermitteln lassen wird.

ddd) Vierter Anknüpfungspunkt: Anteile nach Köpfen

Als letzter Anknüpfungspunkt bleibt der Rückgriff auf die für alle Bruchteilsgemeinschaften geltende Auffangregelung des § 742 BGB, wonach sich die Bruchteilsquote nach Köpfen bemisst.

eee) Zwischenergebnis

Insgesamt ist festzustellen, dass die genaue Bestimmung der Bruchteilsquoten in Bezug auf die einheitliche Grunddienstbarkeit bei der Teilung des herrschenden Grundstücks nicht unproblematisch ist. Eine entsprechende Parteivereinbarung wird häufig nicht zu ermitteln sein, ein spezieller Verteilungsschlüssel existiert nicht, insbesondere kann § 1109 Abs. 1 S. 2 BGB nicht einfach analog herangezogen werden. Besondere Umstände müssen im Einzelfall bewertet werden, im Zweifel ist auf das Kopfprinzip des § 742 BGB zurückzugreifen. In einigen Fällen wird sich die Suche nach einem Maßstab für die Höhe der Bruchteilsquote erübrigen. Wenn etwa in den ersten beiden Beispielen eine Unterteilung in gleichgroße Grundstücke vorgenommen wird, jedes Grundstück – zumindest in etwa – gleich

248 RGZ 169, 232, 239; Erman/Aderhold § 742 Rn 1; RGRK/von Gamm § 742 Rn 1; MüKo/Karsten Schmidt § 742 Rn 3; Palandt/Sprau § 742 Rn 1; Soergel/Hadding § 742 Rn 1.

viel wert ist und alle Grundstücke gleich genutzt werden, kommt man, falls eine Vereinbarung der Teilhaber untereinander nicht vorliegt, nach allen denkbaren Maßstäben zu demselben Ergebnis, dass jedem Eigentümer eines herrschenden Grundstücks ein gleich großer Bruchteil an der Grunddienstbarkeit zusteht.

bb) Die gesetzlichen Vorgaben zur Benutzung der Grunddienstbarkeit

Das Gesetz verwendet den Begriff der Benutzung des gemeinschaftlichen Gegenstandes nur in § 745 Abs. 1 und 2 BGB. An dieser Stelle spricht das Gesetz allerdings nicht davon, wie die Benutzung des gemeinschaftlichen Gegenstandes zu erfolgen hat, sondern vielmehr wie die Teilhaber die Benutzung durch Beschluss oder einseitiges Verlangen regeln können. Darauf wird später noch einzugehen sein. Eine Aussage über den Grundzustand, der besteht, wenn eine derartige Regelung noch nicht zustande gekommen ist, findet sich hier gerade nicht. Dagegen finden sich in den beiden Absätzen des § 743 BGB Regelungen zum Anteil an den Früchten und dem Gebrauch.

aaa) Eigener Ansatz:[249] Trennung von § 743 Abs. 1 und 2 BGB

Knüpft man begrifflich an die oben unter Teil I II.1) beschriebene Systematisierung von Benutzung als Oberbegriff für Fruchtziehung und Gebrauch an und definiert als deren Ergebnisse die Nutzungen, die bei der Fruchtziehung Früchte und beim Gebrauch die Gebrauchsvorteile sind, scheint das System von § 743 BGB auf den ersten Blick klar: Die Benutzung in Form der Fruchtziehung und die Verteilung der Früchte richten sich nach § 743 Abs. 1 BGB, wohingegen sich der Gebrauch und die Verteilung der Gebrauchsvorteile nach § 743 Abs. 2 BGB richten. Es findet also eine klare Trennung nach der Art der Benutzung statt. Auf die Benutzung der Grunddienstbarkeiten nach der Realteilung des herrschenden Grundstücks übertragen, würde diese begriffliche Einteilung bedeuten, dass je nach Inhalt der Grunddienstbarkeit unterschieden werden muss, welchem Absatz des § 743 BGB die Benutzung unterfällt. Ermöglicht die Grunddienstbarkeit wie in Beispiel drei nur die Ziehung von Früchten, ist § 743 Abs. 1 BGB anzuwenden, wird dagegen wie im zweiten Beispiel nur der Gebrauch ermöglicht, findet § 743 Abs. 2 BGB Anwendung. Wird wie im ersten Beispiel sowohl die Fruchtziehung als auch der Gebrauch durch die Grunddienstbarkeit ermöglicht,

249 Der eigene Ansatz soll hier ausnahmsweise der in der Literatur vertretenen Ansicht vorangestellt werden, weil er auf den im ersten Teil beschriebenen begrifflichen Grundlagen aufbaut, von denen die Literatur abweicht.

muss nach Art der jeweiligen Benutzung unterschieden werden und jeweils der entsprechende Absatz des § 743 BGB angewendet werden.

(a) Der Anspruch auf die Früchte nach § 743 Abs. 1 BGB

Im Rahmen des § 743 Abs. 1 BGB ist zwischen dem Vorgang der Fruchtziehung und der Aufteilung erlangter Früchte zu unterscheiden. Nach einhelliger Ansicht regelt § 743 Abs. 1 BGB nur Letzteres. Die Vorschrift trifft nur eine Aussage über die Verteilung vorhandener, gezogener Früchte nach der Ernte.[250] Dem Teilhaber wird ein schuldrechtlicher Anspruch auf Beteiligung am gezogenen Ertrag in Höhe seines Bruchteils eingeräumt. Der Anspruch richtet sich auf den entsprechenden Anteil am Nettoerlös nach Abzug aller Kosten.[251] Wenn möglich sind Früchte in Natur, sonst durch Verkauf zu teilen.[252] Nur dieser Anspruch ist gem. § 745 Abs. 3 S. 2 BGB mehrheitsfest, kann also nicht durch Beschluss der Mehrheit der Teilhaber ausgeschlossen oder eingeschränkt werden.

§ 743 Abs. 1 BGB trifft aber keine Aussage über den Vorgang der Fruchtziehung bzw. Ernte selbst. Die Art und Weise der Fruchtziehung obliegt vielmehr der Gemeinschaft als Verwaltungsmaßnahme gem. §§ 744, 745 BGB. Der einzelne Teilhaber darf die Fruchtziehung deswegen nicht eigenmächtig vornehmen, weder in Bezug auf den gesamten Gegenstand noch in Bezug auf einen bestimmten Bruchteil dergestalt, dass er einen bestimmten Bruchteil des Gegenstandes für sich abtrennt und eigenständig aberntet. Letzteres würde eine reale Teilung bedeuten.[253] Daraus folgt, dass eine Fruchtziehung durch einen einzelnen Teilhaber niemals ohne eine vorherige Abstimmung und einen Beschluss der Bruchteilsinhaber

250 BGH, NJW 2009, 1270 f.; MüKo/Karsten Schmidt § 743 Rn 4; NK-BGB/Kuhn/Radlmayr § 743 Rn 4; PWW/von Dithfurth § 743 Rn 2.

251 MüKo/Karsten Schmidt § 743 Rn 7; Soergel/Hadding § 743 Rn 4; NK-BGB/Kuhn/Radlmayr § 743 Rn 3; Palandt/Sprau § 743 Rn 3; Erman/Aderhold § 743 Rn 4.

252 Staudinger/von Proff (2015) § 743 Rn 13.

253 BGH, NJW 1958, 1723; MüKo/Karsten Schmidt § 743 Rn 4, 8; Staudinger/von Proff (2015) § 743 Rn 11; NK-BGB/Kuhn/Radlmayr § 743 Rn 4; Bamberger/Roth/Gehrlein § 743 Rn 3; PWW/von Dithfurth § 743 Rn 2; Palandt/Sprau § 743 Rn 2; Soergel/Hadding § 743 Rn 2; BGB-RGRK/v. Gamm § 743 Rn 1; Erman/Aderhold § 743 Rn 3; anders nur der BGH in einer älteren, vereinzelt gebliebenen Entscheidung (BGHZ 43, 127, 133–135.): Im Fall einer Grenzmauer hielt der BGH jeden Miteigentümer berechtigt, auf seiner Seite die Früchte der Mauer durch Vermietung als Reklamefläche selbstständig zu ziehen. Die Entscheidung ist überwiegend kritisch aufgenommen worden und wird als Einzelfallentscheidung aufgefasst, die für sonstige Gemeinschaften keine Aussage trifft, vgl. Staudinger/von Proff (2015) § 743 Rn 12.

möglich ist. Die Fruchtziehung kann nach dem Grundsatz der gemeinsamen Verwaltung gem. § 744 Abs. 1 BGB nur gemeinsam erfolgen.

Das muss auch für die Grunddienstbarkeit gelten, die die Fruchtziehung auf dem dienenden Grundstück ermöglicht. Im Beispiel drei darf also nicht ein Teilhaber einfach mit dem Abbau der Tonerde beginnen. In Beispiel eins darf ein Teilhaber dem Garten selbstständig keine Früchte entnehmen, also keine Blume pflücken und kein Obst ernten. Eine trotzdem erfolgte eigenmächtige Fruchtziehung würde eine Verletzung des Innenverhältnisses bedeuten und den erntenden Teilhaber gem. § 280 Abs. 1 BGB dem Grunde nach zum Schadensersatz gegenüber anderen Teilhaber verpflichten. In Bezug auf die eigenmächtig gezogenen Früchte hätten die anderen Teilhaber den Anspruch auf Nettoerlös aus § 743 Abs. 1 BGB. Es ist nicht ersichtlich, dass dieser Anspruch etwa nur bei gemeinsam gezogenen Früchten bestehen würde. Vielmehr muss ein Anspruch auf gleichmäßige Verteilung der Früchte gerade dann bestehen, wenn eigenmächtig Früchte gezogen werden, um die Bereicherung eines Teilhabers auf Kosten anderer Teilhaber abzuschöpfen. Darüber hinaus können die Eigentümer die eigenmächtige Fruchtziehung von vornherein verhindern, indem sie gegen den eigenmächtig erntenden Teilhaber einen Anspruch auf Unterlassung der Fruchtziehung gem. §§ 1027, 1004 Abs. 1 S. 2 BGB geltend machen. Denn die eigenmächtige Fruchtziehung stellt eine Beeinträchtigung der einheitlichen Grunddienstbarkeit dar, zu deren Duldung die anderen Teilhaber nicht ohne Weiteres verpflichtet sind, da sie nicht dem einzelnen Teilhaber, sondern nur allen Teilhabern gemeinschaftlich zugewiesen ist.

(b) Der Gebrauch nach § 743 Abs. 2 BGB

Obwohl dies aus dem Gesetz nicht ausdrücklich hervorgeht, geht die herrschende Meinung bei der Frage, wie das Gebrauchsrecht bei der Bruchteilsgemeinschaft im Einzelfall beschaffen ist, von einem zweistufigen System aus. § 743 Abs. 2 BGB regelt nach absolut herrschender Meinung nicht die Gebrauchsart, sondern nur das Maß des Gebrauchs.[254] Die Gebrauchsart wird durch Vereinbarung, Beschluss

254 Erstmals grundlegend: HansOLG Hamburg, SeuffA 75 Nr. 34, S. 58; Bamberger/Roth/Gehrlein § 743 Rn 4; Erman/Aderhold § 743 Rn 6; MüKo/Karsten Schmidt § 743 Rn 9; NKK-BGB/Radlmayr § 743 Rn 7; PWW/von Dithfurth § 743 Rn 4; Soergel/Hadding § 743 Rn 6; Staudinger/von Proff (2015) § 743 Rn 34; RGRK/von Gamm § 743 Rn 3; anders nur Schnorr, S. 170, der meint, § 743 Abs. 2 BGB würde sowohl Maß als auch Art des Gebrauchs betreffen. Schnorrs Meinung, der ein rein dingliches Verständnis der §§ 741–758 BGB zugrunde liegt, hat sich aber nicht durchgesetzt.

oder Gerichtsentscheidung nach § 745 Abs. 1 und 2 BGB bestimmt. Die Art des Gebrauchs bedeutet dabei die Beantwortung der Frage, ob der Gegenstand, an dem die Bruchteilsgemeinschaft besteht im Eigengebrauch durch die Teilhaber benutzt werden soll, oder ob ein Fremdgebrauch des Gegenstandes, z. B. durch eine Vermietung an Dritte erfolgen soll.[255] Die Bestimmung der Gebrauchsart gibt nach herrschender Meinung den Ausschlag für die Voraussetzungen des Rechts aus § 743 Abs. 2, setzt diese also voraus[256] und kann damit als erste Stufe bezeichnet werden. Ohne die vorherige Bestimmung der Gebrauchsart auf der ersten Stufe, also die Beantwortung der Frage, ob Eigengebrauch oder Fremdgebrauch erfolgen soll, ist der Gebrauch des Gegenstandes nicht möglich.

Ist die Entscheidung für den Eigengebrauch gefallen, stellt sich auf der zweiten Stufe die Frage nach dem Maß des Gebrauchs unter den Teilhabern. Bei Überlegungen zum Maß des Gebrauchs ist zunächst zu beachten, dass die Bruchteilsgemeinschaft nur zu einer ideellen – nicht aber auch zu einer realen – Teilung des Gegenstandes führt. Es besteht also nicht eine Vielzahl von Gegenständen, sondern nur einer. Wenn aber ein einheitlicher Gegenstand vorliegt, bedeutet Gebrauch durch einen Teilhaber auch immer Gebrauch des Anteils der anderen Teilhaber. Konsequenterweise müsste das dazu führen, dass der Gebrauch des gemeinsamen Gegenstandes entweder nur gemeinsam oder mit Zustimmung aller Teilhaber möglich ist.[257] Das würde freilich zu praktisch unbefriedigenden Ergebnissen führen und, wenn sich auch nur ein Teilhaber querstellt, die völlige Blockade des Gebrauchs des Gegenstands nach sich ziehen. Der Gesetzgeber wählt daher ein anderes, gestuftes System:[258] Als Regelfall weist er durch § 743 Abs. 2 BGB jedem Teilhaber die Befugnis zum Gebrauch zu, und zwar unabhängig von der jeweiligen Anteilshöhe; das ist konsequent, da sich das Gebrauchsrecht auf den gemeinschaftlichen Gegenstand als Ganzes bezieht.[259] Andererseits lässt das Gesetz aber auch die Möglichkeit einer einvernehmlich, bzw. gem. § 745 Abs. 1 BGB durch Stimmenmehrheit zu treffenden gemeinschaftlichen Verwaltungsregelung zu oder eröffnet gem. § 745 Abs. 2 BGB einen Anspruch auf eine billige Regelung

255 Bamberger/Roth/Gehrlein § 743 Rn 4; Staudinger/von Proff (2015) § 743 Rn 34.

256 MüKo/Karsten Schmidt § 743 Rn 9, §§ 744, 745 Rn 4; Staudinger/von Proff (2015) § 743 Rn 34; NK-BGB/Kuhn/Radlmayr § 743 Rn 7; Bamberger/Roth/Gehrlein § 743 Rn 4; Erman/Aderholdt § 743 Rn 6; anders: Schnorr, S. 170–175.

257 So anschaulich für den Fall eines Patents in Bruchteilsgemeinschaft: BGH, NJW-RR 2005, 1200.

258 BGH, NJW-RR 2005, 1200, 1201.

259 BGH, NJW-RR 2005, 1200, 1201; NK-BGB/Kuhn/Radlmayr § 743 Rn 8; Staudinger/von Proff (2015) § 743 Rn 34.

durch das Gericht. § 743 Abs. 2 BGB ist also nur Auffangregel für den Fall, dass keine Regelung erzielt und eine billige Regelung nicht eingefordert wird.[260]

Ohne Regelung zum Maß des Gebrauchs hat jeder Teilhaber nach § 743 Abs. 2 BGB gegen die übrigen Teilhaber Anspruch auf den Gebrauch, also dessen Duldung, in vollem Umfang. Einzige Grenze ist gem. § 743 Abs. 2 BGB der Mitgebrauch der übrigen Teilhaber, der nicht beeinträchtigt werden darf. Unter Mitgebrauch der anderen Teilhaber ist dabei nur der tatsächliche Mitgebrauch zu verstehen. Macht ein Teilhaber von seinem Gebrauchsrecht, aus welchen Gründen auch immer, keinen Gebrauch, so wächst sein nicht ausgeübtes Gebrauchsrecht den übrigen Teilhabern an.[261] Daraus, dass nur der tatsächliche Mitgebrauch als Schranke relevant ist, folgert die herrschende Meinung, dass der Gebrauch auch gegen den Willen oder Widerspruch anderer Teilhaber erfolgen kann.[262] Insofern ist also nur der tatsächlich physisch ausgeübte Gebrauch als Schranke maßgeblich.[263]

Solange also nur ein Teilhaber Anspruch auf Benutzung des Gegenstands erhebt und diesen gebraucht, kann er das auch im Innenverhältnis voll ausnutzen. Es besteht dann kein Ausgleichsanspruch der nicht von der Dienstbarkeit Gebrauch machenden anderen Eigentümer von herrschenden Grundstücken. Denn der Gebrauchsvorteil ist mit Rechtsgrund erlangt.[264] Ein Widerspruch anderer Teilhaber gegen die Nutzung ändert daran nichts. Auch ein Anspruch auf Entschädigungszahlung besteht dann nicht, da dieser frühestens dann entsteht, wenn insofern von einem Teilhaber eine Benutzungsregelung nach § 745 Abs. 2 BGB verlangt wird.[265]

Ein Konflikt hinsichtlich des Gebrauchs entsteht, wenn mehrere Teilhaber den Gegenstand gebrauchen wollen. Das führt nur dann nicht zu Problemen, wenn sich der Gegenstand zum störungsfreien Mitgebrauch eignet, und solange dieser einvernehmlich nebeneinander ausgeübt wird. In diesem Fall wird freilich meist auch schon eine konkludente Benutzungsvereinbarung vorliegen, sodass

---

260 BGH, NJW-RR 2005, 1200, 1201.

261 BGH, NJW 1966, 1707, 1708; Staudinger/von Proff (2015) § 743 Rn 36; MüKo/Karsten Schmidt § 743 Rn 11; Erman/Aderhold § 743 Rn 7; Palandt/Sprau § 743 Rn 4; NK-BGB/Kuhn/Radlmayr § 743 Rn 8; Oertmann, § 743 1.c).

262 MüKo/Karsten Schmidt § 743 Rn 10; Palandt/Sprau § 743 Rn 4; BGH, NJW 1978 2157; OLG Koblenz, NJW 1994, 463, 464; Tzermias, AcP 157, 455, 456 f.

263 So auch Schnorr, S. 178 f.

264 BGH, NJW 1966, 1707, 1708; Staudinger/von Proff (2015) § 743 Rn 36; MüKo/Karsten Schmidt § 743 Rn 10.

265 BGH, NJW 1998, 372, 373; BGH, NJW 1989 1030, 1031.

auf § 743 Abs. 2 BGB nicht mehr zurückgegriffen werden muss. Problematisch wird der konkurrierende Gebrauch aber, wenn das Recht sich nicht zur unbeschränkten gemeinsamen Ausübung eignet und Streit über Zeit und Umfang des Gebrauchs entsteht. Also etwa, wenn ein Teilhaber, der bisher nicht an dem Gebrauch teilgenommen hat, jetzt den Mitgebrauch für sich reklamiert, der benutzende Teilhaber aber den Mitgebrauch nicht oder nicht in dem gewünschten Maße teilhaben lassen will. Dann entsteht eine Pattsituation:[266] Alle Teilhaber stehen sich mit gleichartigen Gebrauchsrechten gegenüber, ohne dass § 743 Abs. 2 BGB einen Maßstab zur Verfügung steht, in welchen Verhältnis sie zueinander ausgeübt werden können. Die Schranke des § 743 Abs. 2 BGB hilft hier nicht weiter, da sie zwar bestimmt, dass der tatsächliche Mitgebrauch der anderen als Beschränkung maßgeblich sein soll; nicht aber legt sie eine Ordnung fest, die bestimmt, was im Konfliktfall passieren soll,[267] wenn also z. B. ein Teilhaber den Gegenstand allein nutzt und andere Teilhaber von der Nutzung ausschließt oder diese unzumutbar in der Benutzung einschränkt, und gerade der Umfang der tatsächlich ausgeübten Nutzung zwischen den Teilhabern streitig ist.

Die auftretende Pattsituation kann nur durch eine von den Teilhabern nach den Regeln der §§ 744 Abs. 1, 745 Abs. 1 BGB geschaffene Benutzungsordnung, ggf. nach billigem Ermessen gem. § 745 Abs. 2 BGB gelöst werden, die die Gebrauchsrechte konkretisiert.[268] Bis eine solche Regelung gefunden ist, muss konsequenterweise jeglicher den Mitgebrauch beeinträchtigende Gebrauch unterbleiben.[269] Im Streitfall darf der Gegenstand also erst einmal gar nicht gebraucht werden.

Erfolgt dennoch, auch nachdem andere Teilhaber Mitgebrauch für sich reklamiert haben, ein weiterer alleiniger, bzw. übermäßiger Gebrauch ohne Berücksichtigung der anderen den Gebrauch geltend machenden Teilhaber, setzt sich der Gebrauchende Bereicherungs-, Schadensersatz- und Unterlassungsansprüchen aus. Unterlassungsansprüche folgen dabei unmittelbar aus § 743 Abs. 2 BGB.[270] Die Rechtsprechung und herrschende Meinung nimmt das Entstehen solcher Ansprüche an, wenn einem Teilhaber der Mitgebrauch hartnäckig verweigert

---

266 MüKo/Karsten Schmidt § 743 Rn 12.

267 Tzermias, AcP 157, 455, 457 f.

268 MüKo/Karsten Schmidt § 743 Rn 13; Staudinger/von Proff (2015) § 743 Rn 38; Tzermias, AcP 157 455, 457 f.; Planck/Lobe § 743 Anmerkung 8.

269 Tzermias, AcP 158 455, 458; Planck/Lobe § 743 Anmerkung 8; Ennecerus-Lehmann § 184 5., S. 765.

270 MüKo/Karsten Schmidt § 743 Rn 13; Staudinger/von Proff (2015) § 743 Rn 37; Bamberger/Roth/Gehrlein § 743 Rn 5.

wird oder ein Antrag auf gerichtliche Entscheidung gem. § 745 Abs. 2 BGB bereits gestellt ist.[271]

Die herrschende Meinung unterscheidet somit Art und Maß des Gebrauchs. Die Frage nach dem Maß und damit nach der Anwendung des § 743 Abs. 2 BGB stellt sich erst, wenn nach den Regeln des § 745 BGB eine Entscheidung für den Eigengebrauch gefallen ist. Ist die Entscheidung gefallen, darf jeder den Gegenstand vollumfänglich gebrauchen. Im Konfliktfall unterbleibt die Nutzung, bis eine Benutzungsregelung gefunden ist.

Die Anwendung des von der herrschenden Meinung angewendeten Systems stößt bei der Grunddienstbarkeit in Bruchteilsgemeinschaft auf Probleme. Die Schwierigkeiten beginnen bereits auf der ersten Stufe, nämlich bei der Art des Gebrauchs. Die Art des Gebrauchs muss bei einer Grunddienstbarkeit nämlich im Regelfall nicht bestimmt werden. Denn anders als andere Rechte in Bruchteilsgemeinschaft wie Eigentum oder Nießbrauch, die neben dem Eigengebrauch auch die Möglichkeit eines Fremdgebrauchs ermöglichen (für das Eigentum ergibt sich das aus § 903 S. 1 BGB, für den Nießbrauch aus § 1059 S. 2 BGB), legt die Grunddienstbarkeit grundsätzlich schon den Eigengebrauch durch den Eigentümer als Gebrauchsart fest. Das Gesetz bringt das in § 1018 BGB zum Ausdruck, indem es ausführt, der Eigentümer („dieser") dürfe das Grundstück in einzelnen Beziehungen benutzen. Gesetzlich vorgesehen ist somit der Eigengebrauch des Eigentümers. Eine Trennung der Grunddienstbarkeit von dem Grundstück in dem Sinne, dass der durch die Grunddienstbarkeit gestattete Gebrauch des dienenden Grundstücks etwa ganz durch einen Dritten ausgeübt wird, ist nicht möglich.[272] Eine dingliche Abtretung der Grunddienstbarkeit oder der Ausübung des Rechts kann nicht erfolgen, da die Dienstbarkeit nur mit dem Eigentum am Grundstück übergeht. Eine derartige Abtretung würde eine gesonderte Übertragung der Grunddienstbarkeit bedeuten, die aber nicht möglich ist (vgl. Teil 2 II.1)a)

---

271 BGH, NJW-RR 2005, 1200, 1201; BGH, NJW 1966, 1707, 1709; OLG Koblenz, NJW 1994, 463, 464; MüKo/Karsten Schmidt § 743 Rn 10, 11; Bamberger/Roth/Gehrlein § 743 Rn 6; Staudinger/von Proff (2015) § 743 Rn 36; Erman/Aderhold § 743 Rn 8.

272 Eine andere Frage ist, ob die Grunddienstbarkeit neben dem Eigentümer des herrschenden Grundstücks auch von dritten Personen ausgeübt werden kann, die zum Eigentümer des herrschenden Grundstücks in einer besonderen Beziehung stehen wie etwa Angehörige oder Kunden des Eigentümers des herrschenden Grundstücks oder Nießbraucher, Mieter und Pächter des herrschenden Grundstücks. Das wird heute allgemein bejaht, vgl. MüKo/Mohr § 1018 Rn 22; NK-BGB/Otto § 1018 Rn 40; Staudinger/Weber (2017) § 1018 Rn 9; Löscher, RPfleger 1962, 432. Solche Quasi-Berechtigten leiten ihren Gebrauch vom Eigentümer des herrschenden Grundstücks ab.

aa)aaa)). Aber auch eine schuldrechtliche Überlassung der aus der Dienstbarkeit fließenden Nutzungsbefugnis an einen Dritten, etwa indem die Eigentümer herrschender Grundstücke nur die Grunddienstbarkeit an einen Dritten verpachtet und ihm so den Gebrauch des Gartens oder des Stellplatzes überlassen, ist grundsätzlich nicht möglich.[273] Eine derartige Überlassung würde die Grunddienstbarkeit vom Grundstück abtrennen und damit ihr auf das Bedürfnis des herrschenden Grundstücks fixiertes Wesen ins Gegenteil verkehren.[274] Demgemäß kann eine schuldrechtliche Überlassung an Dritte nur in wenigen Ausnahmefällen zulässig sein, in denen der Dritte zu dem herrschenden Grundstück in einer engen Beziehung steht, weil er es z. B. gemietet oder gepachtet hat.[275] Eine schuldrechtliche Überlassung einer Grunddienstbarkeit scheint daher nur in einem Fall denkbar: Alle Eigentümer herrschender Grundstücke vermieten ihr Grundstück einheitlich an einen Mieter, der dann auch die Grunddienstbarkeit ganz ausüben darf. Dann würde die Grunddienstbarkeit fremdgebraucht. Allerdings geht es bei der Vermietung der Teilgrundstücke nicht um die Nutzungsart der Grunddienstbarkeit, sondern des Grundstücks. Auf die Grunddienstbarkeit wirkt sich das nur mittelbar aus. Die Teilgrundstücke stehen nach der Teilung nicht in Bruchteilsgemeinschaft, sondern es bestehen mehrere selbstständige Rechtsobjekte. Jeder kann aber sein Teilgrundstück eigen- oder fremdgebrauchen, wie es ihm beliebt. § 743 Abs. 2 BGB ist in Bezug auf die Vermietung der herrschenden Grundstücke von vornherein nicht anwendbar. Auch dürfte der beschriebene Fall eher theoretisch sein. Im Regelfall erfolgt die Teilung gerade, damit jeder Eigentümer sein Grundstück individuell benutzen kann. In den Beispielen erscheint die Vereinbarung einer derartigen Fremdnutzung der soeben getrennten Grundstücke fernliegend. Bei der Grunddienstbarkeit muss also grundsätzlich nicht darüber

---

273 MüKo/Harke § 581 Rn 5; Staudinger/Schaub (2013) § 581 Rn 40.

274 MüKo/Mohr § 1018 Rn 22.

275 Cebulla, S. 89; ein solcher Fall wird vom OLG Hamm, in RPfleger 1980, 225, 226 für den Fall angenommen, dass einem Erbbauberechtigten, der sich im Besitz des herrschenden Grundstücks befindet auch die Benutzung der mit dem Eigentum verbundenen Grunddienstbarkeit ermöglicht werden soll. Die Überlassung soll dann keine Trennung von Grundstück und Grunddienstbarkeit sein, sondern Ausfluss der bestehenden Verbindung. Das OLG beschreibt dies aber als absolute Ausnahme, die nur in Betracht kommt, wenn die Besitzübertragung des Grundstücks auch eine Überlassung der Grunddienstbarkeit nahelegt. Darum geht es hier aber nicht. Hier steht nicht die Überlassung der herrschenden Grundstücke, sondern nur der Grunddienstbarkeit infrage. Dass der Eigentümer das herrschende Grundstück auch vermieten kann und der Mieter dann auch die Grunddienstbarkeit nutzen kann, ist unstreitig.

entschieden werden, ob die Grunddienstbarkeit durch die Eigentümer selbst oder durch Dritte fremdgebraucht werden soll. Es geht vielmehr immer nur um das Maß der Nutzung. Die erste Stufe hat für die Grunddienstbarkeit somit keine Bedeutung.

Hinsichtlich des Maßes des Gebrauchs auf der zweiten Stufe erscheinen die Folgen der herrschenden Meinung bei konkurrierendem Gebrauch der Grunddienstbarkeit durch mehrere Teilhaber konsequent, können aber auch Probleme aufwerfen. Insbesondere führt sie zu dem Ergebnis, dass die Grunddienstbarkeit erst einmal blockiert ist, wenn sich die Eigentümer über den Gebrauch des Rechts nicht einig sind. Im schlimmsten Fall muss erst ein Prozess geführt werden, wollen sich die Teilhaber nicht der Gefahr von Schadensersatz- oder Bereicherungsansprüchen aussetzen. Andererseits wird aber durch das Erfordernis der Erstellung einer Benutzungsordnung verhindert, dass sich ein Teilhaber unbegrenzt Gebrauch verschaffen kann und den ungeregelten Zustand ausnutzt.

Das von der herrschenden Meinung entworfene Zwei-Stufen-Konzept passt somit auf die Grunddienstbarkeit in Bruchteilsgemeinschaft nicht, insbesondere bedarf es der ersten Stufe nicht. Da die Grunddienstbarkeit auf die Bedürfnisse des herrschenden Grundstücks zugeschnitten ist, erfolgt der Gebrauch immer durch den Eigentümer, nicht aber durch Überlassung an Dritte.

bbb) Ansatz der herrschenden Meinung: Vermischung von § 743 Abs. 1 und 2 BGB

Nach dem gerade geschilderten Verständnis ist je nach der Art der Benutzung an den entsprechenden Absatz des § 743 BGB anzuknüpfen: Bei der Fruchtziehung an § 743 Abs. 1 BGB, beim Gebrauch an § 743 Abs. 2 BGB. Die Literatur bestimmt das Verhältnis zwischen den beiden Absätzen des § 743 BGB jedoch anders. Sie weitet zunächst einhellig den Anwendungsbereich des § 743 Abs. 1 BGB aus. Nach ihr fallen entgegen dem Wortlaut nicht nur Früchte im Sinne von § 99 BGB, sondern auch Gebrauchsvorteile gem. § 100 BGB unter § 743 Abs. 1 BGB.[276] Denn § 743 Abs. 1 BGB verfolge ersichtlich das Ziel, die Zuteilung sämtlicher erlangter Vorteile zu regeln. Dieser Befund werde durch die Regelung des § 745 Abs. 3 S. 2

276 MüKo/Karsten Schmidt § 743 Rn 3; Soergel/Hadding § 743 Rn 5; Bamberger/Roth/Gehrlein § 743 Rn 2; NK-BGB/Kuhn/Radlmayr § 743 Rn 2; Erman/Aderhold § 743 Rn 2; Hilgers, S. 645; für eine analoge Anwendung von § 743 Abs. 1 BGB auf Gebrauchsvorteile: Staudinger/von Proff (2015) § 743 Rn 2; dahingestellt, ob direkt oder analog anwendbar von BGH, NJW 1966, 1707, 1708; Palandt/Sprau § 743 Rn 2.

BGB gestützt, der sich eben gerade nicht nur auf Früchte erstreckt, sondern gerade von Nutzungen spricht.[277]

Den Begriff des Gebrauchens in § 743 Abs. 2 BGB definiert die Literatur überwiegend gar nicht. Lediglich von Proff bietet eine Definition an. Er verwendet die Begriffe des Gebrauchs und der Benutzung synonym und versteht darunter jedes tatsächliche Zunutzemachen der Vorteile, die der Besitz der Sache ermöglicht.[278] Diese Definition des Gebrauchs ist freilich unvollständig und für die Grunddienstbarkeit nicht hilfreich, weil sie zum einen nur den Gebrauch von Sachen, nicht aber allgemein von Gegenständen beschreibt. Dass aber auch ein Recht, wie eine Grunddienstbarkeit, gebraucht werden kann, ergibt sich schon aus § 100 BGB. Daneben passt die Definition von von Proff auch in Bezug auf die Anknüpfung an den Besitz nicht. Grundsätzlich kann Besitz gem. § 854 Abs. 1 BGB nur an Sachen, nicht aber an Rechten bestehen. An einer Grunddienstbarkeit soll zwar ein sog. Rechtsbesitz bestehen können.[279] Abgesehen davon, dass ein derartiger Rechtsbesitz vom BGB an keiner Stelle – auch nicht in dem viel bemühten § 1029 BGB – direkt erwähnt wird und damit schon im Bezug auf die sachenrechtliche Typenfixierung problematisch ist, geht es bei dem Rechtsbesitz nicht um den Besitz des Rechts, sondern um die Anwendung von Besitzschutzregeln gem. § 1029 BGB auf eine Person, die keine tatsächliche Sachherrschaft, sondern nur ein durch ein Recht vermitteltes Verhältnis zur Sache hat.[280] Der Rechtsbesitz umschreibt also nur eine Facette der Ausübung der Grunddienstbarkeit, nämlich die Verteidigung der Grunddienstbarkeit durch possessorische Ansprüche, nicht aber die Benutzung in Form des Gebrauchens des Rechts.

Was die Literatur unter Gebrauch versteht, lässt sich nur mittelbar aus ihren Ausführungen zu § 743 Abs. 1 BGB schließen. Ein Teil der Literatur ist der Meinung, der einzelne Teilhaber sei zur Nutzungsziehung nicht berechtigt, weil die Nutzungsziehung Verwaltungshandlung gem. § 744 Abs. 1 BGB sei.[281] Da-

277 BGH, NJW 1966, 1707, 1708; NK-BGB/Kuhn/Radlmayr § 743 Rn 2.

278 Staudinger/von Proff (2015) § 744 Rn 10, § 743 Rn 33.

279 Staudinger/Gutzeit (2012) Vorbem zu §§ 854 ff. Rn 48; Bamberger/Roth/Fritzsche § 854 Rn 6; Erman/Lorenz Vorbem zu §§ 854 ff. Rn 7; Palandt/Herrler Überbl. v § 854 Rn 4; Westermann/Gursky/Eickmann, § 26 Rn 1–5; Wilhelm Rn 132 f.; Baur/Stürner, § 7 Rn 9; ablehnend dagegen MüKo/Joost Vor § 854 Rn 7.

280 MüKo/Joost Vor § 854 Rn 7; NK-BGB/Hoeren Vor §§ 854 ff. Rn 7; Wilhelm, Rn 119 Fn 214.

281 NK-BGB/Radlmayer § 743 Rn 4; Soergel/Hadding § 743 Rn 2; wohl auch: MüKo/Karsten Schmidt §§ 744, 745 Rn 4; § 743 Rn 4, der aber offensichtlich auch der Meinung ist, im Rahmen des Gebrauchs gem. § 743 Abs. 2 BGB könnten Früchte gezogen

nach kann die Nutzungsziehung nur gemeinschaftlich und durch den einzelnen Teilhaber nie ohne Beschluss der Teilhaber erfolgen. Diese Aussage kann bei Anknüpfung an § 100 BGB, der als Nutzungen Früchte und Gebrauchsvorteile festlegt, nur so verstanden werden, dass jede Handlung, die zur Entstehung von Früchten oder Gebrauchsvorteilen führt, nicht durch den einzelnen Teilhaber erfolgen kann und somit nicht nach § 743 Abs. 2 BGB jedem Teilhaber für sich allein zustehen soll. Gebrauch im Sinne des § 743 Abs. 2 BGB wird hier offenbar als jedes Zunutzemachen der mit der Innehabung des Gegenstands verbundenen Vorteile, das keine Nutzungen in Form von Früchten oder Gebrauchsvorteilen gem. § 100 BGB hervorbringt, verstanden.[282]

Diese Auffassung ist abzulehnen. Denn wenn man sowohl die Fruchtziehung als auch das Ziehen von Gebrauchsvorteilen als Verwaltung einstuft, ist fraglich, was dann überhaupt noch dem Gebrauch gem. § 743 Abs. 2 BGB unterfällt. Im Fall der Grunddienstbarkeiten ist kaum vorstellbar, wie man diese gebrauchen soll, ohne auf irgendeine Art Nutzungen zu ziehen. Denn sobald das dienende Grundstück im Rahmen der durch die Grunddienstbarkeit festgelegten Befugnis benutzt wird, entsteht zwangsläufig immer eine Frucht oder ein Gebrauchsvorteil. Dies lässt sich an den eingangs beschriebenen Beispielsfällen dokumentieren: Sobald in Fall zwei der Stellplatz durch einen Teilhaber benutzt wird, stellt das einen Gebrauchsvorteil dar. Sobald im Fall drei Erde abgebaut wird, entstehen Früchte. Und unabhängig davon, wie der Garten benutzt wird, entstehen Nutzungen. Werden Blumen gepflückt und Obst geerntet, entstehen Früchte, das bloße Verweilen im Garten stellt einen Gebrauchsvorteil dar. Eine andere Gebrauchsart ohne Nutzungsziehung ist speziell bei der Grunddienstbarkeit schon deswegen nicht denkbar, weil die Grunddienstbarkeit nur auf eine oder wenige Benutzungsarten festgelegt ist. § 743 Abs. 2 BGB hätte bei diesem Gebrauchsbegriff keinen Anwendungsbereich mehr und wäre überflüssig.

Ein anderer Teil der Literatur meint dagegen, der einzelne Teilhaber sei zur Fruchtziehung nicht berechtigt, weil die Fruchtziehung Verwaltungshandlung

---

werden (MüKo/Karsten Schmidt § 743 Rn 10). Das erscheint nicht frei von Widersprüchen: Wenn man für die Ziehung von Nutzungen eine Verwaltungsentscheidung voraussetzt, kann die Ziehung von Früchten nie im Rahmen eines Gebrauchs nach § 743 Abs. 2 BGB erfolgen, weil diese Vorschrift gerade ein selbstständiges Recht jedes Teilhabers begründet, und nicht erst durch eine Verwaltungsentscheidung legitimiert werden muss. Sobald Früchte entstehen, liegt kein Gebrauch im Sinne des § 743 Abs. 2 BGB mehr vor.

282 So als Einziger ausdrücklich: Planck/Lobe § 743 Anmerkung 7.

sei.[283] Dieser Teil der Literatur will also nur die Fruchtziehung als Verwaltung ansehen, die gemeinschaftlich nach § 744 Abs. 1 BGB erfolgen muss. Hier kann Gebrauch im Sinne des § 743 Abs. 2 BGB also als jede Zunutzemachung der mit der Innehabung des Gegenstandes verbundenen Vorteile, die nicht Fruchtziehung ist, verstanden werden. Die Ziehung von Gebrauchsvorteilen kann daher als Gebrauch angesehen werden.

Gegen diese Meinung kann nicht angeführt werden, dass für § 743 Abs. 2 BGB kein Anwendungsbereich bliebe. Denn ein Gebrauch ohne die Ziehung von Früchten ist durchaus vorstellbar. Allerdings erscheint nicht klar, warum auch diese Meinung dann § 743 Abs. 1 BGB auf die erlangten Gebrauchsvorteile anwenden will. Diese Regelung passt nämlich eigentlich nicht zum Gebrauchsrecht des § 743 Abs. 2 BGB. § 743 Abs. 2 BGB gewährleistet, wie gezeigt, grundsätzlich jedem Teilhaber ein Gebrauchsrecht und ermöglicht konsequenterweise auch die Ziehung der daraus entstehenden Gebrauchsvorteile. Dabei ist der tatsächliche physische Gebrauch maßgeblich; wenn kein anderer Teilhaber den Gegenstand gebrauchen will, kann ein einzelner Teilhaber den gesamten Gegenstand gebrauchen, ohne dass dies zu Ausgleichsansprüchen anderer Teilhaber führt (vgl. unter Teil 2. II.1) b)bb)aaa)(b)). Genau ein solcher Ausgleichsanspruch auch bei Nichtausübung würde aber bei der Anwendung des § 743 Abs. 1 BGB auch auf Gebrauchsvorteile geschaffen. Das Recht jedes Teilhabers zum Gebrauch gem. § 743 Abs. 2 BGB wäre damit im Prinzip entwertet: Unabhängig vom physischen Gebrauch müssten Gebrauchsvorteile immer zwischen allen Teilhabern ausgeglichen werden, auch wenn andere Teilhaber am Gebrauch gar kein Interesse haben.

Dies wird von von Proff erkannt, der feststellt, dass § 743 Abs. 1 BGB Gebrauchsvorteile nicht erfasst, weil insoweit § 743 Abs. 2 BGB eine Spezialregelung enthalte.[284] Von Proff geht aber nicht den hier vertretenen konsequenten Weg der Trennung zwischen den beiden Absätzen des § 743 BGB, sondern will § 743 Abs. 1 BGB bei bestimmten Formen des Gebrauchs analog anwenden, nämlich dann, wenn ein gemeinschaftlicher Gebrauch nach der Natur des Gegenstandes nicht möglich ist. In diesem Fall sei § 743 Abs. 2 BGB nicht anwendbar.[285] Das würde bei der Grunddienstbarkeit etwa Beispielsfall zwei betreffen, denn der eine Stellplatz kann nicht gemeinschaftlich, sondern immer nur durch einen Eigentümer eines herrschenden Grundstücks ausgeübt werden. Nach von Proff soll also offenbar

283 Bamberger/Roth/Gehrlein § 743 Rn 3; PWW/von Dithfurth § 743 Rn 2; Erman/Aderhold § 743 Rn 2; BGB-RGRK/von Gamm § 743 Rn 1.

284 Staudinger/von Proff (2015) § 743 Rn 2; die Ansicht wurde bereits von Langhein in der Vorauflage vertreten, vgl. Staudinger/Langhein (2008) § 743 Rn 2.

285 Staudinger/von Proff (2015) § 743 Rn 38.

nur in diesem Fall ein Ausgleichsanspruch auch bei der Ziehung von Gebrauchsvorteilen bestehen.

Dem ist ebenfalls nicht zuzustimmen. Warum hier eine analoge Anwendung erfolgen soll, ist nicht ersichtlich. Von Proff verweist darauf, dass § 743 Abs. 1 BGB Ausdruck eines das Gemeinschaftsrecht beherrschenden allgemeinen Rechtsprinzips sei.[286] Mit dem Rechtsprinzip meint er wohl die gleichmäßige Verteilung der Nutzungen aus dem gemeinschaftlichen Gegenstand, der in § 745 Abs. 3 S. 2 BGB zum Ausdruck kommt. Aber um eine gleichmäßige Verteilung zu gewährleisten, bedarf es der analogen Anwendung des § 743 Abs. 1 BGB nicht. Denn wenn mehrere Teilhaber sich um ein begrenztes Gebrauchskontingent streiten, darf kein Teilhaber den Gegenstand gebrauchen, bevor nicht eine Gebrauchsregelung gefunden ist. Gebraucht ein Teilhaber den Gegenstand trotzdem, ist er zum Ausgleich der Gebrauchsvorteile verpflichtet. Damit ist eine gleichmäßige Verteilung gesichert, ohne dass es eines Rückgriffs auf § 743 Abs. 1 BGB bedarf.

Eine dritte Ansicht dehnt den Gebrauchsbegriff sehr weit aus: Nach ihr ist der Gebrauch im Sinne des § 743 Abs. 2 BGB Oberbegriff und erfasst das Ziehen von Früchten und Gebrauchsvorteilen.[287] § 743 Abs. 1 BGB legt nur einen dinglichen Maßstab der Verteilung in Bezug auf Früchte fest: Jeder Teilhaber darf danach bis zur Höhe seines Bruchteils selbst Früchte ziehen, an denen er Eigentum erlangt. Zieht er über seinen Bruchteil hinaus Früchte, so entsteht an diesen Miteigentum nach § 953 BGB.[288]

Diese Ansicht ist entgegenzusetzen, dass sie § 743 BGB rein dinglich interpretiert. Der Gedanke von Schnorr fußt auf der von ihm entworfenen und vertretenen dinglichen Einheitstheorie, wonach die §§ 741–758 BGB rein dinglich zu interpretieren sind. Diese Theorie ist aber weder historisch noch systematisch mit dem geltenden Recht vereinbar: Der Gesetzgeber hat die §§ 741–758 BGB bewusst im Schuldrecht und nicht im Sachenrecht eingeordnet.[289]

ccc) Zwischenergebnis

Den verschiedenen Ansätzen der Literatur zur Benutzung der Grunddienstbarkeit stehen somit jeweils erhebliche Bedenken gegenüber. Insbesondere die (analoge) Anwendung des § 743 Abs. 1 BGB auch auf Gebrauchsvorteile ist widersprüchlich und passt nicht, weil § 743 Abs. 2 BGB einen ganz anderen Ansatz statuiert als § 743 Abs. 1 BGB: Der eine statuiert ein selbstständiges Einwirkungsrecht auf

---

286 Staudinger/von Proff (2015) § 743 Rn 2.

287 Schnorr, S. 176 f.; 208–210; Oertmann § 743 Anmerkung 2.

288 Schnorr, S. 177, 214.

289 Staudinger/Langhein/von Proff (2015) Vorbem zu §§ 741 ff. Rn 24.

den gemeinsamen Gegenstand für jeden Teilhaber, der andere regelt nur die Aufteilung von Vorteilen, verschafft aber gerade kein Einwirkungsrecht auf den Gegenstand. Die Absätze regeln unterschiedliche Materien.

Demgemäß ist dem unter aaa) geschilderten Ansatz zu folgen. Zwischen den Absätzen des § 743 BGB wird streng getrennt. Dies erfolgt so, dass § 743 Abs. 2 BGB Gebrauch und Gebrauchsvorteile umfasst, § 743 Abs. 1 BGB dagegen die Fruchtziehung und die Früchte. Dann ist eine klare Differenzierung möglich. Je nachdem ob Fruchtziehung oder ein sonstiger Gebrauch erfolgt, ist nur einer der beiden Absätze des § 743 BGB anwendbar, bzw. je nach Art der Nutzung der entsprechende Absatz. Diese Lösung fügt sich in die Systematik des § 743 BGB nahtlos ein; der Gesetzgeber hat die Vorschriften durch einen Absatz getrennt und gerade nicht in einem einheitlichen Absatz zusammengefasst.

Für die Benutzung der Grunddienstbarkeit gelten somit folgende Regeln:

- Bei einer Grunddienstbarkeit, die die Ziehung von Früchten ermöglicht, ist § 743 Abs. 1 BGB anzuwenden. Die Fruchtziehung ist Verwaltung und kann nicht selbstständig durch einen Teilhaber erfolgen. Vielmehr ist vorher eine Verwaltungsentscheidung darüber herbeizuführen. Gezogene Früchte sind immer der Bruchteilsquote entsprechend aufzuteilen, unabhängig davon, wer die Früchte zieht.
- Bei einer Grunddienstbarkeit, die Gebrauchsvorteile mit sich bringt, gilt § 743 Abs. 2 BGB. Jeder Teilhaber kann danach den Gebrauch selbstständig ausüben. Maßgeblich ist der physische Gebrauch. Wenn andere Teilhaber diesen nicht wahrnehmen, kann ein Teilhaber den Gebrauch allein ausüben und alle Gebrauchsvorteile ziehen. Wenn, was bei Benutzungsdienstbarkeiten mit einem Benutzungsmaß faktisch immer der Fall sein wird, die Teilhaber um den Gebrauch konkurrieren, muss ein Gebrauch so lange unterbleiben, bis eine Regelung über den Gebrauch gefunden ist.
- Bei Grunddienstbarkeiten, die sowohl die Fruchtziehung als auch den Gebrauch ermöglichen, muss konsequenterweise nach der jeweiligen Benutzungsart getrennt werden. Die Fruchtziehung darf nicht ohne Regelung erfolgen, der Gebrauch ist dagegen bis zum Eintritt einer Konkurrenzsituation möglich.

cc) Die Regelung der Benutzung der gemeinschaftlichen Grunddienstbarkeit gem. §§ 744, 745 BGB

Im Folgenden soll besprochen werden, ob und wie die Eigentümer der herrschenden Grundstücke die Benutzung der Grunddienstbarkeit also die Fruchtziehung und den Gebrauch unter sich abweichend von den gerade beschriebenen rechtlichen Vorgaben aus § 743 BGB regeln können. Es wurde festgestellt, dass es einer solchen vom Grundzustand des § 743 BGB abweichenden Regelung bei Grunddienstbarkeiten, die die Ziehung von Früchten ermöglichen immer und bei solchen Grunddienstbarkeiten, die den Gebrauch ermöglichen, jedenfalls dann bedarf, wenn es zur Konkurrenz um den Gebrauch kommt, weil dieser auf ein bestimmtes Maß beschränkt ist und alle Eigentümer der herrschenden Grundstücke Interesse an der Ausübung des Gebrauchs haben. Bei den Benutzungsdienstbarkeiten wird eine Regelung damit praktisch immer erforderlich sein, um zu verhindern, dass die Benutzung des Rechts für alle Eigentümer herrschender Grundstücke unterbleibt.

Das Gesetz regelt die Vereinbarung von Benutzungsregelungen in den §§ 744, 745 BGB. Es scheint dabei gem. § 745 Abs. 1 und 2 BGB zwischen Verwaltung und Benutzung zu differenzieren. In § 744 BGB ist dagegen nur von der Regelung der Verwaltung und nicht der Benutzung die Rede. Die Literatur nimmt deshalb auch an, dass die Verwaltung von der Benutzung abzugrenzen ist. Die Benutzung (die Fruchtziehung und Gebrauch beinhaltet) soll danach keine Verwaltung sein.[290] Gemeint ist damit der Prozess der Benutzung (die tatsächliche Benutzung) als solcher. Die Benutzung dient dem (individuellen) Interesse des Einzelnen, betrifft aber das Kollektiv der Teilhaber nicht.[291] Die Verwaltung betrifft dagegen alle Maßnahmen, die das gemeinsame (kollektive) Interesse aller Teilhaber betreffen. Die kollektive Verwaltungsentscheidung schafft dabei die Voraussetzungen für die individuelle Benutzung nach § 743 BGB.[292] Um diese Voraussetzungen, unter denen Nutzungen aus der Grunddienstbarkeit gezogen werden können, geht es im Folgenden.

aaa) Der mögliche Inhalt von Benutzungsregelungen bei Grunddienstbarkeiten

Um die Benutzung einer Grunddienstbarkeit für alle Teilhaber befriedigend zu regeln, erscheinen viele Möglichkeiten denkbar.[293]

Denkbar erscheint es etwa, nur einem Teilhaber die Benutzung und die Nutzungen der Grunddienstbarkeit zu gewähren und andere Teilhaber von der Beteiligung an den Früchten und/oder Gebrauchsvorteilen auszuschließen, entweder

290 So ausdrücklich Staudinger/von Proff (2015) § 744 Rn 10; NK-BGB/Kuhn/Radlmayr § 744 Rn 2, indirekt abgrenzend: MüKo/Karsten Schmidt § 744, 745 Rn 4; Enneccerus/Lehmann, § 185, S, 766.

291 MüKo/Karsten Schmidt §§ 744, 745 Rn 4.

292 MüKo/Karsten Schmidt §§ 744, 745 Rn 4; Soergel/Hadding § 744 Rn 2; NK-BGB/Kuhn/Radlmayr § 744 Rn 2; Erman/Aderhold § 744 Rn 2.

293 Aufzählung in MüKo/Karsten Schmidt § 743 Rn 14.

mit[294] oder ohne[295] einen Ausgleich für den Verlust der Benutzungsmöglichkeit. In den Beispielen wäre dann nur einem der Eigentümer eines herrschenden Grundstücks die Benutzung des Gartens, des Stellplatzes und der Abbaufläche möglich, wofür er die anderen Eigentümer herrschender Grundstücke dann aber entschädigen müsste.

Man kann sich allerdings fragen, ob eine derartige Gestaltung mit der Rechtsnatur der Grunddienstbarkeit überhaupt vereinbar ist. Denn durch die Zuweisung an nur einen Teilhaber wird die Benutzungsbefugnis von den anderen herrschenden Teilgrundstücken abgelöst. Für den Eigentümer eines Teilgrundstücks, von dem die Benutzung in diesem Sinne abgelöst wurde, besteht dann kein Vorteil für die Benutzung seines Grundstücks mehr, wie dies § 1019 S. 1 BGB vorsieht; vielmehr besteht nur noch ein von der Benutzung des herrschenden Teilgrundstücks unabhängiger Anspruch des Eigentümers auf den vereinbarten Ausgleich. De facto entspricht ein solches Vorgehen der isolierten Verpachtung des Bruchteils an der Grunddienstbarkeit; ein Vorgang, der aber grundsätzlich ausgeschlossen ist (vgl. Teil 2 II.1)b)bb)aaa)(b)). Im Rahmen des § 1024 BGB wird eine Benutzungsregelung dieses Inhalts daher auch abgelehnt, wenn mehrere Eigentümer herrschender Grundstücke, die jeweils Inhaber ranggleicher Grunddienstbarkeiten sind, eine Ausübungsregelung treffen wollen.[296] Dem in § 1019 S. 1 BGB anklingenden Grundsatz der Vorteilhaftigkeit für das herrschende Grundstück entspricht es allerdings eher, eine Ablösung des Benutzungsrechts zuzulassen und so den Vorteil weitestmöglich, wenn auch in etwas abgewandelter Form, für alle Teilhaber zu erhalten. Häufig wird eine sinnvolle Benutzung nur durch diese Regelungsform möglich sein. Darüber hinaus haben es die ausgeschlossenen Teilhaber in der Hand, den Vorteil mit der Ausgleichszahlung in seiner ursprünglichen Form zu erlangen, indem mit der Ausgleichszahlung etwa ein anderer Garten oder Stellplatz angemietet oder ein anderes Abbaugebiet gepachtet wird. Außerdem handelt es sich bei der in Rede stehenden Benutzungsregelung nicht um eine komplette Ablösung des Benutzungsrechts. Eine Überlassung der Benutzung erfolgt nur innerhalb des Kreises der ohnehin benutzungsberechtigten Teilhaber und nicht an außenstehende Dritte. Es kann daher nicht gesagt werden, Bruchteile an der Grunddienstbarkeit würden allgemein zur Verpachtung freigegeben. Es erfolgt nur eine Verschiebung innerhalb der Gemeinschaft der

294 BGH, NJW 1953, 1427 f.; BGH, NW 1983, 1845, 1847; BGH, NJW 1997, 731 f.

295 BFH, NJW 1979, 2168.

296 MüKo/Mohr § 1024 Rn 3; Staudinger/Weber (2017) § 1024 Rn 9; NK-BGB/Otto § 1024 Rn 9; Planck/Strecker § 1024 Anmerkung 3.

Teilhaber und der Vorteil fließt weiterhin allen Teilhabern zu: Er wird nur bei einigen Teilhabern in eine andere Form überführt.

Weiterhin kommt auch eine Aufteilung der Benutzung und der Nutzungen unter den Teilhabern in Betracht. Je nach Art der Grunddienstbarkeit könnte die Benutzung des dienenden Grundstücks nach Fläche[297], Zeit oder Menge unterteilt und den Teilhabern zugewiesen werden. Im Beispiel eins könnte jedem Eigentümer eines herrschenden Grundstücks die ausschließliche Benutzung eines bestimmten Teils des Gartens zugewiesen werden, den dieser gebrauchen und in dem er Früchte ziehen kann; der Garten würde also (untechnisch gesprochen) parzelliert werden. Ebenso denkbar erscheint aber eine zeitliche Aufteilung dergestalt, dass jeder Eigentümer eines herrschenden Grundstücks den Garten an bestimmten Tagen oder zu bestimmten Uhrzeiten benutzen darf. Dies würde die Einführung eines Teilzeitmodells bewirken. Im Beispiel zwei ist nur eine zeitliche Aufteilung möglich, da ein einzelner Stellplatz nicht sinnvoll in mehrere räumliche Einheiten aufgeteilt werden kann, die dem Inhalt der Grunddienstbarkeit gemäß genutzt werden können. In Beispiel drei ist eine räumliche Aufteilung auf bestimmte Abbauflächen denkbar, ebenso wie eine zeitliche Einteilung. Möglich erscheint hier aber auch eine Regelung, die jedem Teilhaber ein bestimmtes mengenmäßiges Abbaukontingent in Bezug auf die Erde zuweist.

Denkbar ist schließlich auch eine Regelung, die alle Teilhaber vom Mitgebrauch ausschließt.[298] Diese Regelung dürfte vor allem den Fall betreffen, dass der gemeinschaftliche Gegenstand Dritten zum Gebrauch überlassen wird.[299] Da dies bei der Grunddienstbarkeit jedoch nicht ohne Weiteres möglich ist (vgl. Teil 2 II.1)b)bb)aaa)(b)), wird eine solche Regelung hier keine Bedeutung haben.

bbb) Das Zustandekommen von Nutzungsregelungen

Benutzungsregelungen mit den gerade beschriebenen Inhalten können in drei Varianten geschaffen werden: Nutzungsregelung im allseitigen Einvernehmen, Nutzungsregelung durch Mehrheitsentscheidung und Nutzungsregelung durch Geltendmachung eines Anspruchs auf billige Regelung.

---

297 BGH, NJW 2007, 3636 f.; BGH, NJW 1964, 648.

298 MüKo/Karsten Schmidt § 743 Rn 14; NK-BGB/Kuhn/Radlmayr § 743 Rn 10; Erman/Aderhold § 743 Rn 9.

299 Vgl. OLG Köln, NZM 2001, 994 f.

(a) Allseitiges Einvernehmen

Eine Benutzungsregelung kann im allseitigen Einvernehmen vereinbart werden. Die Möglichkeit hierzu ergibt sich mittelbar aus § 745 Abs. 2 BGB.[300] Die Regelung kann ausdrücklich oder konkludent zustande kommen, es gelten die allgemeinen Regeln über Willenserklärungen und das Zustandekommen von Verträgen.[301] Auch die faktische Nutzung durch einen Teilhaber, die von den anderen Teilhabern geduldet wird, kann daher eine konkludente Benutzungsregelung sein.

Inhaltlich ermöglicht die Benutzungsregelung im allseitigen Einvernehmen den größten Gestaltungsspielraum. Mit der Regelung im allseitigen Einvernehmen kann jede Nutzungsregelung getroffen werden, die oben beschreiben wurde. Es gelten nur die allgemeinen Schranken der §§ 125, 134, 138 BGB.[302] Insbesondere gilt die Schranke des § 745 Abs. 3 BGB nicht, die ausweislich des Wortlauts nur für Beschluss und billige Regelung gem. § 745 Abs. 1 und 2 BGB gilt. Eine Benutzungsregelung im allseitigen Einvernehmen kann somit auch die Nutzungsverteilung modifizieren und Früchte oder Gebrauchsvorteile einzelnen Teilhabern zur alleinigen Verfügung zuweisen. Die Teilhaber bedürfen in diesem Fall des Schutzes von § 743 Abs. 3 BGB nicht, weil im Fall des Einvernehmens gesichert ist, dass die Stimme jedes Teilhabers gehört wird.

Die Schaffung einer Benutzungsregelung im allseitigen Einvernehmen bedarf keiner besonderen Form oder Abhaltung einer Versammlung.[303] Allseitiges Einvernehmen und einstimmiger Beschluss brauchen nicht voneinander abgegrenzt zu werden.[304] Die Abänderung einer einvernehmlich getroffenen Regelung kann jederzeit allseitig vereinbart werden. Ein Anspruch auf Änderung gem. § 745 Abs. 2 BGB kann bestehen, wenn sich die tatsächlichen Verhältnisse bis zur Unzumutbarkeit hin ändern.[305] Die Aufhebung durch nicht einstimmigen Mehrheitsbeschluss ist jedenfalls dann möglich, wenn die Auslegung der einstimmigen Regelung ergibt, dass dies möglich sein soll.[306]

---

300 MüKo/Karsten Schmidt §§ 744, 745 Rn 14.

301 MüKo/Karsten Schmidt §§ 744, 745 Rn 16; Staudinger/von Proff (2015) § 744 Rn 11; Palandt/Sprau § 744 Rn 2.

302 MüKo/Karsten Schmidt §§ 744, 745 Rn 15; Staudinger/von Proff (2015) § 744 Rn 11; Bamberger/Roth/Gehrlein § 744 Rn 3.

303 MüKo/Karsten Schmidt §§ 744,745 Rn 15.

304 MüKo/Karsten Schmidt §§ 744, 745 Rn 15; Staudinger/von Proff (2015) § 744 Rn 11.

305 MüKo/Karsten Schmidt §§ 744, 745 Rn 35; Staudinger/von Proff (2015) § 744 Rn 16; BGB-RGRK §§ 745, 746 Rn 3.

306 MüKo/Karsten Schmidt §§ 744, 745 Rn 17; Staudinger/von Proff (2015) § 744 Rn 15.

Bei Verletzung einer einvernehmlichen Benutzungsregelung schulden sich die Teilhaber untereinander den entsprechenden Leistungserfolg. Für die Haftung (wohl aus § 280 BGB) ist nach einem Urteil des BGH ein Verschulden nicht erforderlich.[307] Das Urteil wird jedoch überwiegend so interpretiert, dass die Entscheidung nicht verallgemeinert werden kann und der allgemeine Haftungsmaßstab der §§ 276, 278 BGB gilt, also Verschulden erforderlich ist.[308]

(b) Mehrheitsbeschluss

Der Mehrheitsbeschluss wird in § 745 Abs. 1 BGB geregelt. Die Mehrheitsverhältnisse bestimmen sich nach der Quote der Teilhaber (vgl. Teil 2 I.1)b)aa)eee)); bei Stimmengleichheit muss auf § 745 Abs. 2 BGB zurückgegriffen werden.[309] Inhaltlich wird der Mehrheitsbeschluss durch § 745 Abs. 3 S. 2 BGB begrenzt. Danach kann die Quote mit der die Teilhaber an den Nutzungen partizipieren, nicht verändert werden. Es kann also keinen Mehrheitsbeschluss dahin gehend geben, dass ein Teilhaber die gesamte Grunddienstbarkeit ausübt und ihm die Nutzungen alleine zustehen. Zwar können Fruchtziehung und Gebrauch durch Mehrheitsbeschluss auch auf einen Teilhaber verlagert werden; dann muss aber mindestens finanzielle Kompensation erfolgen, die die entgangenen Nutzungsvorteile ausgleicht.[310] In den Beispielsfällen kann daher durchaus die Mehrheit bestimmen, dass nur ein Teilhaber den Garten oder den Stellplatz benutzt oder die Erde abbaut. Um § 743 Abs. 3 S. 2 BGB zu genügen, muss der Beschluss dann aber einen Ausgleich vorsehen, der die Teilhaber in Höhe ihrer Bruchteilsquote entschädigt.

§ 745 Abs. 1 BGB stellt für das Verfahren, in dem ein Mehrheitsbeschluss gefasst wird, keine Erfordernisse auf. Für die Fassung eines Mehrheitsbeschlusses bedarf es daher keiner besonderen Förmlichkeiten in dem Sinn, dass etwa zu einer Versammlung unter Angabe einer Tagesordnung geladen werden müsste: Die Beschlussfassung kann vielmehr auch völlig formlos erfolgen, auch schriftlich im Umlaufverfahren.[311]

---

307 BGH, NJW 1964, 648, 649 f.

308 MüKo/Karsten Schmidt § 743 Rn 14; Staudinger/von Proff (2015) § 743 Rn 32.

309 MüKo/Karsten Schmidt §§ 744, 745 Rn 21; Staudinger/Eickelberg (2015) § 745 Rn 15.

310 MüKo/Karsten Schmidt § 743 Rn 14, §§ 744, 745 Rn 24; Bamberger/Roth/Gehrlein § 743 Rn 7; Erman/Aderhold § 743 Rn 9; Staudinger/von Proff (2015) § 743 Rn 38, Staudinger/Eickelberg (2015) § 745 Rn 14.

311 Staudinger/Eickelberg (2015) § 745 Rn 17; MüKo/Karsten Schmidt §§ 744, 745 Rn 19; Palandt/Sprau § 745 Rn 1; Soergel/Hadding § 745 Rn 6.

Umstritten ist, ob die Mehrheit die Minderheit bei der Fassung eines Mehrheitsbeschlusses überhaupt beteiligen muss. Nach einhelliger Meinung muss der Minderheit vor der Beschlussfassung zumindest Gehör gewährt werden.[312] Dies soll aus dem in § 744 Abs. 1 BGB verkörperten Prinzip der gemeinsamen Verwaltung oder aus § 242 BGB folgen.[313] Die Verletzung der Gehörsgewährung führt aber nach wohl herrschender Meinung nicht zur Ungültigkeit eines dennoch gefassten Beschlusses, sondern nur zu Schadensersatzansprüchen.[314] Was ein solcher Anspruch der Minderheit nützen soll ist allerdings unklar. Zur Entstehung eines kausalen Schadens dürfte die Gehörsverletzung nicht führen.[315] Die herrschende Meinung schafft damit nur ein sehr schwaches Minderheitenrecht, dessen Missachtung sanktionslos bleibt. Es ist daher der Mindermeinung zuzustimmen, die annimmt, dass die Missachtung der Gehörsgewährung zur Rechtswidrigkeit eines dennoch gefassten Beschlusses führt.[316]

Unklar ist aber, ob noch andere Verfahrensvoraussetzungen eingehalten werden müssen. Eine Meinung nimmt an, dass es hierfür einer legitimierenden Beschlussprozedur bedürfe, die aus allgemeinen Rechtsgedanken zu entwickeln sei.[317] Dies ist allerdings abzulehnen. Der Gesetzgeber hat sich bewusst gegen die Aufnahme von besonderen Verfahrensvorschriften entschieden.[318] Auch ist völlig unklar, welcher Art solche Verfahrensvoraussetzungen sein sollen. Es fehlt dann auch an konkreten Vorschlägen hierzu. Konkrete Verfahrensvoraussetzungen wären schon deswegen problematisch, weil die Bruchteilsgemeinschaft so vielgestaltig ist und damit schwerlich allen Gemeinschaften und ihren Gegenständen gerecht werden könnte. Ein Rückgriff auf Verfahrensvorschriften, die das Gesetz für andere Rechtsinstitute, etwa in den §§ 32–37. BGB, §§ 47–51b GmbHG, §§ 118–149 AktG, bereithält, ist jedenfalls nicht ohne Weiteres möglich: Es handelt sich um Ausnahmebestim-

312 BGH, NJW 1971, 1265, 1268 (für Erbengemeinschaft); Staudinger/Eickelberg (2015) § 745 Rn 20; Palandt/Sprau § 745 Rn 1; MüKo/Karsten Schmidt §§ 744, 745 Rn 19; Soergel/Hadding § 745 Rn 6; NK-BGB/Kuhn/Radlmayr § 745 Rn 3; BGB-RGRK/von Gamm § 745 Rn 9; Raubold, S. 34.

313 Staudinger/Eickelberg (2015) § 745 Rn 20.

314 BGH, NJW 1971, 1265, 1268; Palandt/Sprau § 745 Rn 1; Soergel/Hadding § 745 Rn 6; Erman/Aderhold § 745 Rn 2; Rauboldt, S. 34 f.

315 Staudinger/Eickelberg (2015) § 745 Rn 20.

316 MüKo/Karsten Schmidt §§ 744, 745 Rn 19, 33; Bamberger/Roth/Gehrlein § 745 Rn 5 Fn 46; jurisPK-BGB/Ehlers § 745 Rn 3.

317 MüKo/Karsten Schmidt §§ 744, 745 Rn 15, 19; Offenbar auch: juris-PK/Ehlers § 745 Rn 3.

318 Staudinger/Eickelberg (2015) § 745 Rn 19.

mungen, die einer analogen Anwendung grundsätzlich entzogen sind.[319] Darüber hinaus ist zu beachten, dass Verfahrensvorschriften, wie etwa Ladungsfristen, die Abstimmung beim Mehrheitsbeschluss naturgemäß verzögern und so leicht zu einer Schädigung der Teilhaber führen können.[320]

Der einmal gefasste Beschluss räumt der Mehrheit im Innenverhältnis Handlungsbefugnis ein, verpflichtet die Minderheit zur Mitwirkung und gibt der Mehrheit einen Duldungsanspruch gegenüber der überstimmten Minderheit.[321] Die Weigerung der Minderheit führt zur Schadensersatzpflicht.[322] Die Durchführung des Beschlusses kann dann ohne Zuziehung der Minderheit erfolgen.[323]

Ein Mehrheitsbeschluss kann unstreitig jederzeit im allseitigen Einverständnis aufgehoben werden.[324] Streitig ist, ob auch eine Aufhebung durch erneuten Mehrheitsbeschluss zulässig ist, wenn die Sachlage unverändert ist und der Beschluss bereits in Vollzug gesetzt wurde. Die herrschende Meinung verneint dies.[325] Begründet wird das damit, dass die Kontinuität einmal gefasster Beschlüsse gewahrt bleiben solle.[326] Auch könne es sein, dass sich die überstimmte Minderheit den Beschluss der Mehrheit später zu eigen mache und dann nachträglich ein einstimmiger Beschluss vorliege.[327] In einem solchen Fall könne aber ein Mehrheitsbeschluss nicht zulässig sein. Die Gegenmeinung will dagegen freie Änderbarkeit zulassen[328] und argumentiert, die herrschende Meinung werde dem Mehrheitsprinzip und der Dynamik von Meinungsbildungsprozessen nicht gerecht.[329] Eine dritte Meinung differenziert: Ein erneuter Mehrheitsbeschluss soll grundsätzlich zulässig sein und nur dann ausscheiden, wenn der Erstbeschluss Vertrauenstatbestände oder Vermögensdispositionen

319 Raubold, S. 33.

320 Raubold, S. 34.

321 Staudinger/Eickelberg (2015) § 745 Rn 27; MüKo/Karsten Schmidt §§ 744, 745 Rn 44.

322 Bamberger/Roth/Gehrlein § 745 Rn 7; Palandt/Sprau § 745 Rn 4; BGB-RGRK/von Gamm § 746 Rn 10.

323 Staudinger/Eickelberg (2015) § 745 Rn 28.

324 Staudinger/Eickelberg (2015) § 745 Rn 30; Bamberger/Roth/Gehlein § 745 Rn 7; Palandt/Sprau § 745 Rn 1.

325 Bamberger/Roth/Gehrlein § 745 Rn 7; Soergel/Hadding § 745 Rn 8; Palandt/Sprau § 745 Rn 1; Erman/Aderhold § 745 Rn 4; Staudinger/Huber (1986) § 745 Rn 25.

326 Erman/Aderhold § 745 Rn 4.

327 Staudinger/Huber (1986) § 745 Rn 25.

328 MüKo/Karsten Schmidt §§ 744, 745 Rn 21; NK-BGB/Kuhn/Radlmayr § 745 Rn 5.

329 NK-BGB/Kuhn/Radlmayr § 745 Rn 5.

ausgelöst hat.[330] Diese Ansicht erscheint vorzugswürdig, weil sie einen Ausgleich zwischen Kontinuität und Dynamik schafft.

Mehrheitsbeschlüsse nach § 745 Abs. 1 BGB können aus formellen Gründen fehlerhaft sein, wenn eine Anhörung unterblieben ist oder aus materiellen Gründen, weil z. B. gegen § 745 Abs. 3 BGB verstoßen wurde. Solchermaßen fehlerhafte Beschlüsse sind immer nichtig, bzw. unwirksam, was mit einer Feststellungsklage geklärt werden kann.[331] Gesetzliche Regelungen für eine Anfechtung, wie sie etwa die Aktiengesellschaft gem. §§ 243–246 AktG für Beschlüsse der Hauptversammlung kennt, sind dem BGB fremd. Die Regelungen des AktG sind auch nicht analogiefähig.[332] Die Nichtigkeit eines Beschlusses, der die Benutzung regelt, z. B. weil er die Nutzungen einem Teilhaber zuweist, ohne den anderen einen finanziellen Ausgleich zu gewähren, führt dazu, dass hinsichtlich der Benutzung und der Verteilung der Nutzungen der oben in Teil 2 II.1)a)bb)bbb) geschilderte Grundzustand des § 743 Abs 1 und 2 BGB besteht.

(c) Billige Regelung gem. § 745 Abs. 2 BGB

Ein Anspruch auf eine billige Regelung besteht nicht, wenn einvernehmlich entschieden oder ein Mehrheitsbeschluss gefasst wurde. Gegen einen Mehrheitsbeschluss gem. § 745 Abs. 1 BGB kann mit § 745 Abs. 2 BGB vorgegangen werden, wenn sich die Sachlage verändert hat.[333] Die billige Regelung ist somit subsidiär zu einvernehmlichen Regelungen und Mehrheitsbeschlüssen.

Voraussetzung für die Anwendung des § 745 Abs. 2 BGB ist erstens die Uneinigkeit zwischen den Parteien, die auch durch die Mehrheit nicht behoben werden kann[334]; zweitens muss die begehrte Regelung auch durch die Teilhaber beschlossen werden können. Damit ist gemeint, dass eine Regelung gem. § 745 Abs. 2 BGB auch die Schranke des § 745 Abs. 3 BGB wahren muss.[335] Zuletzt muss die begehrte Regelung nach billigem Ermessen dem Interesse aller Teilhaber entsprechen. Ob eine von einem Teilhaber vorgeschlagene Regelung billig

330 Staudinger/Eickelberg (2015) § 745 Rn 31.
331 Staudinger/Eickelberg (2015) § 745 Rn 48; NK-BGB/Kuhn/Radlmayr § 745 Rn 14.
332 Staudinger/Eickelberg (2015) § 745 Rn 47; MüKo/Karsten Schmidt §§ 744, 745 Rn 33.
333 Staudinger/Eickelberg (2015) § 745 Rn 50; Bamberger/Roth/Gehrlein § 745 Rn 9; Soergel/Hadding § 745 Rn 11; NK-BGB/Kuhn/Radlmayr § 745 Rn 8; weiter: MüKo/Karsten Schmidt §§ 744, 745 Rn 35, der ein jederzeitiges Vorgehen der Minderheit nach § 745 Abs. 2 BGB befürwortet.
334 Staudinger/Eickelberg (2015) § 745 Rn 52.
335 MüKo/Karsten Schmidt §§ 744, 745 Rn 37; Bamberger/Roth/Gehrlein § 745 Rn 9.

ist, bestimmt sich nach den Umständen des Einzelfalls: Hier sind vom Gericht in Bezug auf den klägerischen Antrag die konkreten örtlichen Verhältnisse, bisherige Bestimmungen und Benutzungen zu berücksichtigen.[336]

Der Anspruch auf billige Regelung wird mit einer Leistungsklage geltend gemacht, wobei die gewünschte Regelung im Klageantrag konkret formuliert werden muss. Das Gericht ist an die beantragte Regelung gebunden und kann nicht von Amts wegen prüfen, ob eine andere Regelung interessengerecht wäre.[337] Die Vollstreckung einer erfolgreich durchgesetzten Benutzungsregelung erfolgt nach § 894 ZPO. Wenn alle widerstrebenden Teilhaber verurteilt sind, gilt die begehrte Regelung als vereinbart.[338]

ccc) Geltung der Nutzungsregelung gegen den Sondernachfolger

Grundsätzlich gilt eine Benutzungsregelung, die in einem der gerade beschriebenen Verfahren gefasst wurde, gem. § 746 BGB auch gegen Sondernachfolger. Unter Sondernachfolger ist nach allgemeiner Ansicht jeder Erwerber eines Bruchteils zu verstehen.[339] Damit werden an sich schuldrechtlich wirkende Verwaltungs- und Benutzungsregeln perpetuiert und verdinglicht.[340] Die Perpetuierung gilt entgegen dem Wortlaut des § 746 BGB („Haben *die Teilhaber* die Verwaltung und Benutzung des gemeinschaftlichen Gegenstands geregelt, (…).“) nach einhelliger Meinung auch für eine Regelung, die von einem Gericht gem. § 745 Abs. 2 BGB ausgeurteilt wurde.[341] Für die Grunddienstbarkeit bedeutet das: Wenn ein herrschendes Teilgrundstück übertragen wird, tritt der neue Eigentümer, der nun neuer Teilhaber an der einheitlichen Grunddienstbarkeit ist, in eine bestehende Regelung ein.

---

336 HansOLG Hamburg, SeuffA 57 Nr. 34; Soergel/Hadding § 745 Rn 11.

337 BGH, NJW 1993, 3326 f.; Staudinger/Eickelberg (2015) § 745 Rn 57; MüKo/Karsten Schmidt §§ 744, 745 Rn 39; Soergel/Hadding § 745 Rn 12; NK-BGB/Kuhn/Radlmayr § 745 Rn 15; es verbleibt im Prozess allerdings die Möglichkeit von Hilfsanträgen und Klageänderungen.

338 MüKo/Karsten Schmidt §§ 744, 745 Rn 39 f.; Staudinger/Eickelberg (2015) § 745 Rn 57; Erman/Aderhold § 745 Rn 7.

339 MüKo/Karsten Schmidt § 746 Rn 4; Staudinger/Eickelberg (2015) § 746 Rn 11; Soergel/Hadding § 746 Rn 2; Bamberger/Roth/Gehrlein § 746 Rn 3; Palandt/Sprau § 746 Rn 1.

340 Protokolle II, S. 755; NK-BGB/Kuhn/Radlmayr § 746 Rn 1; MüKo/Karsten Schmidt § 1010 Rn 1.

341 Erman/Aderhold § 746 Rn 1; Soergel/Hadding § 746 Rn 1; MüKo/Karsten Schmidt § 746 Rn 3; Staudinger/Eickelberg (2015) § 746 Rn 3; Palandt/Sprau § 746 Rn 1.

ddd) Zwischenergebnis

- Die Eigentümer der Teilgrundstücke können die Benutzung der einheitlichen Grunddienstbarkeit durch Benutzungsregelungen von den gesetzlichen Vorgaben abändern und die Benutzung einem Teilhaber zuweisen oder sie real aufteilen.
- Solche Regelungen können im Einvernehmen, durch Mehrheitsbeschluss oder durch billige Regelung getroffen werden. Der mögliche Inhalt der Regelung variiert dabei je nach Art der Regelung. Während im Einvernehmen jede Gestaltung möglich ist, gelten bei Beschluss und billiger Regelung die Einschränkungen des §§ 745 Abs. 3 BGB.
- Regelungen gelten gem. § 746 BGB immer gegen den Sondernachfolger.

dd) Die Aufhebung der Gemeinschaft an der Grunddienstbarkeit

Die Aufhebung der Gemeinschaft ist in den §§ 749–758 BGB geregelt. Das Recht auf Aufhebung gem. § 749 BGB ist nach herrschender Meinung ein einheitlicher Anspruch, kein Gestaltungsrecht, der jederzeit ohne besondere Voraussetzungen geltend gemacht werden kann.[342] Der Anspruch ist gem. § 758 BGB unverjährbar und kann gem. § 749 Abs. 2 BGB durch Vereinbarung, nicht aber durch Mehrheitsbeschluss ausgeschlossen werden. Eine solche Vereinbarung wirkt gem. § 751 BGB auch für und gegen den Sondernachfolger. Das Recht, die Aufhebung aus wichtigem Grund zu verlangen, kann gem. § 749 Abs. 2 und 3 BGB auch nicht durch Vereinbarung abbedungen werden. Ein gesetzlicher Ausschluss kann aus § 242 BGB folgen, wenn sich das Teilungsverlangen als unzulässige Rechtsausübung darstellt.[343] Die §§ 752–754 BGB bestimmen den Inhalt des Anspruchs.[344] Die Aufhebung wird entweder durch Teilung in Natur gem. § 752 BGB oder durch Teilung durch Verkauf gem. § 753 BGB vollzogen.

Es erscheint fraglich, ob die Aufhebungsvorschriften sich auf die einheitliche Grunddienstbarkeit anwenden lassen. Ausgeschlossen ist jedenfalls die Auflösung der Gemeinschaft an einer Grunddienstbarkeit in der Form der Teilung durch Verkauf gem. § 753 BGB. Es wurde bereits wiederholt festgestellt, dass die Grunddienstbarkeit nicht selbstständig ohne das herrschende Grundstück über-

342 Palandt/Sprau § 749 Rn 1; MüKo/Karsten Schmidt § 749 Rn 20; NK-BGB/Kuhn/Radlmayr § 749 Rn 2; Staudinger/Eickelberg (2015) § 749 Rn 19–23.; Erman/Aderhold § 749 Rn 2; PWW/von Dithfurth § 749 Rn 2.

343 Palandt/Sprau § 749 Rn 4.

344 MüKo/Karsten Schmidt § 749 Rn 2, § 752 Rn 2; NK-BGB/Kuhn/Radlmayr § 749 Rn 1.

tragen werden kann (vgl. Teil 2 II.1)a)aa)aaa)). Eine Verwertung dergestalt, dass zur Auflösung der Gemeinschaft an der Grunddienstbarkeit die herrschenden Grundstücke und damit auch die Bruchteile an der Grunddienstbarkeit veräußert werden, ist von § 753 BGB nicht gedeckt. Denn nach der Realteilung besteht hinsichtlich der Teilgrundstücke gerade keine Gemeinschaft. Es würde eine Verkehrung der wirtschaftlichen Verhältnisse bedeuten, wollte man die Aufhebung der Gemeinschaft an einem Recht, das gem. § 96 BGB Bestandteil mehrerer Grundstücke ist, durch Verkauf dadurch ermöglichen, dass nun die gesamten herrschenden Grundstücke zur Veräußerung kommen müssten. Insofern kann nicht von einem einzelnen Bestandteil auf das Schicksal eines ganzen Grundstücks geschlossen werden.

Zumindest denkbar erscheint eine Teilung in Natur gem. § 752 BGB. Fraglich ist, ob eine Grunddienstbarkeit ohne Verminderung ihres Wertes in gleichartige, den Anteilen der Teilhaber entsprechende Teile zerlegt werden kann. Es geht hier um die Teilung eines Rechts, es muss also gefragt werden, ob die Grunddienstbarkeit rechtlich teilbar ist.[345]

In der Literatur wird teilweise ohne nähere Begründung festgestellt, dass die Grunddienstbarkeit als Recht unteilbar sei.[346] Folgt man dem, scheidet auch die Teilung in Natur aus. Eine Aufhebung kann dann folgerichtig bei der einheitlichen Grunddienstbarkeit nicht erfolgen und es bleibt nur die Fortsetzung der Gemeinschaft. Dieses Ergebnis ist nicht von vornherein inakzeptabel. Es existiert kein Grundsatz, dass jede Gemeinschaft unter der Voraussetzung der §§ 749–758 BGB irgendwie aufhebbar sein muss.[347] Auch die Gerichte können in diesem Fall nach herrschender Meinung kein Gestaltungsurteil fällen.[348] Es ist bei der Grunddienst-

345 MüKo/Karsten Schmidt § 752 Rn 8.

346 MüKo/Bydlinski § 420 Rn 5; Erman/Böttcher § 420 Rn 5; kritisch hierzu schon Saenger S. 78.

347 MüKo/Karsten Schmidt § 753 Rn 35; Karsten Schmidt, JR 1979, 317; Staudinger/Eickelberg (2015) § 753 Rn 48.

348 OLG Oldenburg, NJW-RR 1996, 136, 137; MüKo/Karsten Schmidt § 753 Rn 35; Staudinger/Eickelberg (2015) § 753 Rn 48; NK-BGB/Kuhn/Radlmayr § 753 Rn 8; Bamberger/Roth/Gehrlein § 753 Rn 7; andere Ansicht: Palandt/Sprau § 753 Rn 8 Soergel/Hadding § 754 Rn 7: Danach soll das Gericht dazu befugt sein, hinsichtlich der Teilung eine auf § 242 BGB gestützte Billigkeitslösung zu finden. Gegen diesen Ansatz spricht aber, dass der Gesetzgeber eine richterliche Teilung gerade nicht vorgesehen hat und dem Richter derartige Gestaltungsakte gerade erspart werden sollen (vgl. Motive II S. 883). Eine derartige richterliche Teilung kann danach nur in absolut krassen Ausnahmefällen in Betracht kommen (vgl. OLG Oldenburg, NJW-RR 1996, 136, 137).

barkeit auch nicht möglich, einem Teilhaber das Ausscheiden zu ermöglichen und den finanziellen Nachteil für den Ausscheidenden irgendwie auszugleichen.[349] Denn die Grunddienstbarkeit kann nur insgesamt aufgehoben werden, nicht aber kann nur ein Bruchteil aufgehoben und irgendwie übertragen werden (vgl. Teil 2 II.1)a)aa)ccc)). Die Teilhaber sind danach zur Fortsetzung der Gemeinschaft gezwungen und zur Gewährleistung eines gedeihlichen Miteinanders bei der Ausübung der Grunddienstbarkeit auf das Erstellen einer angemessenen Benutzungsordnung nach §§ 744, 745 BGB angewiesen.

Diese unterschiedslose Festlegung der Grunddienstbarkeiten als generell unteilbare Rechte überzeugt ohne Begründung nicht. Bei Unterlassungsdienstbarkeiten spricht tatsächlich vieles dafür, von der Unteilbarkeit solcher einheitlicher Grunddienstbarkeiten auszugehen. Der Grund liegt darin, dass nach allgemeiner Ansicht eine Unterlassenspflicht nicht teilbar ist.[350] Ein Unterlassen kann nur ganz oder gar nicht geleistet werden, nicht aber teilweise (vgl. bereits Teil 1 I.3)b)aa)). Bei Benutzungsdienstbarkeiten kann man das aber anders sehen. Zwar verpflichtet die Benutzungsdienstbarkeit den Eigentümer des dienenden Grundstücks zum Dulden der Benutzung durch die Eigentümer der herrschenden Grundstücke und das Dulden stellt nach herrschender Meinung eine Unterart des Unterlassens dar.[351] Die Benutzung und die damit verbundene Duldungspflicht des Eigentümers des dienenden Grundstücks kann man sich aber grundsätzlich aufgeteilt vorstellen. Das belegen die Beispiele und die Möglichkeiten, die Benutzung durch Benutzungsregelung zwischen den Teilhabern aufzuteilen und so jedenfalls praktisch eine Realteilung der Benutzungsbefugnis zu erreichen (vgl. Teil 2 I.1)b)cc)aaa)). Wenn es aber möglich ist, eine derartige Aufteilung durch eine Benutzungsregelung herbeizuführen, warum soll dies dann nicht auch das Ergebnis einer Aufhebung durch Naturalteilung der einheitlichen Grunddienstbarkeit sein können? Eine Teilung in Natur könnte im ersten Beispiel etwa so erfolgen, dass drei selbstständige, ranggleiche Grunddienstbarkeiten in das Grundbuch eingetragen werden, die jeweils die ausschließlich alleinige Benutzung von genau bezeichneten 283 qm Garten zum Inhalt haben. Im dritten Beispiel könnten ebenfalls zwei Grunddienstbarkeiten eingetragen werden, die sich je auf

349 Staudinger/Eickelberg (2015) § 753 Rn 19; Erman/Aderhold § 753 Rn 7.

350 Staudinger/Looschelders (2012) § 420 Rn 23; Soergel/Gebauer § 420 Rn 7; MüKo/Bydlinski § 420 Rn 4; Rütten, S. 18 f.

351 Palandt/Grüneberg § 241 Rn 4; Bamberger/Roth/Sutschet § 241 Rn 37; Erman/Westermann § 241 Rn 7; Hk-BGB/Schulze § 241 Rn 12; kritisch hierzu: Planck/Siber § 241 Anmerkung 3, S. 39.

32,5 Tagwerk beziehen. Die anfängliche Bestellung solcher Grunddienstbarkeiten wäre jedenfalls ohne Weiteres möglich gewesen.

Eine derartige Aufteilung scheidet allerdings aus, wenn die Grunddienstbarkeit ihrem Inhalt nach von vornherein nur die Benutzung durch einen Eigentümer eines herrschenden Grundstücks zulässt. Im zweiten Beispiel etwa scheint eine Aufteilung in mehrere Grunddienstbarkeiten, die das Benutzungsmaß derartig flächenmäßig unter den Eigentümern der herrschenden Grundstücke verteilt, problematisch. Denn der Stellplatz kann jeweils nur von einer Person genutzt werden und jedenfalls räumlich nicht in Untereinheiten zerlegt werden. Das Problem kann auch nicht dadurch gelöst werden, dass jeder Teilhaber eine eigene Grunddienstbarkeit in Bezug auf den Stellplatz erhält, die dann zu den anderen Grunddienstbarkeiten in einem Verhältnis gem. § 1024 BGB steht. Denn eine derartige Neubegründung von Grunddienstbarkeiten würde zum einen eine Vervielfältigung des einheitlichen Rechts, nicht aber die Aufteilung eines einheitlich bestehenden Rechts bedeuten. Darüber hinaus widerspricht eine derartige Lösung dem mit der Auflösung der Gemeinschaft verfolgten Ziel: Die Teilung soll bewirken, dass jeder Teilhaber wieder selbstständig umfassend über die Ausübung eines auch hinsichtlich der Rechtszuständigkeit ungeteilten Rechtsobjekts bestimmen kann, ohne dabei Rücksicht auf eine Gemeinschaft nehmen zu müssen. Dieses Ziel wird aber gerade verfehlt, wenn zwar jeder Eigentümer eines herrschenden Grundstücks eine selbstständige Grunddienstbarkeit erhält, sich aber alsbald mit der Regelung des § 1024 BGB konfrontiert sieht, die ihn mit den anderen Teilhabern, von denen er sich durch die Teilung in Natur eigentlich getrennt glaubte, wieder in einen verbundsähnlichen Zustand zusammenschließt, in dem erst wieder nach einer Lösung für die Ausübung der Grunddienstbarkeit gesucht werden muss. Man könnte sich somit in Bezug auf Grunddienstbarkeiten, die nur von einem Teilhaber ausgeübt werden können, nur eine zeitliche Einteilung vorstellen. Ob eine Grunddienstbarkeit eintragungsfähig ist, die eine zeitliche Beschränkung für jeden Eigentümer eines herrschenden Grundstücks festlegt (z. B. Parkplatznutzung an jedem Tag von 4 bis 12 Uhr oder gar jede Woche am Dienstag und Donnerstag), erscheint fraglich, auch wenn dem Gesetz nicht entnommen werden kann, dass eine solche Eintragung unzulässig wäre.

Gegen die Annahme einer derartigen Aufhebung der einheitlichen Grunddienstbarkeit durch Teilung in Natur sprechen aber gewichtige Gründe: Zum einen ist nicht erkennbar, wie jeweils im konkreten Fall eine Teilung auszusehen hätte. Wie bei der Benutzung dargestellt wurde, kommen mehrere Unterteilungsmöglichkeiten in Betracht: räumliche, aber auch zeitliche oder mengenmäßige. Welche dieser Teilungsmöglichkeiten jeweils interessengerecht ist, lässt sich im Einzelfall kaum feststellen.

Zum anderen wird eine sinnvolle Aufteilung auch in den meisten Fällen deswegen ausscheiden, weil hypothetische in ihrem Umfang reduzierte Grunddienstbarkeiten jedenfalls nicht so geschaffen werden können, dass sie im Sinne von § 751 S. 1 BGB gleichartig sind. In den Beispielen eins und zwei eignen sich womöglich nicht jede Flächeneinheit des dienenden Grundstücks gleichermaßen zur Benutzung der Grunddienstbarkeit. Im Regelfall ist ein Grundstück nicht derart homogen, dass die flächenmäßige Parzellierung ohne Weiteres möglich wäre. Wie soll etwa verfahren werden, wenn im Fall der Gartennutzung eine Benutzungsart nur in einem Teil des Grundstücks stattfinden kann, der nicht sinnvoll in Parzellen aufgeteilt werden kann? In diesem Fall müssten mit der Teilung in Natur komplexe (schuldrechtliche) Ausgleichsregelungen geschaffen werden. Eine sinnvolle zeitliche Aufteilung bei einer nur durch einen Teilhaber benutzbaren Grunddienstbarkeit, wie in Beispiel zwei erscheint ebenfalls nur schwer möglich und nimmt schon fast groteske Züge an. Wer soll bestimmen, bei welchem Zeitmaß nun wirklich gleichartige Grunddienstbarkeiten bestehen?

Drittens steht die Rechtsnatur der Grunddienstbarkeit einer Teilung entgegen. Die Teilung eines Rechts wird grundsätzlich dadurch bewirkt, dass die übrigen Teilhaber dem jeweils berechtigten Teilhaber einem seinen Anteil entsprechenden Teil des Rechts gem. § 398 BGB abtreten.[352] Eine solche Übertragung ist bei der Grunddienstbarkeit aber nicht möglich, weil die Grunddienstbarkeit nur mit dem Grundstück, nicht aber für sich übertragen werden kann.

Man könnte noch daran denken, eine Teilung der Grunddienstbarkeit durch eine Teilungsvereinbarung herbeizuführen, die eine eigene, nicht vom Gesetz vorgegebene Art der Teilung beinhaltet. Auf diese Weise ist auch eine Realteilung von Gegenständen möglich, die nach § 752 BGB nicht teilbar sind, ggf. mit Verpflichtung zum Ausgleich von Wertunterschieden durch Barzahlung.[353] Die Teilhaber könnten dann die Grunddienstbarkeit im Rahmen des vorgegebenen Benutzungsmaßes zwischen sich aufteilen. Eine solche Vereinbarung kann nicht durch Mehrheitsbeschluss herbeigeführt werden, sondern nur durch einen schuldrechtlichen Vertrag zwischen allen Teilhabern.[354] Auch eine solche Vereinbarung scheitert aber daran, dass es an irgendeinem Punkt zu einer separaten Übertragung von Teilgrunddienstbarkeiten, losgelöst von den herrschenden Grundstücken kommen müsste. Dies widerspricht aber dem Wesen der Grunddienstbarkeit, die

352 Staudinger/Eickelberg (2015) § 752 Rn 25; Palandt/Sprau § 752 Rn 4.
353 Staudinger/Eickelberg (2015) § 749 Rn 24.
354 Staudinger/Eickelberg (2015) § 749 Rn 25.

so beschaffen ist, dass sie immer nur mit Übertragung des Eigentums am herrschenden Grundstück übergehen kann.

Eine Aufhebung der Gemeinschaft an einer einheitlichen Grunddienstbarkeit durch Teilung kann somit nach den gerade angestellten Überlegungen nicht erfolgen, weil weder eine Teilung durch Verkauf gem. § 753 BGB noch eine Teilung in Natur gem. § 752 BGB möglich ist.

c) *Zusammenfassung des Ansatzes*

Wendet man auf die nach der Realteilung einheitlich bestehen bleibende Grunddienstbarkeit die §§ 741–758 BGB an, so ergeben sich für deren Ausübung im Innen- und Außenverhältnis folgende Regeln:

- Verfügungen sind bei der Grunddienstbarkeit nur durch Aufhebung und inhaltliche Veränderung des Gesamtrechts denkbar. Solche Verfügungen können gem. § 747 S. 2 BGB nur durch alle Teilhaber gemeinschaftlich vorgenommen werden.
- Die Teilhaber können sich gegen die Beeinträchtigung der Grunddienstbarkeit durch den Eigentümer des dienenden Grundstücks sowie Dritte nur gemeinsam zu Wehr setzen. Es besteht grundsätzlich kein individuelles Verteidigungsrecht für den einzelnen Teilhaber.
- Die Bestimmung der Größe der Bruchteile an der Grunddienstbarkeit muss jeweils im Einzelfall erfolgen. Ein genereller Maßstab existiert nicht. § 742 BGB ist nur Auffangtatbestand, falls sich weder aus Parteivereinbarungen, noch aus besonderen gesetzlichen Verteilungsschlüsseln, noch aus besonderen Umständen des Einzelfalls ein Maßstab ableiten lässt.
- Bei der Benutzung der Grunddienstbarkeit gelten folgende Grundregeln: Die Fruchtziehung kann nur nach einem vorhergehenden Beschluss der Teilhaber erfolgen. Der Gebrauch kann auch ohne einen Beschluss ausgeübt werden, solange es nicht zu einer Konkurrenz um den Gebrauch kommt. Besteht Uneinigkeit hinsichtlich des tatsächlichen Gebrauchs, muss er solange unterbleiben, bis eine Regelung durch Einigung, Mehrheitsbeschluss oder billige Regelung getroffen ist.
- Die Teilhaber können die Benutzung durch einvernehmliche Einigung, Beschluss oder billige Regelung regeln. Der Nutzungsanteil ist allerdings Mehrheitsbeschlüssen und Gerichtsentscheidungen entzogen. Solche Regelungen binden Sonderrechtsnachfolger gem. § 746 BGB.
- Eine Aufhebung der Gemeinschaft an der Grunddienstbarkeit durch Teilung ist nicht möglich, da eine Teilung mit einer Einzelübertragung der Grunddienstbarkeit einhergehen würde, was aber nicht möglich ist, weil die Grund-

dienstbarkeit nur mit dem herrschenden Grundstück übertragen wird. Eine Aufhebung ist nur durch den bereits erwähnten Verzicht, durch den die einheitliche Grunddienstbarkeit ersatzlos erlischt, möglich.

d) Bewertung des Ansatzes

aa) Dogmatische Konstruktion

Die Anwendung der §§ 741–758 BGB überzeugt dogmatisch, wenn die Regeln der Bruchteilsgemeinschaft auf die Grunddienstbarkeit anwendbar sind. Die Bruchteilsgemeinschaft ist in § 741 BGB legal definiert. Sie hat drei Tatbestandsmerkmale: Es muss sich erstens um ein Recht handeln; dieses muss zweitens mindestens zwei Teilhabern zustehen; drittens darf die Anwendung der §§ 741–758 BGB nicht gesetzlich ausgeschlossen sein.[355]

aaa) Die Grunddienstbarkeit als Recht im Sinne des § 741 BGB

Das Recht, das den Gegenstand der Bruchteilsgemeinschaft bildet, kann grundsätzlich ein Recht jeder Art sein, solange es nur mehreren Personen zustehen kann; die Bruchteilsgemeinschaft ist dabei nicht auf Vermögensrechte beschränkt.[356] Bruchteilsfähig sind insbesondere dingliche Rechte, wie Eigentum, Forderungen, Gesellschaftsanteile, Erbteile und Besitz.[357] Die Grunddienstbarkeit ist ein dingliches Recht. Ob sie aber Gegenstand einer Bruchteilsgemeinschaft sein kann, ist nicht unbestritten.[358]

Die herrschende Meinung bejaht das uneingeschränkt.[359] Es sei denkgesetzlich möglich und nicht systemwidrig, dass eine Grunddienstbarkeit zu Bruchteilen

---

355 Staudinger/vom Proff (2015) § 741 Rn 4.

356 Soergel/Hadding Vor § 741 Rn 2; Palandt/Sprau § 741 Rn 3; Motive II, S. 874.

357 Ausführliche Aufzählung und eingehende Besprechung z. B. bei Staudinger/von Proff (2015) § 741 Rn 77–166.

358 Die Frage, ob die Grunddienstbarkeit Gegenstand einer Bruchteilsgemeinschaft sein kann, ist von der oben bereits diskutierten Frage zu unterscheiden, ob eine Grunddienstbarkeit zugunsten mehrerer Berechtigter begründet werden kann (vgl. Teil 2 I.1)a)). Bei letzterer Frage geht es um die grundsätzliche Frage nach der Zulässigkeit einer einheitlichen Grunddienstbarkeit zugunsten der Eigentümer mehrerer herrschender Grundstücke, bei der ersten Frage dagegen darum, ob die (nach hier vertretener Ansicht zulässige) einheitliche Grunddienstbarkeit in der Form der Bruchteilsgemeinschaft existieren kann.

359 BayObLG, NJW 1966, 56; OLG Frankfurt, NJW 1969, 469; Staudinger/von Proff (2015) § 741 Rn 128; Bamberger/Roth/Wegmann § 1018 Rn 18; Bauer/von Oefele/

mehreren herrschenden Grundstücken als Bestandteil gem. § 96 BGB zugehöre.[360] Die Bruchteilsgemeinschaft finde zwanglos ihr Vorbild in § 1011 BGB und in der dort vorgesehenen Typenkombination mit § 432 BGB.[361]

Eine zweite Ansicht möchte die Bruchteilsgemeinschaft an einer Grunddienstbarkeit jedenfalls dann zulassen, wenn diese eine teilbare Leistung zum Gegenstand hat.[362] Gegen diese Auffassung sprechen aber gewichtige Argumente: Zum einen zeigt die Auseinandersetzungsregel des § 753 BGB, dass auch unteilbare Gegenstände mehreren in Bruchteilsgemeinschaft zustehen können.[363] Darüber hinaus wird bei der Bruchteilsgemeinschaft nicht der Gegenstand als solcher, sondern lediglich die Rechtszuständigkeit geteilt.[364] Auf die Teilbarkeit kann es auch deswegen nicht ankommen, weil es bei der Frage nach der Teilbarkeit um die Forderungszuständigkeit, allenfalls den Erfüllungsmodus geht, und nicht um die nachgelagerten Fragen des Verteilungsmodus und der Verwaltung, die durch §§ 741–758 BGB geregelt werden.[365]

Wieder andere wollen eine Bruchteilsgemeinschaft an einer Grunddienstbarkeit nur für den Fall zulassen, in dem das herrschende Grundstück ideell zwischen mehreren Eigentümern aufgeteilt ist. Den Miteigentümern eines herrschenden Grundstücks stehe die Grunddienstbarkeit in Bruchteilsgemeinschaft zu.[366] Diese Ansicht muss sich aber den Vorwurf der Inkonsequenz gefallen lassen. Es ist kein Grund ersichtlich, warum die Bruchteilsgemeinschaft an einer Grunddienstbarkeit nur im Falle der ideellen Teilung des herrschenden Grundstücks möglich sein soll. In dieser Konstellation mag wegen des engen Bezuges der Grunddienstbar-

---

Wegmann § 47 Rn 78; Güthe/Triebel S. 1892; wohl auch: Mayer, MittBayNot 2002, 288, 289; LG Traunstein, RPfleger 1987, 242.

Folgende Stimmen sehen Dienstbarkeiten allgemein und damit wohl auch die Grunddienstbarkeit als tauglichen Gegenstand einer Bruchteilsgemeinschaft an: Bamberger/Roth/Gehrlein § 741 Rn 8; Erman/Aderhold § 741 Rn 5; MüKo/Karsten Schmidt § 741 Rn 12; NK-BGB/Kuhn/Radlmayr § 741 Rn 8; PWW/von Ditfurth § 741 Rn 5; Schnorr, S. 92; Soergel/Hadding § 741 Rn 8; BGB-RGRK/von Gamm § 741 Rn7.

360 So noch Meikel/Morvilius (10. Auflage) Einl. C 288, der seine Ansicht aber inzwischen aufgegeben hat (vgl. Meikel/Morvilius (11. Auflage) Einl. B Rn 337).

361 Amann, DNotZ 2008, 324, 338.

362 Erman/Grziwotz § 1018 Rn 5; Meikel/Böhringer § 47 Rn 36; Böttcher, RpflStud. 2010, 164; ders. RpflStud. 2009, 5, 11; Roemer, MittRhNotK 1960, 604.

363 Bauer/von Oefele/Wegmann § 47 Rn 79.

364 LG Traunstein, RPfleger 1987, 242.

365 Staudinger/Weber (2017) § 1018 Rn 51.

366 Hilgers, MittRhNotK 1970, 634; Döbler, MittRhNotK 1983, 182.

keit zum herrschenden Grundstück die Anwendung der §§ 741–758 BGB besonders nahe liegen, es erschließt sich aber nicht, warum nicht auch den Eigentümern mehrerer selbstständiger herrschender Grundstücke eine Grunddienstbarkeit als Bruchteilsgemeinschaft zustehen können soll.

Eine restriktive vierte Ansicht sieht die Bruchteilsberechtigung als der Grunddienstbarkeit wesenswidrig und damit ausgeschlossen an.[367] Dies könnte man damit zu begründen versuchen, dass über die Grunddienstbarkeit weder frei verfügt werden kann (§ 747 S. 1 BGB), noch dass sie teilbar ist (§§ 752, 753 BGB). Damit könnten aber Wesensmerkmale der Bruchteilsgemeinschaft nicht erfüllt sein.[368] Hiergegen kann man freilich, wie bereits gegen die zweite Ansicht, einwenden, dass der Gegenstand einer Bruchteilsgemeinschaft nicht zwingend teilbar sein muss, wie sich aus § 753 BGB ergibt. Auch das Argument der fehlenden freien Verfügbarkeit über die Grunddienstbarkeit überzeugt nicht: Zwar ist eine Verfügung über den Bruchteil an der Grunddienstbarkeit isoliert nicht möglich. Wohl aber kann über den Bruchteil an der Grunddienstbarkeit durch Übertragung des Teilgrundstücks verfügt werden. Insofern besteht gerade keine generelle Unübertragbarkeit wie bei der beschränkten persönlichen Dienstbarkeit gem. § 1092 Abs. 1 S. 1 BGB.

Weiterhin könnte man ein historisches Argument gegen die Zulässigkeit der Bruchteilsgemeinschaft vorbringen. Der erste Entwurf des BGB enthielt mit § 968 BGB folgende Regelung, die oben bereits in Zusammenhang mit dem Grundsatz der Unteilbarkeit von Grunddienstbarkeiten erwähnt wurde (vgl. Teil 2 I.3)): „Eine Grunddienstbarkeit kann nach Bruchtheilen weder begründet, noch aufgehoben werden.“ Der Satz scheint klar zum Ausdruck zu bringen, dass eine Gemeinschaft nach §§ 741–758 BGB an einer Grunddienstbarkeit nicht möglich sein soll. Die Vorschrift wurde zwar von der zweiten Kommission nicht in das BGB

---

367 Meikel/Morvilius Einl. B Rn 329; Schöner/Stöber Rn 1125; Haegele, BWNotZ 1969, 127; auch bereits Predari § 48 Anmerkung 1., der die Unvereinbarkeit aber nur für den Fall der anfänglichen Bestellung der Grunddienstbarkeit und nicht für den Fall der Teilung des herrschenden Grundstücks nach § 1025 BGB annimmt. Im Fall des § 1025 BGB will Predari die §§ 741–758 BGB entsprechend anwenden. Die Unvereinbarkeit der Bruchteilsgemeinschaft mit der Grunddienstbarkeit betont auch Hilger, MittRhNotK 1970, 634. Hilgers hält diese Ansicht aber nicht konsequent durch und will in einigen Konstellationen dann doch eine Grunddienstbarkeit in Bruchteilsgemeinschaft zulassen.

368 So Bauer/von Oefele/Bayer/Lieder AT III 501 zur beschränkten persönlichen Dienstbarkeit; das Argument kann aber auch hier fruchtbar gemacht werden, da es auf die Grunddienstbarkeit ebenfalls zutrifft.

übernommen;[369] das aber nicht, weil der Satz inhaltlich für falsch gehalten wurde, sondern weil man der Meinung war, es handele sich um einen für die Praxis wertlosen theoretischen Lehrsatz, der schon aus dem Begriff des Servituts folge.[370] Allerdings war die Vorschrift vom Gesetzgeber vermutlich anders gemeint. Dies zeigt der abgelehnte Parallelantrag zur Streichung des § 968 BGB, nach dem die Vorschrift wie folgt konkretisiert werden sollte: „An dem Bruchtheile von einem Grundstück oder zu Gunsten des Bruchtheils von einem Grundstücke kann eine Grunddienstbarkeit weder begründet noch aufgehoben werden".[371] Mit dem Satz sollte offenbar nur ausgeschlossen werden, dass ein ideeller Grundstücksteil allein herrschendes oder dienendes Grundstück wird. Über das Berechtigungsverhältnis an einer einheitlichen Grunddienstbarkeit sagte er aber nichts aus.

Die drei letztgenannten Ansichten überzeugen somit nicht. Es ist kein Grund ersichtlich, warum die Grunddienstbarkeit als einziges dingliches Recht nicht als Gegenstand einer Bruchteilsgemeinschaft in Betracht kommen soll. Der Gesetzgeber hat in Bezug auf die Rechte, die Gegenstand einer Bruchteilsgemeinschaft sein können, gerade keine Einschränkungen in das Gesetz aufgenommen und die Beantwortung dieser Frage den Vorschriften der jeweiligen Rechtsinstitute überlassen.[372] Auch der aus dem Entwurf des BGB gestrichene § 968 BGB deutet nicht ausdrücklich auf die generelle Unzulässigkeit einer einheitlichen Grunddienstbarkeit in Bruchteilsgemeinschaft hin. Dass die Unteilbarkeit der aus einer Grunddienstbarkeit folgenden Berechtigung grundsätzlich nicht gegen die Zulässigkeit der Bruchteilsgemeinschaft spricht, folgt, wie bereits erwähnt, schon aus § 753 BGB, der für diesen Fall gerade eine Regelung beinhaltet. Dieser Regelung bedürfte es nicht, wenn der Gegenstand einer Bruchteilsgemeinschaft immer teilbar sein müsste. Richtigerweise kann daher auch die Grunddienstbarkeit ein bruchteilsfähiges Recht im Sinne des § 741 BGB sein.

bbb) Mindestens zwei Teilhaber

Erfolgt die Realteilung eines herrschenden Grundstücks als Teilung von Amts wegen gem. § 7 Abs. 1 GBO, weil ein Grundstücksteil des ursprünglich einheitlichen herrschenden Grundstücks an einen Dritten veräußert wird (vgl. Teil 1 III.1)), so besteht, wenn man der hier vertretenen Ansicht folgt, eine einheitliche Grunddienstbarkeit fort, an der nunmehr beide Eigentümer des herrschenden Grund-

369 Jakobs/Schubert, S. 83.
370 Protokolle III, S. 310.
371 Protokolle III, S. 310.
372 Motive II, S. 874.

stücks beteiligt sind. Die Grunddienstbarkeit steht dann also zwei Teilhabern zu, sodass auch diese Voraussetzung des § 741 BGB gewahrt ist.

ccc) Keine anderweitige Regelung durch das Gesetz

Das letzte Tatbestandsmerkmal dient vor allem der Abgrenzung der Mitberechtigung nach Bruchteilen von der Mitberechtigung zur gesamten Hand. Die Mitberechtigung zur gesamten Hand setzt ansonsten ebenfalls das Bestehen einer Personenmehrheit voraus und kann sich im Einzelfall auf das Innehaben eines einzelnen Rechts beschränken.[373]

Das BGB kennt drei Gesamthandsgemeinschaften: die Gesellschafter der GbR gem. §§ 718, 719 BGB, die eheliche Gütergemeinschaft gem. §§ 1416, 1419 BGB und die Erbengemeinschaft gem. §§ 2032, 2033 BGB.[374] Die Gesamthandsgemeinschaften weisen gegenüber der Bruchteilsgemeinschaft zwei Unterschiede auf: Zum einen können Bruchteilsberechtigte gem. § 747 S. 1 BGB über ihren Anteil am einzelnen Gegenstand verfügen, Gesamthandsberechtigte dagegen nicht.[375] Weiterhin ist die Rechtszuordnung jedenfalls bei der GbR eine andere: Die GbR ist teilrechtsfähig und damit selbst Trägerin von Rechten und Pflichten, während sich die Bruchteilsgemeinschaft in der Bruchteilszuständigkeit am einzelnen Gegenstand erschöpft.[376] Anders ausgedrückt: Bei der Gesamthand ist jeder Gegenstand ungeteilt Gegenstand eines wechselnden, jedoch seinerseits ungeteilten, Gesamthandvermögens. Die dingliche Bruchteilsgemeinschaft ist subjektiv ungeteilt und erschöpft sich objektiv in der Gemeinschaft am konkreten Gegenstand.[377] Konsequenterweise ist die Bruchteilsgemeinschaft auch nicht rechts-, partei- (§ 50 Abs. 1 ZPO) oder insolvenzfähig (§ 11 InsO).[378] Aufgrund dieser Unterschiede wird die Bruchteilsgemeinschaft auch als Freihand bezeichnet.[379]

Bei der Abgrenzung der Bruchteilsgemeinschaft zur GbR gilt Folgendes: Ob die §§ 705–740 BGB oder die §§ 741–758 BGB anzuwenden sind, entscheidet sich maßgeblich danach, ob sich die Beteiligten über die bloße Bruchteilsberechtigung und das daraus resultierende Interesse an der Erhaltung und Nutzung des

---

373 Staudinger/von Proff (2015) § 741 Rn 4.

374 Staudinger/von Proff (2015) § 741 Rn 239; Wolf/Neuner, § 16 Rn 30.

375 Staudinger/von Proff (2015) § 741 Rn 244.

376 Staudinger/von Proff (2015) § 741 Rn 245.

377 MüKo/Karsten Schmidt § 741 Rn 2, 6.

378 MüKo/Karsten Schmidt § 741 Rn 3; NK-BGB/Kuhn/Radlmayr § 741 Rn 5; PWW/von Ditfurth § 741 Rn 4; Musielak/Weth § 50 Rn 23; Zöller/Vollkommer § 50 Rn 27a; MüKo InsO/Ott/Vuia § 11 Rn 63a; Uhlenbruck/Hirte § 11 Rn 420.

379 Bamberger/Roth/Gehrlein § 741 Rn 2.

Gegenstandes hinaus vertraglich zur gemeinsamen Zweckförderung verbinden wollen.[380] Eine GbR entsteht somit immer durch Vertrag, während die Bruchteilsgemeinschaft aufgrund Gesetzes und/oder Realakt entstehen kann und ein auf Bildung einer Bruchteilsgemeinschaft gerichteter Wille nicht erforderlich ist.[381]

Die Abgrenzung der Gesamthandsgemeinschaften zur Bruchteilsgemeinschaften kann wie folgt zusammengefasst werden: Eine Bruchteilsgemeinschaft entsteht immer dann, wenn mehrere ein Recht außerhalb einer Gesellschaft, einer Gütergemeinschaft oder einem Erbfall erwerben.[382] In diesem Fall ist die Anwendung der §§ 741–758 BGB zwingend.[383] Es entsteht also unausweichlich eine Bruchteilsgemeinschaft, wenn ein Recht mehreren zusteht, es sei denn, die Teilhaber regeln ihre Rechtsbeziehung ausdrücklich, indem sie z. B. den Gegenstand als Gesellschaft gem. §§ 705–740 BGB erwerben oder ihre Bruchteile an eine Gesamthand übertragen.[384] Das entspricht der Funktion der Bruchteilsgemeinschaft als Auffangregelung für alle ungeregelten Fälle gemeinschaftlichen Rechtserwerbs (vgl. Teil 2 II.1)).

Für die einheitliche Grunddienstbarkeit kann aus dem Vorgesagten geschlossen werden, dass eine Gesamthand an diesem Recht nach der Realteilung des herrschenden Grundstücks nicht vorliegt und somit keine andere gesetzliche Regelung im Sinne des § 741 BGB eingreift. Insbesondere entsteht durch die Realteilung nicht automatisch eine GbR an der Grunddienstbarkeit. Denn die Berechtigung mehrerer Teilhaber an der Grunddienstbarkeit wird nicht durch gemeinsamen vertraglichen Erwerb der Grunddienstbarkeit begründet, dem ein bestimmter Zweck zugrunde liegt, sondern entsteht durch die Verfügungen über das herrschende Grundstück in Form der Realteilung und Veräußerung eines Grundstücksteils an einen Dritten. Ein konkludenter Vertragsschluss über die Grunddienstbarkeit wäre bei der Realteilung, die sich gerade auf die Erschaffung zweier Rechtsobjekte, nicht aber auf die Schaffung einer Gemeinschaft an einem Rechtsobjekt richtet, eine bloße Fiktion, die jeder Grundlage entbehrt. Dies zeigen gerade die Beispielsfälle eins und zwei: Zwischen den späteren Teilhabern hat es nie einen vertraglichen Kontakt gegeben, der irgendwie eine GbR begründen könnte. Vielmehr sind die Erwerber der Teilgrundstücke zufällig durch die Ver-

---

380 NK-BGB/Kuhn/Radlmayr § 741 Rn 3; MüKo/Schäfer Vor § 705 Rn 125; Karsten Schmidt, Gesellschaftsrecht, § 59 I., S. 1734.

381 PWW/von Ditfurth § 741 Rn 2.

382 Bamberger/Roth/Gehrlein § 741 Rn 2.

383 Treffend von einer Zwangsgemeinschaft sprechen daher auch Bamberger/Roth/Schöne § 705 Rn 35; NK-BGB/Heidel/Hanke § 705 Rn 88.

384 Soergel/Hadding Vor § 741 Rn 6; § 741 Rn 1; Palandt/Sprau § 741 Rn 4.

äußerungsentscheidung des Eigentümers des ursprünglich einheitlichen herrschenden Grundstücks in die Gemeinschaft an der Grunddienstbarkeit geraten. Aber auch, wenn, wie im Beispiel drei, zwischen den Eigentümern der herrschenden Grundstücke vertragliche Kontakte bestehen, werden diese sich in den meisten Fällen nur auf das herrschende Grundstück, nicht aber auch auf die Grunddienstbarkeit beziehen.

Darüber hinaus bereitet auch schon der Begriff des Gesellschafters bei der Grunddienstbarkeit Probleme: § 1018 BGB knüpft nämlich nicht an eine individuelle Person, sondern an den *jeweiligen* Eigentümer eines Grundstücks an. Bei der Grunddienstbarkeit wird also an einen abstrakten, austauschbaren Rechtsinhaber angeknüpft, während der Gesellschafter einer GbR ein konkretes, individuell bestimmbares Rechtssubjekt ist. Dies kommt besonders klar in der Regelung des § 727 Abs. 1 BGB zum Ausdruck, wonach der Tod des Gesellschafters grundsätzlich zur Auflösung der Gesellschaft führt, wohingegen die Grunddienstbarkeit als „ewiges Recht" vom Tod des Rechtssubjekts, das gerade Eigentümer des herrschenden Grundstücks ist, in ihrem Bestand nicht berührt wird und durch den Sondernachfolger ausgeübt wird (vgl. Teil 1 I.1)a)). Angesichts dieses Unterschieds wird allgemein angenommen, dass es keine Gemeinschaft zur gesamten Hand für mehrere Eigentümer herrschender Grundstücke unter sich gibt (vgl. noch Teil 2 II.5)).[385]

Damit greifen bei der Realteilung des herrschenden Grundstücks grundsätzlich keine anderen gesetzlichen Regelungen ein, sodass auch die dritte Voraussetzung für die Entstehung einer Bruchteilsgemeinschaft erfüllt ist.

ddd) Zwischenergebnis

Die § 741–758 BGB sind nach der gesetzlichen Konzeption direkt auf die einheitliche Grunddienstbarkeit, die nach der Realteilung des herrschenden Grundstücks entsteht, anwendbar und als Berechtigungsverhältnis zulässig. Da die tatbestandlichen Voraussetzungen der Bruchteilsgemeinschaft vorliegen, ist die Anwendung der §§ 741–758 BGB zwingend. Insofern ist die herrschende Meinung, die an §§ 741–758 BGB anknüpft, dogmatisch konsequent und einleuchtend, weil das Gesetz den Rückgriff auf diese Vorschriften vorschreibt.

385 Meikel/Böhringer § 47 Rn 110; Bauer/von Oefele/Wegmann § 47 Rn 77; Haegele, BWNotZ 1969, 127; Böttcher, RpflStud. 2010, 164; Roemer, MittRhNotK 1960, 604.

bb) Fehlende Flexibilität bei der Verteidigung der Grunddienstbarkeit

Die Anwendung der §§ 741–758 BGB führt wegen der Anwendung des § 744 Abs. 1, bzw. § 747 S. 2 BGB im Außenverhältnis dazu, dass die Verteidigung der Grunddienstbarkeit nur durch alle Eigentümer herrschender Grundstücke gemeinschaftlich möglich ist und entsprechende Klagen durch alle Eigentümer in notwendiger Streitgenossenschaft erhoben werden müssen (vgl. Teil 2 II.1)a)bb)fff)). Das ist allerdings für den einzelnen Eigentümer eines herrschenden Grundstücks ein missliches Ergebnis. Es erschwert die Geltendmachung der gemeinschaftlichen Grunddienstbarkeit massiv. Weigert sich ein Teilhaber an der Durchsetzung mitzuwirken, ist dies nicht mehr möglich und führt zu einer Blockade der Verteidigung. Es müssten dann, wenn sich die Teilhaber untereinander nicht einigen können, zwei Prozesse geführt werden: Erst ein Prozess unter den Eigentümern der herrschenden Grundstücke, um die Geltendmachung durch eine Regelung gem. § 745 Abs. 2 BGB zu klären, und dann die eigentliche Geltendmachung des Abwehranspruchs gegenüber dem Eigentümer des dienenden Grundstücks oder anderen die Ausübung der Grunddienstbarkeit behindernde Dritte. Solange die Eigentümer der herrschenden Grundstücke sich nicht einigen oder ein Urteil erlassen ist, wäre die Grunddienstbarkeit blockiert und könnte nicht verteidigt werden. Das würde aber ein unverdientes Geschenk für den Eigentümer des dienenden Grundstücks oder sonstige Störer darstellen. Sie würden durch die Teilung begünstigt und brauchten eventuell ihrer mangels Teilung der Grunddienstbarkeit einheitlich und unverändert fortbestehenden Duldungs- bzw. Unterlassungspflicht jedenfalls zeitweilig nicht nachzukommen, ohne eine Sanktion fürchten zu müssen.

Dieser grundsätzlich bestehende Nachteil wird auch durch die Vorschrift des § 744 Abs. 2 BGB nicht vollständig aufgewogen. Zwar ist es allgemeine Meinung, dass auch eine negatorische Klage zur Verteidigung des gemeinschaftlichen Rechts von § 744 Abs. 2 BGB gedeckt sein kann.[386] Es muss dann aber für jeden Fall gesondert entschieden werden, ob die negatorische Klage im Einzelfall eine notwendige im Sinne dieser Vorschrift ist.[387] Urteilt der Eigentümer eines herrschenden Grundstücks, der sich auf § 744 Abs. 2 BGB beruft, hinsichtlich der Notwendigkeit der Verteidigung falsch, so trägt er allein das Risiko für die bei einem Prozess um die Verteidigung anfallenden Kosten. Ob eine Notwendigkeit im Sinne des § 744 Abs. 2 BGB vorliegt, kann jeder Eigentümer eines herrschenden Grundstücks zwar

386 MüKo/Karsten Schmidt §§ 744, 745 Rn 47; Staudinger/von Proff (2015) § 744 Rn 43; Bamberger/Roth/Gehrlein § 744 Rn 6; Palandt/Sprau § 744 Rn 3; BGB-RGRK/von Gamm § 746 Rn 13.

387 MüKo/Karsten Schmidt §§ 744, 745 Rn 47.

gerichtlich feststellen lassen, indem er gem. § 744 Abs. 2, 2. HS BGB gegen die anderen Eigentümer herrschender Grundstücke einen Anspruch auf Einwilligung in die Maßnahme durchsetzt. Er ist dann bei einem stattgebenden Urteil gegen das Bestreiten der Notwendigkeit durch die übrigen Eigentümer herrschender Grundstücke geschützt und läuft nicht mehr Gefahr, Kosten, die für die Verteidigung anfallen, allein zu tragen.[388] Allerdings muss dann vor der eigentlichen Verteidigung der Grunddienstbarkeit erst wieder ein eigener Prozess geführt werden, der den verteidigenden Eigentümer eines herrschenden Grundstücks Zeit und Geld kostet. Insgesamt gewährleistet § 744 Abs. 2 BGB damit zwar eine selbstständige Verteidigungsmöglichkeit für jeden Eigentümer eines herrschenden Grundstücks; sie ist aber mit vielen Unabwägbarkeiten behaftet und ändert nichts daran, dass ein einzelner Eigentümer eines herrschenden Grundstücks vor einer selbstständigen Verteidigung der Grunddienstbarkeit erst einmal zurückschrecken wird.

cc) Geringer Verkehrsschutz hinsichtlich bestehender Benutzungsregelungen

Der Rechtsverkehr hat hinsichtlich der Grunddienstbarkeit, die mit dem herrschenden Grundstück übertragen wird, ein Interesse an der Publizität von mit der Grunddienstbarkeit verbundenen Benutzungsregelungen. Denn diese gelten gem. § 746 BGB gegen jeden Sondernachfolger und damit gegen jeden Erwerber eines herrschenden Teilgrundstücks. Ohne eine Eintragung solcher Regelungen im Grundbuch wird der Erwerber aber regelmäßig keine genaue Übersicht haben, welche Benutzungsregelungen zwischen den bisherigen Teilhabern getroffen wurden. Die vorbehaltlose Anwendung des § 746 BGB führt dazu, dass ein Erwerber über die Benutzungsregelungen im Unklaren bleibt. Dieser Aspekt sollte nicht gering geschätzt werden: Je nach Inhalt der Grunddienstbarkeit kann die Ausübung der Grunddienstbarkeit für den Erwerber des Teilgrundstücks von immenser rechtlicher, wirtschaftlicher und persönlicher Bedeutung sein. Ein Informationsdefizit kann für einen Erwerber daher durchaus ein Grund sein, von dem Erwerb eines herrschenden Teilgrundstücks abzusehen und behindert damit die Verkehrsfähigkeit von Grundstücken.

2) Modifizierte Gesamtberechtigung und modifizierte Bruchteilsgemeinschaft

Die am stärksten von der herrschenden Meinung abweichende Auffassung zur Ausübung der nach der Realteilung des herrschenden Grundstücks als einheitli-

388 Staudinger/von Proff (2015) § 744 Rn 27.

ches Recht bestehen gebliebene Grunddienstbarkeit wird von Mohr vertreten.[389] Danach steht die Grunddienstbarkeit den Eigentümern der herrschenden Grundstücke im Außenverhältnis als Gesamtberechtigung analog §§ 428, 432 BGB zu. Im Innenverhältnis sollen grundsätzlich die Regeln der Bruchteilsgemeinschaft gem. §§ 741–758 BGB gelten, wobei diese Regelungen dahin modifiziert werden, dass Entscheidungen unter den Teilhabern nicht per Mehrheitsbeschluss gem. § 745 Abs. 1 BGB gefällt werden, sondern § 1024 BGB analog angewendet wird.

a) Das Außenverhältnis; Verfügung und Verteidigung

Nach der Vorstellung Mohrs soll das Außenverhältnis zwischen den Eigentümern des herrschenden Grundstücks und dem Eigentümer des dienenden Grundstücks bei Teilung des herrschenden Grundstücks als Gesamtberechtigung analog §§ 428, 432 BGB ausgestaltet sein. Dabei soll es sich um eine modifizierte, durch Elemente der Mitberechtigung ergänzte Form der Gesamtgläubigerschaft handeln.[390]

aa) Die Konstruktion der modifizierten Gesamtberechtigung

Mohr verweist hinsichtlich der Begründung einer modifizierten Gesamtberechtigung auf eine ältere BGH-Entscheidung.[391] Der BGH befasste sich in diesem Urteil allerdings nicht mit der Ausübung von Grunddienstbarkeiten, sondern es ging um die Ausübung eines dinglichen Wohnrechts gem. § 1093 BGB. Zur nachträglichen Realteilung des herrschenden Grundstücks, die bei einem Wohnungsrecht mangels Anknüpfung an den jeweiligen Eigentümer eines Grundstücks auch nicht vorkommen kann, weil dieses Recht nicht wie die Grunddienstbarkeit subjektiv-dinglich, sondern subjektiv-persönlich ist, trifft das Urteil keine Aussage. Es ging nur darum, welche Beteiligungsverhältnis für ein Wohnrecht gem. § 1093 BGB zugunsten zweier Personen in das Grundbuch gem. § 47 GBO eingetragen werden kann. Der BGH nahm für diesen Fall an, dass sich die Berechtigung im Grundsatz nach § 428 BGB analog richtet. Danach könne jeder aus dem Wohnungsrecht Berechtigte die Einräumung des Besitzes an sich verlangen und der Eigentümer komme umgekehrt seiner Verpflichtung allein durch Duldung nur eines Berechtigten seiner Verpflichtung nach. Es sei aber eine an § 432 BGB anklingende Besonderheit zu berücksichtigen: Der Eigentümer des belasteten Grundstücks

389 MüKo/Mohr § 1025 Rn 2; diese Auffassung hat Mohr von den Kommentatoren der Vorauflagen des MüKo übernommen, vgl. bereits MüKo/Joost, 6. Aufl. 2013, § 1025 Rn 2 und MüKo/Falckenberg, 4. Aufl. 2004, § 1025 Rn 2.

390 MüKo/Mohr § 1025 Rn 2, § 1018 Rn 23.

391 BGH, NJW 1967, 627, 628 f.

müsse, wenn mehrere Berechtigte gleichzeitig von ihrem Wohnungsrecht Gebrauch machen, das gleichzeitige Bewohnen durch alle Berechtigten dulden.[392]

Der BGH scheute sich also davor, sowohl § 428 BGB als auch § 432 BGB uneingeschränkt anzuwenden. Die Anwendung nur des § 428 BGB hätte zur Konsequenz, dass dem Verpflichteten hinsichtlich des Duldens ein Auswahlrecht eingeräumt wird. Er kann sich nach Belieben aussuchen, wem von den Berechtigten er die Wohnung überlässt. Solange er wenigstens einem der Berechtigten die Ausübung überlässt, genügt er seiner Pflicht. Wie sich die Berechtigten untereinander einigen, muss ihn nicht kümmern.[393] Ein Wohnungsrecht des Berechtigten, dem die Wohnung nicht überlassen wurde, kann dann nur so konstruiert werden, dass der ausübende Berechtigte seinerseits verpflichtet ist, dem anderen Berechtigten die Räumlichkeiten zumindest teilweise zu überlassen. Ein Anspruch gegen den Eigentümer des mit dem dinglichen Wohnrecht belasteten Grundstücks besteht aber nicht mehr.[394] Ein solches Auswahlrecht des verpflichteten Eigentümers schränkt freilich die Rechtsposition des Berechtigten, der Anspruch auf die bereits von einem anderen Berechtigten besetzte Wohnung anmeldet, empfindlich ein, weil er sich nur noch an den anderen Berechtigten halten kann. Aus diesem Grund soll dann ein Rückgriff auf § 432 Abs. 1 BGB dergestalt erfolgen, dass dem verpflichteten Eigentümer kein irgendwie geartetes Auswahlrecht zusteht, sondern eine Duldungspflicht immer in Bezug auf alle Berechtigten besteht. Es bleibt bei einem bloßen ergänzenden Rückgriff auf § 432 Abs. 1 BGB, weil auch eine reine Anwendung des § 432 Abs. 1 BGB nicht empfehlenswert ist. Denn die Anwendung dieser Vorschrift begründet einen Zwang für den verpflichteten Eigentümer zur gemeinschaftlichen Leistung an alle Berechtigten. Wie eine gemeinschaftliche Leistung an alle Berechtigten aber im Falle eines Rechts, das zu einem Dulden verpflichtet, aussehen sollte, ist völlig offen.

Die Literatur hat sich der Entscheidung und dem Gedanken einer modifizierten Gesamtberechtigung auch für Grunddienstbarkeiten, die im Grund-

---

392 Der BGH verweist auf Enneccerus/Nipperdey, § 76 II.4.b), wo von einer „Mittelform" bei Gesamtberechtigungen gesprochen wird. Was genau diese Mittelform sein soll und woher sie abzuleiten ist, wird aber von Enneccerus/Nipperdey nicht erläutert.

393 Reinicke, JZ 1967, 415; Bader, DNotZ 1965, 673, 675 f.; anders Faßbender, DNotZ 1965, 662, 666 f., der der Meinung ist, es könne schon aus § 428 BGB begründet werden, dass der Verpflichtete allen gegenüber dulden müsse und dies nicht in seinem Belieben stehe. Dagegen aber mit überzeugenden Argumenten Bader, DNotZ 1965, 673, 676 f.

394 Bader, DNotZ 1965, 673, 675 f.; Woelki, RPfleger 1968, 208, 210.

buch eingetragen werden kann, überwiegend angeschlossen.[395] Allerdings trifft die Literatur keine Aussage darüber, was im Falle der Teilung des herrschenden Grundstücks gem. § 1025 BGB gelten soll, sondern befürwortet nur die Möglichkeit der Eintragung einer derartigen modifizierten Gesamtberechtigung bei der Begründung einer einheitlichen Grunddienstbarkeit.

Die geschilderten Bedenken bei der ausschließlichen Anwendung von § 428 oder 432 BGB sind aber nicht nur bei dinglichen Wohnungsrechten, sondern auch bei Grunddienstbarkeiten plausibel. Denn auch hier muss der Verpflichtete eine Benutzung dulden. Die Anwendung des § 428 BGB würde dem Eigentümer des dienenden Grundstücks eine sehr starke Position verleihen, weil er entscheiden könnte, welchem der Teilhaber gegenüber er die Benutzung seines Grundstücks dulden möchte. Andererseits ist bei Anwendung des § 432 BGB völlig unklar, wie eine gemeinsame Duldung der Benutzung gegenüber allen Berechtigten zugleich aussehen soll.[396] Letztere Frage stellt sich vor allem bei solchen Grunddienstbarkeiten, die, wie im zweiten Beispiel, nur durch einen einzelnen Teilhaber ausgeübt werden können. Es erscheint daher konsequent, die Ansätze der §§ 428 und 432 BGB zu kombinieren und so die Schwächen der jeweiligen Vorschrift zu kompensieren.[397] Da das Gesetz keine Mischform aus beiden Vorschriften kennt, kann sie nur durch eine rechtsfortbildende Analogie begründet werden. Die Kombination der beiden Vorschriften geht über die Bildung einer einfachen Analogie hinaus, denn hier wird nicht nur eine Vorschrift auf einen ähnlichen Sachverhalt angewendet, sondern es wird ein neues Rechtsinstitut geschaffen, was über den Rahmen einer bloßen Lückenausfüllung hinausgeht.[398] Eine für die Analogie erforderliche Regelungslücke könnte man darin erblicken, dass die §§ 428, 432 BGB vor allem für die Anwendung auf Forderungen konzipiert wurden und im BGB keine Regelung existiert, die den besonderen Bedürfnissen der Eigentümer der beteiligten Grundstücke, die bei der Ausübung einer auf ein Dulden gerichteten einheitlichen Grunddienstbarkeit bestehen, Rechnung trägt. Die Kombination der beiden Vorschriften im Sinne einer Rechtsfortbildung könnte man mit Be-

---

395 Staudinger/Gursky (2012) § 873 Rn 96; Staudinger/Weber (2017) § 1018 Rn 51a; MüKo/Mohr § 1018 Rn 23; NK-BGB/Otto § 1018 Rn 36; Selb § 16 I. 4. S. 249 f.; Meikel/Böhringer § 47 Rn 145; Amann, DNotZ 2008, 324, 331 f.; ablehnend dagegen: Bauer/von Oefele/Wegmann § 47 Rn 85a; Schöner/Stöber Rn 1125; Bamberger/Roth/Wegmann § 1018 Rnb 18; Woelki, RPfleger 1968, 208, 214 f.

396 Staudinger/Weber (2017) § 1018 Rn 51a.

397 Mayer, MittBayNot 2002, 288, 289.

398 Larenz, Methodenlehre, S. 413 f.; Horn, Rn 189.

dürfnissen des Rechtsverkehrs rechtfertigen.[399] Ein Auswahlrecht, wie es § 428 BGB dem Eigentümer des dienenden Grundstücks einräumen könnte, würde die Ausübung für die Eigentümer der herrschenden Grundstücke erschweren, dem Eigentümer des dienenden Grundstücks aber keine messbaren Vorteile bringen. § 432 BGB dagegen führt für alle Beteiligten zu Unklarheiten. Die Kombination der Vorschriften begründet dagegen einen klaren Maßstab für die Ausübung der Grunddienstbarkeit und sorgt im Außenverhältnis zwischen dem Eigentümer des dienenden Grundstücks und den Eigentümern der herrschenden Grundstücke für Rechtssicherheit. Die Rechtsfortbildung geschieht auch nicht contra legem, da dem Gesetz nicht entnommen werden kann, dass der Gesetzgeber eine derartige Kombination hat ausschließen wollen.[400]

bb) Anwendung der modifizierten Gesamtberechtigung auf die Grunddienstbarkeit

Der Gedanke der modifizierten Gesamtberechtigung besagt für das Außenverhältnis, dass jeder Eigentümer eines herrschenden Grundstücks die Grunddienstbarkeit in vollem Umfang ausüben darf und der Eigentümer des dienenden Grundstücks im Rahmen des Benutzungsmaßes nicht nur die Ausübung durch einen, sondern durch alle Eigentümer herrschender Grundstücke dulden muss. Mohr gibt aber (wie auch schon die herrschende Meinung bei der Anwendung von Vorschriften der Bruchteilsgemeinschaft) keine genaue Auskunft darüber, wie er sich die Anwendung der modifizierten Gesamtberechtigung auf die verschiedenen Gesichtspunkte der Ausübung der Grunddienstbarkeit in den einzelnen Bereichen des Außenverhältnisses, Verteidigung und Verfügung, vorstellt. Im Folgenden muss daher versucht werden, die gefundenen Überlegungen zur modifizierten Gesamtberechtigung auf das Außenverhältnis der Grunddienstbarkeit anzuwenden, ohne dass dies anhand von Mohrs Ausführungen im Einzelnen nachvollzogen werden könnte. Die nachfolgenden Ausführungen sind daher als Versuch der Konturierung und Rekonstruktion des von Mohr vertretenen Ansatzes zu verstehen.

aaa) Verteidigung der Grunddienstbarkeit

Auf die Verteidigung der Grunddienstbarkeit bezogen, kann man die modifizierte Gesamtberechtigung nur so verstehen, dass jeder Eigentümer eines herrschenden Grundstücks die Grunddienstbarkeit vollumfänglich gegen die Beeinträchtigung

399 Larenz, Methodenlehre, S. 414–417.
400 Larenz, Methodenlehre, S. 414.

durch den Eigentümer des dienenden Grundstücks oder Dritte verteidigen kann, indem er Abwehransprüche nach §§ 1027, 1004 BGB, sowie possessorische Ansprüche in Bezug auf die gesamte Grunddienstbarkeit geltend macht. Der Eigentümer des dienenden Grundstücks hat kein Auswahlrecht dergestalt, dass er etwa nur einem Eigentümer eines herrschenden Grundstücks die Benutzung überlässt und andere davon ausschließt. Ein entsprechendes Bestreben des Eigentümers des dienenden Grundstücks kann durch die Erhebung der negatorischen Klage gebrochen werden.

Die modifizierte Gesamtberechtigung führt also mit der Begründung eines individuellen Verteidigungsrechts für jeden Eigentümer eines herrschenden Grundstücks bei der Verteidigung der Grunddienstbarkeit zu einem anderen Ergebnis als die herrschende Meinung, die ausschließlich die Regelungen der §§ 741–758 BGB anwendet und über § 744 Abs. 1, bzw. § 747 S. 2 BGB im Außenverhältnis zu einem nur gemeinschaftlich durch alle Teilhaber auszuübenden Verteidigungsrecht gelangt.

bbb) Verfügung über die Grunddienstbarkeit

Fraglich ist, was die modifizierte Gesamtberechtigung für die Verfügung über die einheitliche Grunddienstbarkeit bedeutet. Es wurde bereits festgestellt, dass Verfügungen über eine Grunddienstbarkeit von vornherein nur eingeschränkt möglich sind, weil eine Grunddienstbarkeit nicht selbstständig übertragen oder belastet werden kann; insofern kann eine Verfügung nicht erfolgen (vgl. Teil 2 II.1)a)aa)aaa)). In Betracht kommen nur Aufhebung durch Verzicht und die inhaltliche Veränderung.

Bei Annahme einer modifizierten Gesamtberechtigung an der einheitlichen Grunddienstbarkeit nach der Realteilung könnte man überlegen, auf Verfügungen über die Grunddienstbarkeit §§ 429 Abs. 3, 423 BGB analog anzuwenden, mit der Folge, dass Verzicht und inhaltliche Veränderungen in Bezug auf die einheitliche Grunddienstbarkeit durch jeden Eigentümer eines herrschenden Grundstücks selbstständig vorgenommen werden können. Der Gedanke liegt nahe, weil mit der Anwendung der modifizierten Gesamtberechtigung, die aus den §§ 428, 432 BGB abgeleitet wird, auf Vorschriften aus dem siebten Abschnitt des zweiten Buches des BGB zurückgegriffen wird. Dann sollten andere Vorschriften aus dem Normenkomplex, der Gesamtgläubiger und Mitgläubiger betrifft, aber ebenfalls daraufhin überprüft werden, ob sie auf eine Mischform aus beiden, wie sie die modifizierte Gesamtgläubigerschaft darstellt, angewendet werden können.

Gegen eine analoge Anwendung mit den beschriebenen Folgen spricht allerdings, dass die Verweisung des § 429 Abs. 3 auf § 423 BGB vielfach als verfehlt angesehen wird. Rechtsprechung und Literatur sind sich schon bei der unmittelbaren Anwendung der Vorschrift auf Forderungen weitgehend darüber einig, dass § 429 Abs. 3 BGB zu pauschal geraten ist. Aus der Verweisung ergibt sich danach nicht, dass ein Gläubiger zulasten der anderen auf Forderungen verzichten kann. Das soll nur nach der Ermächtigung durch alle Berechtigten möglich sein.[401] Rechtsprechung und Literatur übertragen diese Wertung auch auf die Gesamtberechtigung an dinglichen Rechten.[402] Dem wird zwar teilweise mit Verweis auf den klaren Wortlaut widersprochen: Eine derartige Einschränkung des § 429 Abs. 3 BGB führe zu einem Leerlaufen der Vorschrift.[403] Dem kann aber nicht beigetreten werden. Die Verweisung bleibt sinnvoll, es wird nur ein weiteres Tatbestandsmerkmal, das der Zustimmung aller Berechtigten, in § 429 Abs. 3 BGB hineingelesen. Speziell bei der Grunddienstbarkeit würde die Anwendung des § 429 Abs. 3 BGB darüber hinaus dem Versorgungszweck der Grunddienstbarkeit widersprechen:[404] Die Grunddienstbarkeit dient der Versorgung eines herrschenden Grundstücks mit einer bestimmten Benutzung, die meist auf dem herrschenden Grundstück selbst nicht ohne Weiteres verwirklich werden, für die Bewirtschaftung aber von erheblicher Bedeutung sein kann. Nach der Realteilung setzt sich das Bedürfnis der Benutzung – von den Fällen des § 1025 S. 2 BGB einmal abgesehen – jedoch an den Teilgrundstücken fort. Der Versorgungsaspekt würde völlig in den Hintergrund rücken, stünde es im Belieben eines einzelnen Eigentümers eines herrschenden Grundstücks, ihn beliebig aufzuheben oder zu verändern. Es wäre dann eine für die Grunddienstbarkeit im Gesetz nicht vorgesehene Verfügung zulasten Dritter möglich, die für die anderen herrschenden Grundstücke und deren Eigentümer erhebliche rechtliche, wirtschaftliche und persönliche Auswirkungen haben kann. Angesichts dieser Überlegungen sind §§ 429 Abs. 3, 423 BGB auf die Grunddienstbarkeit nicht analog anzuwenden.

Da somit ein Rückgriff auf §§ 429 Abs. 3, 423 BGB ausscheidet, stellt sich die Frage, nach welchen Kriterien sich die Verfügung über die Grunddienstbarkeit bei der Annahme einer modifizierten Gesamtberechtigung im Außenverhältnis dann richten soll. Die §§ 420–432 BGB enthalten hinsichtlich Verfügungen keine

---

401 BGH, MDR 1986, 746; BGH, NJW-RR 2009, 1534, 1537; Staudinger/Looschelders § 429 Rn 19; MüKo/Bydlinski § 429 Rn 5; NK-BGB/Völzmann-Stickelbrock § 429 Rn 5; Soergel/Gebauer § 429 Rn 4; Bamberger/Roth/Gehrlein § 429 Rn 2; Palandt/Grüneberg § 429 Rn 1; Selb S. 256 f.

402 BayObLGZ 1975, 191, 195 (für Leibgeding); Enneccerus/Nipperdey, § 76 II.4.b); Meikel/Böhringer § 47 Rn 145.

403 Erman/Böttcher § 429 Rn 5; Meier, AcP 205 (2005), 858, 866.

404 BayObLGZ 1975, 191, 195–197 (für Leibgeding).

weiteren Vorschriften, die direkt oder analog auf die Ausübung einer Grunddienstbarkeit, welche den Eigentümern der herrschenden Grundstücke in Form einer modifizierten Gesamtschuld zusteht, angewendet werden könnten. Die modifizierte Gesamtberechtigung trifft somit eine Aussage über die Verteidigung der Grunddienstbarkeit, vermag aber keine Aussage bezüglich der Verfügung über sie zu treffen; ihre Regelungsdichte ist nicht ausreichend, um das Außenverhältnis komplett zu füllen. Die bestehende normative Lücke im Konzept der modifizierten Gesamtberechtigung kann nur durch Typenkombination geschlossen werden.[405] Insofern bietet es sich an, hinsichtlich der Verfügung auf § 747 S. 2 BGB zurückzugreifen, sodass Verfügungen über die Grunddienstbarkeit nur durch alle Eigentümer der herrschenden Grundstücke gemeinsam erfolgen können. Dieser Rückgriff widerspricht auch nicht von vornherein dem Ansatz von Mohr: Sein Ansatz weicht zwar an gewichtigen Stellen von der Anwendung der §§ 741–758 BGB ab. Trotzdem hält Mohr die §§ 741–758 BGB im Innenverhältnis grundsätzlich für anwendbar.[406] Es ist daher kein Grund ersichtlich, warum nicht im Rahmen einer durch die modifizierte Gesamtberechtigung bestehenden Lücke auch im Außenverhältnis auf Vorschriften der §§ 741–758 BGB, hier speziell § 747 S. 2 BGB, zurückgegriffen werden sollte.

b) Das Innenverhältnis: Die Benutzung der Grunddienstbarkeit

Auf das Innenverhältnis will Mohr die Vorschriften der Gemeinschaft anwenden. Die Ausübung soll allerdings nicht durch Mehrheitsbeschluss erfolgen; stattdessen soll analog § 1024 BGB jedem Gesamtberechtigten das Recht eingeräumt werden eine den Interessen aller Beteiligten entsprechende Regelung der Ausübung zu verlangen.[407]

Da Mohr die Vorschriften der Bruchteilsgemeinschaft bis auf die Modifizierung des § 745 Abs. 1 BGB durch § 1024 BGB anwenden will, ergeben sich im Vergleich zum ersten Ansatz, der die §§ 741–758 BGB ohne Ausnahme konsequent anwendet, nur in dem Bereich der Beschlussfassung Unterschiede. Dagegen kann hinsichtlich der Bestimmung der Anteilshöhe, der gesetzlichen Vorgaben zur Benutzung der Grunddienstbarkeit und der Aufhebung durch Teilung auf die obigen Ausführungen unter Teil 2 II.1)b)aa), bb) und dd) verwiesen werden.

---

405 So auch der Gedanke von Amann (DNotZ 2008, 332 f.) für ein Vorkaufs-, bzw. Wiederkaufsrecht.

406 MüKo/Mohr § 1025 Rn 2.

407 MüKo/Mohr § 1025 Rn 2.

Der maßgebliche Unterschied äußert sich bei der Schaffung von Benutzungsregelungen. Bei der konsequenten Anwendung der §§ 741–758 BGB und damit auch der §§ 744, 745 BGB können Nutzungsregelungen auf drei Arten geschaffen werden (vgl. Teil 2 II.1)b)cc)bbb)). Bei Mohr entfällt dieses dreistufige System und wird durch § 1024 BGB ersetzt. Benutzungsregelungen sollen nur noch nach § 1024 BGB gefasst werden können: entweder im allseitigen Einvernehmen, oder durch die Durchsetzung einer billigen Regelung analog § 1024 BGB.

aa) Analoge Anwendung des § 1024 BGB

Die direkte Anwendung des § 1024 BGB auf die nach der Realteilung bestehen bleibende einheitliche Grunddienstbarkeit ist nicht möglich, da die Vorschrift vom Bestehen mehrerer selbstständiger Rechte und nicht von einem einheitlichen Recht ausgeht. Die unmittelbare Anwendung der Vorschrift ist nur aus Sicht der nach hier vertretener Ansicht abzulehnenden Mindermeinung möglich, nach der die Realteilung des herrschenden Grundstücks zu einer Aufspaltung der Grunddienstbarkeit in mehrere Einzelgrunddienstbarkeiten führt (vgl. Teil 2 II.).

Mohr begründet die analoge Anwendung des § 1024 BGB damit, dass diese Vorschrift eine spezielle Regelung für den Fall der Kollision nebeneinander bestehender Nutzungsrechte trifft.[408] So kann zumindest eine vergleichbare Interessenlage begründet werden: Denn unabhängig davon, ob man bei der realen Grundstücksteilung die Entstehung von mehreren Einzelgrunddienstbarkeiten oder einer einheitlichen Grunddienstbarkeit annimmt, existiert in jedem Fall das Problem, dass mehrere Rechtssubjekte um die begrenzte Benutzung eines Grundstücks konkurrieren.

Die Begründung einer Regelungslücke fällt schwerer. Denn § 745 Abs. 1 BGB sieht gerade eine Regelung vor, zwar nicht im Bereich der §§ 1018–1029 BGB, wohl aber im Recht der Gemeinschaft, das grundsätzlich für alle Rechte gilt, wenn keine besonderen Regelungen existieren. Eine Regelungslücke kann nur damit begründet werden, dass die Anwendung des § 745 Abs. 1 BGB ihrem Sinn und Zweck nach nicht auf die Grunddienstbarkeit passt. Darauf wird bei der Bewertung dieses Ansatzes noch einzugehen sein.

bb) Regelungsinhalt des § 1024 BGB

§ 1024 BGB räumt den Eigentümern herrschender Grundstücke einen Anspruch gegen andere Eigentümer herrschender Grundstücke auf einen Interessenausgleich durch die Schaffung einer Regelung zur Ausübung der Grunddienstbarkeit

---

408 MüKo/Mohr § 1025 Rn 2.

nach billigem Ermessen ein. Der Anspruch aus § 1024 BGB besteht nach allgemeiner Meinung nur zwischen den Eigentümern der herrschenden Grundstücke, nicht aber auch gegenüber dem Eigentümer des dienenden Grundstücks.[409] Durch den Interessenausgleich darf der Eigentümer des dienenden Grundstücks nicht stärker belastet werden, was bei der Realteilung des herrschenden Grundstücks freilich schon aus § 1025 S. 1 BGB folgt.

Der Anspruch richtet sich auf einen Ausgleich nach „billigem Ermessen". Was unter billigem Ermessen zu verstehen ist, bestimmt sich nach den Grundsätzen des § 745 Abs. 2 BGB.[410] Danach sind die Umstände des Einzelfalls maßgeblich, vor allem die konkreten örtlichen Verhältnisse und bisherige Bestimmungen und Benutzungen sind zu berücksichtigen (vgl. Teil 2 II.1)b)cc)bbb)(c)). Hier kann man wegen der Vielfältigkeit des Erscheinungsbildes der Grunddienstbarkeiten nicht von feststehenden Grundsätzen in dem Sinne sprechen, dass genaue Fallgruppen existieren.

Eine Ausübung der Grunddienstbarkeit, die die Interessen aller an der Ausübung interessierten Teilhaber berücksichtigt, wird immer zur Folge haben, dass jeder Teilhaber eine gegenständliche Einschränkung seiner Ausübungsbefugnis hinnehmen muss, sei es in zeitlicher oder örtlicher Hinsicht.[411] Im Rahmen des ersten Ansatzes ist daher Konsens, dass eine Benutzungsregelung auch so weit gehen kann, einen Teilhaber komplett von der Benutzung auszuschließen, soweit für alle ausgeschlossene Teilhaber eine Kompensation durch Geldabfindung erfolgt und dadurch diesen Teilhabern zumindest der Anteil an den Nutzungen gem. § 745 Abs. 3 BGB erhalten bleibt (vgl. Teil 2 I.1)b)cc)aaa)). Der Kreis der möglichen Benutzungsregelungen ist damit denkbar weit und reicht von der Zuweisung der Benutzung an einen Teilhaber bis hin zur flächenmäßigen oder zeitlichen, realen Aufteilung der Benutzung. Bei § 1024 BGB wird dagegen von der herrschenden Meinung angenommen, dass eine Benutzungsregelung jedenfalls nicht dergestalt verlangt werden kann, dass ein Teilhaber in seinem Benutzungsrecht beschränkt oder völlig davon ausgeschlossen wird und nur mit Geld entschädigt wird.[412] Eine Mindermeinung schränkt das dahin gehend ein, dass dies

---

409 NK-BGB/Otto § 1024 Rn 8; Staudinger/Weber (2017) § 1024 Rn 7; Palandt/Herrler § 1024 Rn 2.

410 NK-BGB/Otto § 1024 Rn 8; Staudinger/Weber (2017) § 1024 Rn 9; Erman/Grziwotz § 1024 Rn 2; Planck/Strecker § 1025 Anmerkung 3.; im Ergebnis auch: BGB-RGRK/Rothe § 1024 Rn 3.

411 BGB-RGRK/Rothe § 1024 Rn 3; Ak-BGB/Ott § 1024 Rn 1.

412 MüKo/Mohr § 1024 Rn 3; Staudinger/Weber (2017) § 1024 Rn 9; NK-BGB/Otto § 1024 Rn 9; Planck/Strecker § 1024 Anmerkung 3.

nur in Ausnahmefällen möglich sein soll, wobei allerdings unklar bleibt, wann ein solcher Ausnahmefall vorliegen soll.[413] Begründet wird der Ausschluss dieser Gestaltungsmöglichkeit damit, dass eine derartige Regelung über eine Ausübungsregelung hinsichtlich des bestehenden Rechts klar hinausgehe; es erfolge eine Ablösung der Benutzungsbefugnis von der Grunddienstbarkeit, wofür § 1024 BGB keine Grundlage biete. Für die Grunddienstbarkeit folgt daraus eine Reduzierung der Gestaltungsmöglichkeiten gegenüber der Anwendung des § 745 Abs. 2 BGB: Es kann zwar jegliche Art der realen Aufteilung des Benutzungskontingents verlangt werden, nicht aber die Überlassung an nur einen Teilhaber.

Nach ganz herrschender Ansicht[414] ist das Verlangen und Einklagen einer billigen Benutzungsregelung nur eine Option, die es dem Teilhaber unbenommen lässt, sogleich ein Verhalten, wie es § 1024 BGB entspricht, einzufordern und über §§ 1027, 1004 BGB durchzusetzen. Die Vollstreckung erfolgt dann gem. § 894, bzw. § 890 ZPO.

Welche Rechtsnatur eine billige Regelung nach § 1024 BGB hat und ob sie gegen Sondernachfolger gilt und im Grundbuch einzutragen ist, ist stark umstritten. Eine Meinung[415] vertritt den Standpunkt, § 1024 BGB führe nur Ausübungsregelungen herbei, die keine inhaltliche Änderung des Rechts mit Relevanz für den Sondernachfolger mit sich bringen. Ein Grundbucheintrag sei daher weder erforderlich noch zulässig. Es handele sich um keine Inhaltsänderung. Eine solche könne nur zwischen allen Eigentümern vereinbart werden, nicht aber, wie dies § 1024 BGB voraussetzt, nur zwischen den Berechtigten. Das Grundbuch habe aber nicht die Aufgabe, über das Binnenverhältnis zwischen den Eigentümern der herrschenden Grundstücke Auskunft zu geben.[416] Nach dieser Ansicht ist die Erstreckung auf den Sondernachfolger nicht möglich, was unbefriedigend ist, weil eine Bindung für den Sondernachfolger dann nur schuldrechtlich durch individuellen Vertrag mit jedem Sondernachfolger geschaffen werden kann.[417]

---

413 BGB-RGRK/Rothe § 1024 Rn 3.

414 BGH, NJW 2008, 3703, 3704; BGB-RGRK/Rothe § 1024 Rn 4; Staudinger/Weber (2017) § 1024 Rn 8: MüKo/Mohr § 1024 Rn 3; Bamberger/Roth/Wegmann § 1024 Rn 6; Erman/Grziwotz § 1024 Rn 2; Palandt/Herrler § 1024 Rn 2.

415 BGB-RGRK/Rothe § 1024 Rn 4; Bamberger/Roth/Wegmann § 1024 Rn 5, 7; Staudinger/Ring (1981) § 1024 Rn 4; Meisner/Stern/Hodes/Dehner § 31 VII.; PWW/Ahrens § 1024 Rn 3; Engländer, S. 345 Fn 28; Crome, § 430 6., S. 485; Hirsch, S. 41–43.; unklar: Palandt/Herrler § 1024 Rn 2.

416 NK-BGB/Otto § 1024 Rn 13; BGB-RGRK/Rothe § 1024 Rn 4.

417 NK-BGB/Otto § 1024 Rn 13.

Nach der Gegenansicht[418] ist eine Regelung dagegen gem. § 877 BGB in das Grundbuch des dienenden Grundstücks einzutragen und hat nur dann auch Wirkung gegen den Sondernachfolger. Hierfür sprechen Aspekte des Verkehrsschutzes: Solche Regelungen können eine weitreichende Wirkung auf die Ausübung haben.[419] Auch wird mit der Rechtsähnlichkeit zu § 1010 Abs. 1 BGB argumentiert.[420] Diese Ansicht beruft sich zudem auf eine ältere KG-Entscheidung[421], die allerdings eine andere Konstellation betraf und nicht direkt passt.[422] Auf der anderen Seite ist die Eintragung zeitaufwendig und verursacht bei jeder Änderung der Regelung Kosten für die neue Eintragung.

Eine dritte Ansicht[423] differenziert danach, ob es sich bei der Regelung um eine § 880 BGB entsprechende Vereinbarung handelt. Könne die Regelung als differenzierte Ausgestaltung des Nutzungsranges verstanden werden, so sei eine Eintragung möglich. Hier bleibt allerdings fraglich, wann eine Regelung § 880 BGB entspricht.

Eine vierte Ansicht[424] möchte rechtsfolgenorientiert entscheiden. Weitreichende Regelungen sollen eintragungsfähig sein, wenn sie den von Amann[425] zum Begleitschuldverhältnis entwickelten Kriterien entsprechen. Eine Regelung soll also wohl nur eintragungsfähig sein, wenn sie zum Streit zwischen Berechtigten und Verpflichteten aus der Grunddienstbarkeit führen kann, wenn ein Zusammenhang zum belasteten Grundstück besteht und keine erhebliche wirtschaftliche Bedeutung besteht. Dies soll aber nicht gelten, wenn die Beteiligten gerade keine dingliche Wirkung wollen. Es ist allerdings unklar, wie das genau gemeint ist. Die von Amann entwickelten Kriterien passen nicht direkt und wurden für andere Fragen entwickelt.

Mohr[426] schließt sich keiner dieser Ansichten an, sondern differenziert: Betreffe die Regelung eine bloße Modifikation der Ausübung und berühre den Bestand des Rechts nicht, so sei sie nicht eintragungsfähig, wirke aber trotzdem gegen den Sondernachfolger (Mohr leitet das aus § 1024 BGB als gesetzliche Beschrän-

---

418 Soergel/Stürner § 1024 Rn 1; Jauernig/Berger § 1024 Rn 1; Erman/Grziwotz § 1024 Rn 2; Lemke/Böttcher § 1024 Rn 3; Planck/Strecker § 1024 Anmerkung 4.; Predari, S. 29 f.

419 Staudinger/Weber (2017) § 1024 Rn 10.

420 Planck/Strecker § 1024 Anmerkung 4.

421 KG, HRR 1934, 169.

422 BGB-RGRK/Rothe § 1024 Rn 4.

423 NK-BGB/Otto § 1024 Rn 13.

424 Staudinger/Weber (2017) § 1024 Rn 10.

425 Amann, DNotZ 1989, 531, 561.

426 MüKo/Mohr § 1024 Rn 3.

kung und nicht aus § 746 BGB ab); liege dagegen eine Beschränkung des rechtsgeschäftlichen Inhalts vor, dann gelte die Regelung für Sondernachfolger nur nach Einigung und Eintragung im Grundbuch. Nach Mohr gibt es daher keine Grundregel, nach der Benutzungsregelungen zur Geltung für den Sondernachfolger regelmäßig einer Eintragung ins Grundbuch bedürfen oder nicht. Vielmehr muss dies bei jeder Regelung nach der beschriebenen Differenzierung gesondert entschieden werden.

c) *Zusammenfassung*

Mohrs Ansatz führt bei der Ausübung der Grunddienstbarkeit nach Realteilung des herrschenden Grundstücks zu folgenden Ergebnissen:

- Im Außenverhältnis unterscheidet er sich von dem ersten Ansatz. Hier steht jedem Eigentümer eines herrschenden Grundstücks ein Verteidigungsrecht in Bezug auf die gesamte Grunddienstbarkeit zu. Dies wird aus einer rechtsfortbildenden Analogie zu §§ 428, 432 BGB abgeleitet, die zu einer modifizierten Gesamtgläubigerschaft vereint werden. Verfügungen können nur durch alle Teilhaber erfolgen. Das lässt sich allerdings nicht aus der modifizierten Gesamtgläubigerschaft ableiten, sondern folgt aus dem ergänzend heranzuziehenden § 747 S. 2 BGB.
- Im Innenverhältnis bleiben viele Aspekte der Ausübung konstruktiv gleich, weil Mohr im Innenverhältnis grundsätzlich die §§ 741–758 BGB anwenden will. Allerdings können Benutzungsregelungen bei Mohr nur noch in einem zweistufigen System gefasst werden: einvernehmlich oder durch billige Regelung. Die Möglichkeit von Regelungen durch Mehrheitsbeschlüsse entfällt.
- Darüber hinaus ist auch der Inhalt der möglichen Regelungen reduziert: Der Ausschluss einzelner Eigentümer herrschender Grundstücke gegen Geldabfindung ist nicht möglich.
- Ob und wie eine Benutzungsregelung für Sondernachfolger gilt, muss jeweils im Einzelfall entschieden werden. Beschränkt sie den rechtsgeschäftlichen Inhalt der Grunddienstbarkeit, ist sie eintragungsfähig und bedarf dieser Eintragung auch, um für Sondernachfolger zu gelten. Stellt sie eine bloße Modifikation der Grunddienstbarkeit dar, ist die Regelung nicht eintragungsfähig, entfaltet ihre Wirkung aber auch gegenüber dem Sondernachfolger.

d) *Bewertung des Ansatzes*

aa) *Modifizierte Gesamtberechtigung im Außenverhältnis*

Die Anwendung der §§ 428, 432 BGB analog in Form einer modifizierten Gesamtberechtigung auf das Außenverhältnis der einheitlichen Grunddienstbarkeit steht schon deswegen unter Rechtfertigungsdruck, weil mit der modifizierten Gesamtberechtigung ein eigenes Rechtsinstitut geschaffen und angewendet wird, welches in den Vorschriften der Bruchteilsgemeinschaft nirgendwo auch nur andeutungsweise erwähnt wird. Das Verhältnis zwischen §§ 741–758 BGB und §§ 420–432 BGB lässt sich bereits ohne die Schaffung von Mischformen weder aus dem Wortlaut der Vorschriften, noch historisch überzeugend klären; der konkrete Telos der Vorschriften liegt insoweit im Dunkeln.[427] Auch die Tatsache, dass die §§ 420–432 BGB im allgemeinen Schuldrecht angesiedelt sind, die §§ 741–758 BGB aber im besonderen Schuldrecht, lässt für sich genommen keine weiterreichenden systematischen Rückschlüsse auf das Verhältnis der beiden Normenkomplexe zueinander zu.

Allgemein wird kritisiert, dass die Theorie von der modifizierten Gesamtberechtigung dogmatische Grenzen verwischt.[428] Die Theorie vermischt Gesamtgläubigerschaft gem. § 428 BGB und Mitgläubigerschaft gem. § 432 BGB. Beide Rechtsinstitute schließen sich grundsätzlich aus, wie schon der Wortlaut des § 432 Abs. 1 S. 1 BGB zeigt („sofern sie nicht Gesamtgläubiger sind“).[429] Hiergegen kann man auch nicht allgemein argumentieren, auch der Gesetzgeber betreibe Typenkombination, indem er in § 1011 BGB Miteigentümer mit einer Anspruchsberechtigung gem. § 432 BGB ausstattet.[430] Nur weil der Gesetzgeber eine einzelne Typenkombination beschreibt, bedeutet das noch nicht, dass der Gesetzgeber § 428 und § 432 BGB allgemein zur beliebigen Typenkombination freigegeben hat. Der Gesetzgeber hat sich einer Kodifikation einer solchen Vermischung im Bereich der Grunddienstbarkeit gerade enthalten. In Bezug auf die Teilungsproblematik kann auch nicht argumentiert werden, die Beteiligten seien darin frei, vertraglich beliebige Typenkombinationen aus den Normkomplexen

---

427 Staudinger/von Proff (2015) § 741 Rn 117.

428 Staudinger/Weber (2017) § 1018 Rn 51 a; Mayer, MittBayNot 2002, 288, 290; unklar: Bauer/von Oefele/Wegmann § 47 Rn 85a, der kritisiert, dass die Grenzen von Bruchteils- und Gesamthandsgemeinschaft verwischt würden. Er erläutert aber nicht, wie das gemeint ist.

429 Staudinger/Looschelders (2012) § 432 Rn 4.

430 Amann, DNotZ 2008, 332.

zu schaffen.[431] Das mag so sein, darum geht es aber hier nicht: Untersucht wird hier die Frage, was gilt, wenn eine einheitliche Grunddienstbarkeit nach einer Realteilung ausgeübt wird. Die einheitliche Grunddienstbarkeit folgt dann unabhängig vom Willen der Teilenden aus der Teilung des Grundstücks, nicht aber aus einer vertraglich vereinbarten Typenkombination. Es erscheint aber unbefriedigend, einen Vorgang, der vertraglich nicht geregelt wird, einer Lösung zuzuführen, die sich nicht aus dem Gesetz ergibt, sondern nur das Ergebnis einer abgeleiteten Typenkombination ist.

Doppelt problematisch erscheint der Gedanke der Vermischung von § 428 und § 432 BGB, wenn man bedenkt, dass diese Typenkombination mit der Grunddienstbarkeit auf ein dingliches Recht angewendet werden soll. Es ist zwar anerkannt, dass dieses Vorschriften, obwohl sie im allgemeinen Schuldrecht angesiedelt sind, auch auf dingliche Rechte angewendet werden können (vgl. hierzu noch Teil 2 II.4) und 5)a)). Im Bereich der dinglichen Rechte sind jedoch weiterhin die Prinzipien des Sachenrechts zu beachten, auch wenn einzelne schuldrechtliche Vorschriften in das Sachenrecht „importiert“ werden. Das Sachenrecht zeichnet sich aber gerade durch Typenzwang und Typenfixierung aus und steht der Schaffung neuer oder der Veränderung bestehender Rechtsinstitute grundsätzlich ablehnend gegenüber. Die Verknüpfung von § 428 und § 432 BGB stellt aber gerade eine Durchbrechung dieser Prinzipien dar.

Schließlich ist an dem Gedanken der modifizierten Gesamtberechtigung zu kritisieren, dass er das Außenverhältnis nicht umfassend beschreibt. Der modifizierten Gesamtberechtigung lässt sich zwar eine Aussage über die Verteidigung der Grunddienstbarkeit entnehmen, nicht aber auch bezüglich der Verfügung über das Recht. Insofern bedarf es dann doch wieder eines Rückgriffs auf Vorschriften aus dem Bereich der §§ 741–758 BGB (vgl. Teil 2 II.2)a)bb)bbb)). Der Ansatz ist insofern irreführend, als nicht von vornherein klar ist, dass er nur einen Aspekt der Ausübung der Grunddienstbarkeit im Außenverhältnis zu beschreiben vermag.

Andererseits kann nicht geleugnet werden, dass die modifizierte Gesamtberechtigung hinsichtlich der Verteidigung der Grunddienstbarkeit gegenüber der Anwendung der §§ 741–758 BGB erhebliche Vorteile bietet. Sie befreit den einzelnen Eigentümer eines herrschenden Grundstücks aus der Verklammerung mit den anderen Eigentümern herrschender Grundstücke und ermöglicht eine Verteidigung ohne einen vorherigen langwierigen Abstimmungsprozess zwischen allen Eigentümern herrschender Grundstücke.

431 Amann, DNotZ 2008, 331 f.

bb) Analoge Anwendung des § 1024 BGB im Innenverhältnis

Im Innenverhältnis besteht der wesentliche Unterschied zur ausschließlichen Anwendung der §§ 741–758 BGB darin, dass § 1024 BGB in analoger Anwendung § 745 BGB verdrängen soll. Zwischen den Teilhabern soll nicht das Mehrheitsprinzip gelten, nach dem die Mehrheit grundsätzlich frei über die Benutzung der Grunddienstbarkeit bestimmt, sondern eine Regelung kann nur einvernehmlich oder im billigen Ermessen erfolgen.

aaa) Begründung einer Analogie

Zunächst ist festzustellen, dass die analoge Anwendung des § 1024 BGB einer ausführlichen Begründung bedarf. Denn das Gesetz weist keine Regelungslücke auf, sondern stellt mit § 745 BGB eine Regelung zur Verfügung. Eine Analogie kann daher nur begründet werden, wenn dargelegt wird, dass die vorhandene Regelung ihrem Sinn und Zweck nach nicht auf die einheitliche Grunddienstbarkeit passt. Der Analogieschluss wird allerdings von den Vertretern der analogen Anwendung des § 1024 BGB kaum begründet. Es wird vielmehr nur vorgebracht, § 1024 BGB sei gegenüber § 745 BGB sachnäher und die speziellere Regelung für den Fall der Kollision nebeneinander bestehender Nutzungsrechte.[432] Hiergegen wird angeführt, § 1025 S. 1 2. HS BGB habe den Beteiligten abweichend von § 1024 BGB keinen Anspruch auf eine Ausübungsregelung gegeben, sondern beschränke die Ausübung kraft Gesetzes.[433] Das wird jedoch von den Vertretern der analogen Anwendung des § 1024 BGB zurückgewiesen: Auch § 1024 BGB enthalte durch die Auferlegung einer Legalobligation über § 1020 BGB eine gesetzliche Inhaltsbeschränkung.[434] Darüber hinaus betreffe § 1025 S. 1 2. HS BGB nur das Außenverhältnis zwischen den Eigentümern des herrschenden und dem Eigentümer des dienenden Grundstücks; die Frage des Innenverhältnisses sei, wie auch im Fall des § 1024 BGB, offen.[435]

Diese Gegenargumente erscheinen einleuchtend. Man wird § 1025 S. 1, 2. HS BGB gegen die analoge Anwendung des § 1024 BGB nicht ohne Weiteres in Stellung bringen können. Damit ist allerdings die analoge Anwendung des § 1024 BGB noch nicht begründet. Die Entkräftung eines Gegenarguments genügt noch nicht, um eine Analogie zu rechtfertigen. Vielmehr muss sie aus sich selbst heraus

432 MüKo/Mohr § 1025 Rn 2; NK-BGB/Otto § 1025 Rn 11; Staudinger/Mayer (2002) § 1025 Rn 5.
433 Palandt/Herrler § 1025 Rn 1.
434 MüKo/Joost (6. Auflage) § 1025 Fn 9.
435 NK-BGB/Otto § 1025 Rn 11.

begründet werden und es muss dargelegt werden, warum sich die Analogie, obwohl eine Regelung mit § 745 Abs. 1 BGB vorliegt, aufdrängt. Ein pauschaler Hinweis auf Sachnähe und Spezialität kann in keinem Fall genügen, zumal sich das nicht unmittelbar aufdrängt. § 1024 BGB behandelt ja gerade nicht den Fall der einheitlichen Grunddienstbarkeit, sondern in gewisser Weise das genaue Gegenteil: das Nebeneinander selbstständiger Grunddienstbarkeiten.[436]

bbb) Das Fehlen von Mehrheitsbeschlüssen

Lässt man die Verdrängung des § 745 Abs. 1 BGB durch § 1024 BGB zu, können Benutzungsregelungen in Bezug auf die Grunddienstbarkeit nicht durch Mehrheitsbeschluss gefasst werden. Hierin müsste, um eine Analogie zu rechtfertigen, gegenüber der Regelung des § 745 Abs. 1 BGB ein Vorteil zu erblicken sein; bzw. Mehrheitsbeschlüsse dürften ihrem Sinn und Zweck nach nicht auf die Grunddienstbarkeit in Bruchteilsgemeinschaft passen.

Die Befürwortung der Abschaffung des Mehrheitsprinzips kann allerdings dazu führen, dass die Ausübung der Grunddienstbarkeit für einen erheblichen Zeitraum blockiert ist und eine Benutzung des dienenden Grundstücks über einen längeren Zeitraum nicht mehr erfolgen kann. Wenn sich die Eigentümer der herrschenden Grundstücke nicht auf eine Benutzung einigen können, bleibt es solange bei der Nichtausübung der Grunddienstbarkeit, bis eine billige Regelung gefunden und gerichtlich als solche bestätigt ist (vgl. Teil 2 II.1)b)bb)aaa), ccc)). Ein einzelner Teilhaber hat damit ein erhebliches Störpotential, gegen das auch eine klare Mehrheit der Teilhaber keine Handhabe hat. Stellt sich ein Teilhaber quer, muss immer das Gericht bemüht werden, um eine billige Regelung durchzusetzen. Gegenüber einem Mehrheitsbeschluss ist das nicht nur zeit-, sondern auch kostenintensiver. Durch Mehrheitsbeschlüsse fallen generell schnellere Entscheidungen als bei einem komplexen Abwägungsprozess. Das durch die analoge Anwendung des § 1024 BGB geschaffene Einstimmigkeitsprinzip geht damit zulasten der Handlungsfähigkeit der in der Bruchteilsgemeinschaft vereinten Teilhaber.[437]

Die Abschaffung des Mehrheitsprinzips zugunsten des Prinzips der Einstimmigkeit könnte man nur dann rechtfertigen, wenn man es generell für unzumut-

436 So noch Staudinger/Mayer (2009) § 1025 Rn 5 anders jetzt aber Staudinger/Weber (2017) § 1025 Rn 5, der diesem Gesichtspunkt offenbar keine ausschlaggebende Bedeutung beimisst.

437 Karsten Schmidt, Gesellschaftsrecht, § 16 I 2.b), S. 452.

bar hält, dass sich der Teilhaber einer Mehrheit unterwirft, wenn man also die Privatautonomie des Einzelnen in den Vordergrund stellt.

Man wird allgemein sagen können, dass die Privatautonomie bei der Bruchteilsgemeinschaft einen höheren Stellenwert hat, als bei den Gesamthandsgemeinschaften. Das schon deswegen, weil die Bruchteilsgemeinschaft in den meisten Fällen gesetzlich und nicht, wie die Gesamthandsgemeinschaften (zumindest im Fall der GbR und der Gütergemeinschaft), durch Vertrag begründet wird und dem Teilhaber diese Gemeinschaft somit in der Regel aufgezwungen wird. Wegen dieses Zwangs kann sich der Teilhaber einer Bruchteilsgemeinschaft aus der Gemeinschaft grundsätzlich jederzeit lösen, indem er entweder seinen Bruchteil gem. § 747 S. 1 BGB veräußert oder die Aufhebung der Gemeinschaft gem. §§ 749–758 BGB betreibt. Der Anteil an einer Gesamthandsgemeinschaft ist dagegen, vom Fall der Erbengemeinschaft gem. §§ 2033 Abs. 1, 2042 BGB abgesehen, nicht ohne vertragliche Ermächtigung oder Zustimmung der übrigen Gesellschafter veräußerbar und es besteht kein Anspruch auf Teilung.[438] Dies lässt sich damit begründen, dass die Teilhaber sich bewusst der Gesamthandsgemeinschaft angeschlossen haben.

Nun könnte man meinen, dass dem Teilhaber an einer einheitlichen Grunddienstbarkeit der Ausbruch aus dem entstehenden Zwangskollektiv in stärkerem Maße erschwert wird, als es normalerweise bei Bruchteilsgemeinschaften an anderen dinglichen Rechten der Fall ist. Das liegt an der Rechtsnatur der Grunddienstbarkeit. Eine selbstständige Veräußerung des Bruchteils an der Grunddienstbarkeit ist nicht möglich, ohne dass der Teilhaber auch gleich sein Teilgrundstück mit veräußert, weil der Bruchteil nur mit dem Teilgrundstück übertragen werden kann (vgl. Teil 2 II.1)a)aa)aaa)). Im Regelfall wird der Teilhaber sein Grundstück aber nicht nur deswegen veräußern wollen und können, weil er die Bruchteilsgemeinschaft an einer Grunddienstbarkeit aufheben will. Der einzelne Eigentümer eines herrschenden Grundstücks kann nicht einmal selbstständig auf seinen Bruchteil verzichten (vgl. Teil 2 II.1)a)aa)bbb)). Eine Teilung ist ebenfalls regelmäßig nicht möglich, weil eine Grunddienstbarkeit weder verkauft noch in Natur geteilt werden kann (vgl. Teil 2 II.1)a)bb)d)). Die Zwangsgemeinschaft an der Grunddienstbarkeit ist daher dauerhaft; die Privatautonomie der Teilhaber wird in besonderem Maße eingeschränkt. Das könnte es rechtfertigen, den einzelnen Teilhaber in besonderem Maße vor Mehrheits-

---

438 BGHZ 81, 82, 84; MüKo/Schäfer § 719 Rn 12, 27; Soergel/Hadding/Kießling § 719 Rn 8, 13; Bamberger/Roth/Schöne § 719 Rn 5, 8; Palandt/Sprau § 719 Rn 4, 6; Karsten Schmidt, Gesellschaftsrecht, § 45 III 2.b), S. 1323.

beschlüssen zu schützen: Die Kompensation für die dauerhafte Festlegung auf die Gemeinschaft erfolgt durch die Schaffung einer Sperrminorität. Denn die Abschaffung von Mehrheitsbeschlüssen stellt nichts anderes als die Schaffung einer solchen Sperrminorität für jeden Teilhaber dar: Ohne den einzelnen Teilhaber kommt keine einvernehmliche Regelung zustande und eine billige Regelung hängt von anderen Faktoren ab: Auch eine Regelung, die nur ein Teilhaber durchsetzt, kann billig sein. Es ist zwar einzuräumen, dass die Mehrheitsverhältnisse bei dem, was billig ist, auch Berücksichtigung finden werden. Das erfolgt aber nur mittelbar und nach einer komplexen Abwägung aller Gesichtspunkte.

Mohr führt als Argument gegen die Zulassung von Mehrheitsbeschlüssen an, dass für die Grunddienstbarkeit die besonderen Bedürfnisse des herrschenden Grundstücks maßgeblich seien.[439] In der Tat kann ein Mehrheitsbeschluss dazu führen, dass einige Eigentümer herrschender Grundstücke durch eine Benutzungsregelung von der unmittelbaren Benutzung ausgeschlossen werden, wenn diese etwa nur einem einzelnen Teilhaber gegen Geldabfindung zugewiesen wird (vgl. Teil 2 II.1)b)cc)aaa)). Bei einer solchen Abfindung geht es dann nicht mehr direkt um die Bedürfnisse des Eigentümers eines herrschenden Grundstücks, der von der Benutzung, die sein Bedürfnis stillen soll, durch die Regelung gerade ausgeschlossen ist, sondern um die Begründung eines quasi von der Benutzung abgelösten finanziellen Vorteils. Im Ergebnis stellt eine solche Regelung durch Mehrheitsbeschluss nichts anderes als eine (eigentlich gar nicht mögliche, vgl. Teil 2 II.1)b)bb)(aaa)(b)) zwangsweise Verpachtung des Bruchteils an der Grunddienstbarkeit dar; damit wäre es aber möglich, die in der Benutzungsmöglichkeit des dienenden Grundstücks manifestierten Bedürfnisse einzelner Teilhaber gegen den Willen einzelner Teilhaber durch ein aliud zu ersetzen.

Gegen die Zulassung von Mehrheitsbeschlüssen könnte man zuletzt noch vorbringen, dass Mehrheitsbeschlüsse aufgrund der Begrenzung durch § 745 Abs. 3 BGB ohnehin nur einen geringen Anwendungsbereich haben. Bei wichtigen Entscheidungen in Bezug auf die Ausübung einer einheitlichen Grunddienstbarkeit – etwa deren Aufhebung oder die Veränderung der Nutzungsquoten – bedarf es ohnehin immer einer einvernehmlichen Entscheidung aller Eigentümer der herrschenden Grundstücke. Angesichts dieses geringen Anwendungsbereichs könnte man Mehrheitsbeschlüsse auch komplett als entbehrlich ansehen.

---

439 MüKo/Mohr § 1025 Rn 2: Das ist nicht so zu verstehen, dass das herrschende Grundstück gleichsam zu personifizieren wäre und ein Bewusstsein mit Bedürfnissen haben kann. Es geht vielmehr um die Bedürfnisse des jeweiligen Eigentümers im Hinblick auf die in der Grunddienstbarkeit vereinbarte Benutzung. Vgl. auch Walberer DNotZ 1958, 153–155; Staudinger/Weber (2017) § 1019 Rn 3; MüKo/Mohr § 1019 Rn 2.

Ob die Einengung der Möglichkeit, der Bruchteilsgemeinschaft an der Grunddienstbarkeit durch Veräußerung des Bruchteils oder Aufhebungsverlangen zu entgehen, die besonderen Bedürfnisse des herrschenden Grundstücks und die Beschränkung des Anwendungsbereichs durch § 745 Abs. 3 BGB aber die Abschaffung von Mehrheitsbeschlüssen erforderlich machen, erscheint zweifelhaft. Wie schon angedeutet, geht auf der anderen Seite die Handlungsfähigkeit der Bruchteilsgemeinschaft zurück; im Streitfall ist ein höherer Zeit- und Geldeinsatz erforderlich, bis eine Benutzung erfolgen kann, da zum Austarieren der gegenläufigen Interessen – wenn keine Einigung erfolgt – immer ein Gericht angerufen werden muss.

Weiterhin ist der Unsicherheitsfaktor, den eine Anwendung des § 1024 BGB mit sich bringt, nicht zu unterschätzen: Das Finden einer billigen Regelung bedeutet die Abwägung aller Interessen der Eigentümer der herrschenden Grundstücke zur Herstellung eines Interessenausgleichs. Naturgemäß ist das Ergebnis einer gerichtlichen Entscheidung darüber in vielen Fällen kaum vorhersehbar. Demgemäß wird darauf hingewiesen, dass die Kautelarjurisprudenz nach Möglichkeit Situationen vermeiden sollte, die zur Anwendung des Verfahrens nach § 1024 BGB führen.[440] Diese Bedenken gegen die direkte Anwendung des § 1024 BGB greifen erst recht bei Überlegungen über eine analoge Anwendung ein: Die Abschaffung des Mehrheitsprinzips und Ersetzung durch billige Regelungen bedeutet die planmäßige Schaffung von Unsicherheit. Ein klares Prinzip wird zugunsten eines höchst abstrakten und kaum zu fassenden Rechtsbegriffs geopfert.

Es ist auch anzumerken, dass § 745 BGB den einzelnen Teilhaber keineswegs schutzlos dem Diktat der Mehrheit aussetzt. Die Minderheit ist über § 745 Abs. 3 BGB hinsichtlich ihres Nutzungsanteils geschützt, sodass sie jedenfalls wirtschaftlich durch Mehrheitsbeschlüsse keine Benachteiligung zu befürchten hat. Es kann zwar sein, dass sie infolge eines Mehrheitsbeschlusses nicht an dem Vorgang der Fruchtziehung oder dem persönlichen Gebrauch teilnehmen kann, in jedem Fall verbleibt ihr aber immer ein mehrheitsfester Anspruch auf den anteiligen Ertrag aus der Benutzung.

Weiterhin stärkt die Einführung des Prinzips der Einstimmigkeit zwar die Privatautonomie des einzelnen Teilhabers, dadurch wird aber nicht das Grundproblem gelöst, dass sich der Teilhaber an einer Grunddienstbarkeit aus der

---

440 Staudinger/Weber (2017) § 1024 Rn 9; anders allerdings: Wegmann, Rn 254, der die Folgen des § 1024 BGB bei der unmittelbaren Anwendung des § 1024 BGB offenbar als unproblematisch einstuft und die „adäquaten und sicheren Folgen“ lobt. Das überzeugt angesichts des beschriebenen komplexen Abwägungsvorgangs allerdings nicht.

Bruchteilsgemeinschaft weder durch Veräußerung noch durch Teilung befreien kann. Es erscheint zu weitgehend, für diese geringe Erweiterung der Privatautonomie, die ohnehin jedenfalls wirtschaftlich keinen Mehrwert für den einzelnen Teilhaber schafft, eines der Grundprinzipien der §§ 741–758 BGB außer Kraft zu setzen und durch eine Analogie zu ersetzen.

Auch die Argumentation mit den besonderen Bedürfnissen der herrschenden Grundstücke überzeugt nicht. Es ist zwar einzuräumen, dass bei einigen Arten von Benutzungsregelungen der Schwerpunkt sich weg von den grundstücksbezogenen Bedürfnissen des Eigentümers des herrschenden Grundstücks gem. § 1019 BGB hin zu einem bloßen Vermögensvorteil verschieben kann, insbesondere, wenn die Benutzung nur einem Teilhaber gegen Ausgleichszahlung zugewiesen wird. Damit kann aber zum einen nur die Zulässigkeit einzelner Benutzungsregelungen infrage gestellt werden, worauf noch einzugehen sein wird, nicht aber das Mehrheitsprinzip als solches. Denn nicht jeder Mehrheitsbeschluss vernachlässigt notwendigerweise die Bedürfnisse einzelner Eigentümer herrschender Grundstücke. Darüber hinaus kann man einen Mehrheitsbeschluss, der einzelne Teilhaber von der Benutzung ausschließt und dies finanziell ausgleicht, durchaus als mittelbare Bedürfnisbefriedigung mit Bezug zum herrschenden Grundstück ansehen: Der Eigentümer eines herrschenden Grundstücks wird so wirtschaftlich in die Lage versetzt, sich anderweitig um die Bedürfnisdeckung zu kümmern, wenn die Bedürfnisbefriedigung für mehrere wegen des in der Grunddienstbarkeit festgelegten Benutzungskontingents nicht oder nicht in einem sinnvollen Umfang erfolgen kann. Es verbleibt bei den von der realen Benutzung durch Mehrheitsbeschluss ausgeschlossenen Eigentümern herrschender Grundstücke somit keine wirtschaftliche oder rechtliche, sondern höchstens eine persönlich empfundene Zurücksetzung beim Gebrauch der Grunddienstbarkeit, die im Interesse der Handlungsfähigkeit der Gemeinschaft hinzunehmen ist.

Zuletzt vermag auch der Verweis auf den durch § 745 Abs. 3 BGB beschränkten Anwendungsbereich von Mehrheitsbeschlüssen nicht zu überzeugen. Auch wenn viele wichtige Entscheidungen über die Grunddienstbarkeit nicht Gegenstand eines Mehrheitsbeschlusses sein können, verbleibt doch wenigstens ein essentieller Bereich für sie: Die Tatsache, dass die Quote der einzelnen Teilhaber an den Nutzungen mehrheitsfest ist, bedeutet nicht, dass dem einzelnen Teilhaber die reale Beteiligung am Gebrauch oder an den Früchten nicht durch Mehrheitsbeschluss gegen seinen Willen entzogen werden dürfte.[441] Es kann also durch Mehrheitsbeschluss der Gebrauch nur einem Teilhaber gegen Ausgleichszahlung

---

441 Staudinger/Eickelberg (2015) § 745 Rn 13.

zugewiesen werden (vgl. Teil 2 II.1)b)cc)bbb)(b)). Diese Gestaltung dürfte gerade bei Grunddienstbarkeiten, die wie im zweiten Beispielsfall nur die sinnvolle Benutzung des dienenden Grundstücks durch einen Eigentümer eines herrschenden Grundstücks zulassen, häufig die einzige sinnvolle Gestaltungsmöglichkeit sein. Es bleibt daher durchaus ein nicht zu unterschätzender Anwendungsbereich für Mehrheitsbeschlüsse.

Insgesamt ist festzustellen, dass die Ersetzung des Mehrheitsprinzips für die Bruchteilsgemeinschaft an einer einheitlichen Grunddienstbarkeit durch das mit der analogen Anwendung des § 1024 BGB verbundene Einstimmigkeitsprinzip keine Vorteile bringt, die die Analogie rechtfertigen würden.

ccc) Der Verlust von Gestaltungsmöglichkeiten

Darüber hinaus ist die analoge Anwendung des § 1024 BGB ärmer an Gestaltungsmöglichkeiten als die Anwendung des § 745 BGB. Nach ganz herrschender Meinung deckt der § 1024 BGB seinem Sinn und Zweck nach nicht die Beschränkung der Ausübungsbefugnis eines Teilhabers, indem die Benutzung des dienenden Grundstücks nur einem oder einigen Teilhabern gegen Geldabfindung der übrigen Teilhaber überlassen wird (vgl. Teil 2 II.2)b)bb)). Die Begründung hierfür, dass eine solche Regelung zu einer Ablösung des Benutzungsrechts von der Grunddienstbarkeit führen würde, überzeugt nicht. Dem Gesetz lässt sich eine derartige Einschränkung der Regelungsinhalte nicht entnehmen. Darüber hinaus verkennt ein allgemeines Verbot derartiger Regelungen, dass dies bei vielen Grunddienstbarkeiten oftmals der einzige Weg ist, um die sinnvolle Benutzung und Partizipation aller Teilhaber überhaupt irgendwie zu gewährleisten.

Eine derartige Einschränkung ist vor allem bei solchen Benutzungsdienstbarkeiten bedenklich, bei denen die Benutzung nur durch einen Teilhaber ausgeübt werden kann. In nicht wenigen Fällen wird nach der Realteilung die Beschaffenheit des dienenden Grundstücks nur die sinnvolle Benutzung durch einen Teilhaber ermöglichen und eine reale Aufteilung unter den Teilhabern unsinnig erscheinen lassen, obwohl nach wie vor jeder Eigentümer eines herrschenden Grundstücks ein Bedürfnis an der Benutzung gem. § 1019 BGB hat. Offensichtlich ist das im Beispiel zwei, in dem eine räumliche Aufteilung ausscheidet. Wenn mehrere Teilhaber um einen Parkplatz konkurrieren, wird auch eine zeitliche Aufteilung, wonach z. B. jeder Teilhaber den Stellplatz an bestimmten Tagen oder gar Stunden am Tag benutzen kann, im Regelfall nicht den Interessen der Teilhaber entsprechen, weil der Stellplatz beispielsweise von jedem Teilhaber jeden Tag benötigt wird. Hier bleibt als interessengerechte Option überhaupt nur die

Abfindung eines Teilhabers. Das gilt erst recht, wenn eine größere Anzahl von Teilhaber um die Benutzung konkurriert.

Aber auch in Fällen, in denen eine räumliche Aufteilung theoretisch möglich ist, wie in den Beispielen eins und drei, kann eine Aufteilung Probleme bereiten. Denn wenn es sich bei dem Garten nicht um eine quadratische, an allen Stellen gleich beschaffene Wiese handelt, kann die Gestaltung oder der Zuschnitt des Gartens eine sinnvolle Aufteilung in Parzellen trotzdem unmöglich machen. Einige Bereiche des Gartens können sich für eine bestimmte Benutzung besser eignen, als andere. Nach welchen Maßstäben soll dann aber eine Aufteilung erfolgen? Muss sich etwa der Teilhaber, der einen Teil des Gartens benutzen will, der aufgrund seines Bewuchses oder eines Teiches besonders attraktiv ist, dafür mit einer kleineren Fläche zufrieden geben? Und wenn ja, nach welchen Maßstäben ist das zu bestimmen? Gleiche Fragen kann auch der Abbau von Tonerde aufwerfen, wenn die Abbaubedingungen nicht an allen Stellen gleich sind. Die Fragen, die bei einer solchen erzwungenen realen Teilung auftauchen können, sind endlos und kaum zu beantworten.

Die Anwendung des § 1024 BGB zwingt aufgrund des Ausschlusses der Überlassung der Benutzung an einen Teilhaber gegen Geldzahlung die Teilhaber also in teilweise groteske Benutzungsregelungen, die in vielen Fällen weder den rechtlichen, wirtschaftlichen noch persönlichen Interessen der Teilhaber entsprechen werden.

ddd) Geltung gegen den Sondernachfolger

Fragen wirft auch die Geltung einmal gefundener Benutzungsregelungen gegen die Sondernachfolger der Eigentümer herrschender Grundstücke sowie die Eintragungsbedürftigkeit und -fähigkeit solcher Regelungen auf. Der darüber bestehende Streit bei der unmittelbaren Anwendung des § 1024 BGB wurde bereits dargestellt (vgl. Teil 2, II.2)b)bb)). Eine Diskussion des Streits kann in dieser Arbeit unterbleiben, weil Mohr als Hauptvertreter der hier diskutierten analogen Anwendung des § 1024 BGB auf die Grunddienstbarkeit nach der Realteilung des herrschenden Grundstücks diesbezüglich eine klare Antwort gibt: Wenn die gefasste Benutzungsregelung eine bloße Modifikation der Ausübung darstelle und den Bestand des Rechts nicht berühre, so sei sie nicht eintragungsfähig, wirke aber trotzdem gegen den Sondernachfolger. Liege dagegen eine Beschränkung des rechtsgeschäftlichen Inhalts vor, dann gelte die Regelung gegen Sondernachfolger nur nach Einigung und Eintragung im Grundbuch.

Diese Ansicht muss sich vor allem vorwerfen lassen, dass ihr Maßstab kaum bestimmbar ist. Mohr nennt keine klaren Kriterien für eine Grenzziehung. Es bleibt somit unklar, wann eine Regelung nun eine eintragungsbedürftige Inhaltsbeschränkung darstellt und wann eine bloße Ausübungsmodifikation vorliegen soll.[442] Es stellt sich ein Zuordnungsproblem: Es muss gefragt werden, welcher Kategorie die jeweilige Regelung zuzuordnen ist. In den Beispielen erscheint es völlig offen, ob z. B. eine Regelung, die die Benutzung des Gartens in realen Teilen bestimmt, nun bloße Modifikation ist, oder den Inhalt der Grunddienstbarkeit betrifft. Die Zuordnung erscheint hier eher eine Frage des Standpunktes, als ein belastbares Entscheidungskriterium zu sein. Das Recht Grunddienstbarkeit selbst wird seinem Umfang nach durch eine irgendwie geartete Benutzungsregelung nicht verändert, es wird nicht vermehrt oder verringert, sondern bleibt seinem Umfang nach insgesamt gleich: Objektiv handelt es sich daher um eine bloße Modifikation des Rechts Grunddienstbarkeit.[443] Gegenüber den Eigentümern der herrschenden Grundstücke kann man dagegen durchaus von einer Inhaltsänderung seines Bruchteils an der Grunddienstbarkeit sprechen. Beide Betrachtungen erscheinen möglich. Völlig unklar ist darüber hinaus auch, was in Grenzfällen gelten soll, wenn eine genaue Zuordnung einer Regelung zu einer Gruppe nicht erfolgen kann.

Der Mangel an entsprechenden Kriterien wirkt umso schwerer, als die Frage, unter welchen Voraussetzungen eine Regelung gegen den Sondernachfolger gilt, für den Rechtsverkehr von erheblicher Bedeutung ist. Im Grunde verliert eine derartige aufgespaltene Eintragungsmöglichkeit ihre grundbuchrechtliche Berechtigung, weil das Fehlen einer Eintragung für den potentiellen Erwerber eines herrschenden Teilgrundstücks nicht zwangsläufig bedeutet, dass keine Regelung existiert, die gegen ihn gilt. Er könnte daraus nur ableiten, dass jedenfalls keine gegen ihn wirkende Inhaltsbeschränkung vorliegt. Auch eine bloße Modifikation kann aber für den Erwerber von erheblichem Interesse sein. Zum Grundbuch als Publizitätsträger will es nicht recht passen, wenn eine Regelung in einem Fall eintragungsfähig sein soll und im anderen nicht. Soweit ersichtlich, findet bei keiner anderen Eintragung eine derartige Aufspaltung in eintragungsfähig und nicht eintragungsfähig statt. Das zeigen gerade die gesetzlich geregelten Fälle des § 1010 Abs. 1 BGB und § 10 Abs. 4 WEG, in denen sich der Gesetzgeber klar für die Eintragungsbedürftigkeit von Benutzungsregelung und einmal dagegen entschieden hat, ohne in irgendeiner Weise nach der Art der getroffenen Regelung zu differenzieren. Nur so wird für den Rechtsverkehr die nötige Klarheit geschaffen.

442 Staudinger/Weber (2017) § 1024 Rn 10.

443 Ansonsten würde die Eintragungsbedürftigkeit und -fähigkeit einer Benutzungsregelung schon aus §§ 877, 873 BGB folgen.

eee) Zwischenergebnis

Insgesamt ist festzustellen, dass die analoge Anwendung des § 1024 BGB gegenüber der Anwendung des § 745 BGB einige Nachteile mit sich bringt. Die Abschaffung von Mehrheitsbeschlüssen bringt eine Verschlechterung der Handlungsfähigkeit der Teilhaber mit sich. Wichtige Gestaltungsmöglichkeiten gehen verloren und die grundbuchrechtliche Lage hinsichtlich gefasster Regelungen ist weitgehend unklar.

3) Kombinierende Ansätze

a) Außen- und Innenverhältnis

Eine Kombination aus den beiden gerade beschriebenen Ansichten vertritt Ahrens.[444] Ahrens sieht die Eigentümer der herrschenden Grundstücke als Bruchteilsgemeinschaft gem. §§ 741–758 BGB an und folgt somit im Außenverhältnis offenbar der herrschenden Meinung. Im Innenverhältnis möchte er dann aber, der Ansicht Mohrs folgend, statt § 745 BGB die Vorschrift des § 1024 BGB entsprechend anwenden. Da dieser Ansatz nur eine Vermischung von bereits beschriebenen Ansätzen darstellt, bedarf es keiner erneuten detaillierten Darstellung der Auswirkungen für das Innen- und Außenverhältnis bei der Ausübung der Grunddienstbarkeit. Vielmehr kann aus den vorherigen Ausführungen bereits ein Zwischenergebnis gezogen werden.

- Im Außenverhältnis können Verfügungen über die Grunddienstbarkeit in Form der Aufhebung und inhaltlichen Veränderung gem. § 747 S. 2 BGB nur durch alle Teilhaber gemeinschaftlich vorgenommen werden. Die Teilhaber können sich gegen die Beeinträchtigung der Grunddienstbarkeit durch den Eigentümer des dienenden Grundstücks sowie Dritte gem. § 744 Abs. 1 bzw. § 747 S. 2 BGB nur gemeinsam zur Wehr setzen.
- Im Innenverhältnis können Benutzungsregelungen durch entsprechende Anwendung des § 1024 BGB, wie bei Mohr, nur in einem zweistufigen System gefasst werden: einvernehmlich oder durch billige Regelung. Die Möglichkeit von Regelungen durch Mehrheitsbeschlüsse entfällt. Der Inhalt der möglichen Regelungen ist reduziert: Der Ausschluss einzelner Eigentümer herrschender Grundstücke gegen Geldabfindung ist nicht möglich. Ob und wie die Benutzungsregelung für Sondernachfolger gilt, muss jeweils im Einzelfall entschieden werden. Beschränkt sie den rechtsgeschäftlichen Inhalt der

---

444 PWW/Ahrens § 1025 Rn 2, 3; diese Ansicht wurde bereits in der Vorauflage von Eickmann vertreten.

Grunddienstbarkeit, ist sie eintragungsfähig und bedarf dieser Eintragung auch, um für Sondernachfolger zu gelten. Stellt sie eine bloße Modifikation der Grunddienstbarkeit dar, ist die Regelung nicht eintragungsfähig, entfaltet ihre Wirkung aber auch gegenüber dem Sondernachfolger.

Die genau umgekehrte Kombination der beiden zuerst beschriebenen konträren Standpunkte nimmt eine weitere Meinung vor.[445] Im Außenverhältnis soll den Teilhabern die einheitliche Grunddienstbarkeit – insofern Mohr folgend – als modifizierte Gesamtberechtigung analog §§ 428, 432 BGB zustehen; im Innenverhältnis sollen dagegen die Regeln der Bruchteilsgemeinschaft gelten, ohne die Verdrängung § 745 BGB durch eine entsprechende Anwendung des § 1024 BGB. Die Ausübung der einheitlichen Grunddienstbarkeit lässt sich damit unter Berücksichtigung der bereits gefundenen Erkenntnisse wie folgt zusammenfassen:

- Für das Außenverhältnis gilt: Jedem Eigentümer eines herrschenden Grundstücks steht ein Verteidigungsrecht in Bezug auf die gesamte Grunddienstbarkeit zu und Verfügungen können nur durch alle Teilhaber erfolgen. Ersteres wird aus einer rechtsfortbildenden Analogie zu §§ 428, 432 BGB abgeleitet, die zu einer modifizierten Gesamtgläubigerschaft vereint werden, Letzteres aus der ergänzenden Anwendung des § 747 S. 2 BGB.
- Für das Innenverhältnis gilt: Die Teilhaber können die Benutzung durch einvernehmliche Einigung, Beschluss oder billige Regelung organisieren. Der Nutzungsanteil ist allerdings Mehrheitsbeschlüssen und Gerichtsentscheidungen entzogen. Solche Regelungen binden Rechtsnachfolger gem. § 746 BGB.

b) *Bewertung der Ansätze*

Ahrens Ansatz der Anwendung der §§ 741–758 BGB im Innen- und Außenverhältnis, wobei im Innenverhältnis § 1024 BGB analog die Anwendung des § 745 BGB verdrängen soll, vereint die Schwächen der herrschenden Meinung und des Ansatzes von Mohr. Im Außenverhältnis wird die Verteidigung durch den Zwang zum gemeinsamen Vorgehen erschwert. Im Innenverhältnis sieht sich dieser Ansatz denselben Kritikpunkten wie Mohr ausgesetzt: Insbesondere die Abschaffung des Mehrheitsprinzips, aber auch der Verlust von Gestaltungsmöglichkeiten, sowie die Unklarheit hinsichtlich der Geltung gegen den Sondernachfolger stellen gravierende Nachteile dar. Diese Kombination der beiden bereits beschriebenen Ansätze überzeugt daher nicht.

---

445 Lemke/Böttcher § 1025 Rn 1; Böttcher, RPfleger 1989, 133, 141; Adamczyk, MittRhNotK 1998, 105, 108.

Auch die gegenteilige Kombination der beiden erstgenannten Ansätze dahin gehend, dass den Teilhabern die Grunddienstbarkeit nach Teilung des herrschenden Grundstücks im Außenverhältnis als modifizierte Gesamtberechtigung gem. §§ 428, 432 BGB analog zustehen soll und im Innenverhältnis die §§ 741–758 BGB, inklusive des Mehrheitsprinzips nach § 745 Abs. 1 BGB gelten sollen, überzeugt nicht. Es wurde bereits ausgeführt, dass die Konstruktion der modifizierten Gesamtberechtigung, obwohl sie im Ergebnis der Anwendung der §§ 741–758 BGB vorzuziehen ist, nicht zu überzeugen vermag, weil sie einerseits zu einer gesetzlich nicht vorgesehenen Typenkombination führen würde und andererseits das Außenverhältnis nicht umfassend beschreibt. Im Innenverhältnis ist dagegen unter Verkehrsschutzgesichtspunkten die mit den §§ 741–758 BGB einhergehende Anwendung des § 746 BGB bedenklich, die dazu führt, dass Benutzungsregelungen ohne Rücksicht auf Grundbucheintragungen immer gegen den Sondernachfolger gelten.

4) Gläubigermehrheit gem. § 432 BGB und Bruchteilsgemeinschaft

a) Außen- und Innenverhältnis

Ein weiterer Ansatz wird von Stürner vertreten.[446] Stürner bestimmt das Außenverhältnis anders als die bisher beschriebenen Ansätze. Auch er geht zwar grundsätzlich von der Geltung der § 741–758 BGB aus. Auf Verfügungen über die einheitliche Grunddienstbarkeit will er ausdrücklich § 747 S. 2 BGB anwenden, sodass alle Eigentümer herrschender Grundstücke an der Aufhebung und inhaltlichen Änderung einer Grunddienstbarkeit beteiligt werden müssen. Stürner ist aber darüber hinaus der Meinung, dass die Eigentümer die Grunddienstbarkeit zusammen geltend machen können, jeder der Eigentümer die Grunddienstbarkeit aber auch im Rahmen des § 432 BGB ausüben kann.[447]

Diese Aussage kann bei der Grunddienstbarkeit sinnvoll nur auf die Verteidigung der Grunddienstbarkeit bezogen werden. Diese soll sich nach der Vorstellung Stürners also wohl nach § 432 BGB richten. Danach kann jeder Eigentümer eines herrschenden Grundstücks die Grunddienstbarkeit voll gegen Beeinträchtigungen verteidigen. Da Stürner aber § 432 BGB nicht mit § 428 BGB zu einer modifizierten Gesamtberechtigung verschmilzt, muss angenommen werden, dass Stürner § 432 BGB ohne Modifizierung anwenden will. Danach kann jeder Eigentümer eines herrschenden Grundstücks die Grunddienstbarkeit zwar

---

446 Soergel/Stürner § 1025 Rn 1.

447 Soergel/Stürner § 1025 Rn 1.

ganz verteidigen, er kann aber insofern nur Leistung an alle fordern. Wie eine Leistung an alle bei der Verteidigung einer Grunddienstbarkeit, die regelmäßig in der Geltendmachung einer negatorischen Klage gem. §§ 1027, 1004 BGB bestehen wird, aussehen soll, beschreibt er allerdings nicht.

Im Innenverhältnis möchte Stürner dagegen ebenfalls die §§ 741–758 BGB und insbesondere § 745 BGB anwenden und folgt somit der herrschenden Meinung.

b) Bewertung des Ansatzes

Der Ansatz Stürners weicht nur hinsichtlich des Außenverhältnisses bei der Verteidigung der Grunddienstbarkeit von der Anwendung der §§ 741–758 BGB ab. Die Anwendung des § 432 BGB bedeutet, dass die Teilhaber an der Grunddienstbarkeit ihr Recht entweder gemeinsam verteidigen können oder jeder Teilhaber die Grunddienstbarkeit einzeln verteidigen kann, aber Leistung an alle Teilhaber fordern muss.

Dieser Ansatz scheint nicht von vornherein gesetzessystematisch ausgeschlossen. Die Geltung des dem Schuldrecht entnommenen Gemeinschaftsverhältnisses gem. § 432 BGB auch im Sachenrecht ist allgemein anerkannt,[448] auch für die Grunddienstbarkeit: Die Eintragung der Eigentümer des herrschenden Grundstücks als Mitberechtigte nach § 432 BGB an einer Grunddienstbarkeit ist nach herrschender Meinung zulässig.[449] Einen Hinweis des Gesetzgebers für die Geltung des § 432 BGB im Sachenrecht könnte man aus § 1011 BGB ableiten, in dem jedenfalls für den Fall des Miteigentums auf § 432 BGB Bezug genommen wird.[450] Daraus wird deutlich, dass die Regelung dem Sachenrecht nicht völlig wesensfremd ist.

Auch die Voraussetzung für die Anwendung des § 432 BGB, wonach mehrere eine unteilbare Leistung zu fordern haben müssen, ist im Fall der Grunddienstbarkeit erfüllt. Denn eine Grunddienstbarkeit und die aus ihr folgenden Verpflichtungen sind, wie bereits bei der Frage nach der Aufhebung der Bruchteilsgemeinschaft an der Grunddienstbarkeit durch Teilung in Natur festgestellt wurde, nicht teilbar (vgl. Teil 2 II.1)b)dd)).

---

448 Schon der Gesetzgeber hebt hervor, dass „(...) auch die dinglichen, in einem Recht an der Sache sich gründenden Ansprüche den Vorschriften des allgemeinen Theiles des Obligationsrechtes unterliegen.“, vgl. Motive III, S. 444; vgl. auch BGHZ 46, 253, 254; LG Bochum, RPfleger 1981, 148 mit Nachweisen aus der Rechtsprechung.

449 Palandt/Herrler § 1018 Rn 3; Schöner/Stöber Rn 1125; Amann, DNotZ 2008, 324, 338 f.

450 Amann, DNotZ 2008, 324, 338.

Die Anwendbarkeit von § 432 BGB wird derzeit, soweit ersichtlich, nur vereinzelt mit dem Hinweis bestritten, § 432 BGB spreche nur von Leistungen und sei daher auch nur auf Leistungsrechte, nicht aber auf Dienstbarkeiten, bei denen es um ein Dulden und damit ein Unterlassen geht, anwendbar.[451] Diese begriffliche Argumentation überzeugt allerdings nicht. Denn der Begriff der Leistung ist offen: Er erfasst, wie aus § 241 Abs. 1 S. 2 BGB hervorgeht, nicht nur positive Leistungen, sondern auch negative Leistungen in Form des Unterlassens.

Die Bedenken gegen die Anwendung des § 432 BGB ergeben sich jedoch bei der praktischen Anwendung der Vorschrift. Es ist völlig unklar, wie eine Anwendung dieser Norm auf die Ausübung einer Grunddienstbarkeit auszusehen hätte. Wie soll die Leistung eines Duldens der Benutzung des dienenden Grundstücks an alle Teilhaber gemeinschaftlich aussehen, wenn nur ein Teilhaber die Grunddienstbarkeit beanspruchen möchte, er aber die Duldung der Benutzung nur an alle verlangen kann?[452] Es fragt sich, ob bei einem durch negatorische Klage durchgesetzten Dulden überhaupt eine Leistung an mehrere Gläubiger vorstellbar ist. Die Duldung der Benutzung des Grundstücks als Garten, Stellplatz oder Abbaugebiet gegenüber einem von mehreren Eigentümern eines herrschenden Grundstücks ist immer nur einer Teilleistung vergleichbar,[453] nicht aber der in § 432 Abs. 1 BGB vorgesehenen Erbringung einer einheitlichen, ungeteilten Leistung.

Obwohl § 432 BGB begrifflich auch negative Leistungen erfasst, ist § 432 BGB seinem Wesen nach doch für die Geltendmachung von aktiven Leistungen konzipiert und nicht für die Geltendmachung der Duldung von Nutzungen, bei denen Passivität geschuldet ist.[454]

5) Andere denkbare Ansätze

Die bisherigen Ansätze werden von ihren Vertretern als Lösungsansätze konkret für den Fall der Teilung des herrschenden Grundstücks vertreten. Denkbar sind aber zumindest für das Außenverhältnis auch noch andere Ansätze. Orientierungspunkt sind hier die Rechtsverhältnisse, die bei der anfänglichen Bestellung einer einheitlichen Grunddienstbarkeit in das Grundbuch eintragungsfähig sind, wenn diese nicht erst nachträglich durch Teilung des herrschenden Grundstücks entsteht. Denn was rechtsgeschäftlich vereinbart werden kann, kann möglicher-

---

451 Kuntze/Ertl/Herrmann/Eickmann § 47 Rn 15.

452 Staudinger/Weber (2017) § 1018 Rn 51 a; Mayer, MittBayNot 2002, 288, 289; LG Traunstein, RPfleger 1987, 242.

453 Selb, S. 252.

454 Staudinger/Weber (2017) § 1018 Rn 51 a.

weise auch gesetzliche Folge einer Realteilung sein. Denkbar erscheinen insofern Gesamtgläubigerschaft entsprechend § 428 BGB, Bruchteilsberechtigung im Sinne von § 420 BGB und ein Berechtigungsverhältnis analog §§ 1024, 1025 BGB. Dagegen scheidet eine Grunddienstbarkeit für mehrere jeweilige Eigentümer verschiedener herrschender Grundstücke in Gesamthandsgemeinschaft, etwa als GbR gem. §§ 705–740 BGB, aus: Es gibt keine Gemeinschaft zur gesamten Hand für mehrere Grundstücke unter sich.[455] Speziell die GbR kommt darüber hinaus gem. § 705 BGB immer durch einen Gesellschaftsvertrag zustande. Die Gemeinschaft an der Grunddienstbarkeit entsteht aber gerade nicht durch einen Gesellschaftsvertrag, sondern ist die Folge der Verfügungen, die zur Realteilung des herrschenden Grundstücks führen (vgl. Teil 2 II.1)a)bb)aaa)(a)).

a) *Gesamtgläubigerschaft entsprechend § 428 BGB*

Die Gesamtberechtigung ist nach ganz herrschender Meinung als Berechtigungsverhältnis für dingliche Rechte anzuerkennen.[456] Die Eigentümer mehrerer herrschender Grundstücke können demnach in Bezug auf eine ihnen gemeinsam zustehende, einheitliche Grunddienstbarkeit auch die Gesamtgläubigerschaft gem. § 428 BGB als Berechtigungsverhältnis im Sinne des § 47 GBO eintragen lassen.[457] Die Anwendung des § 428 BGB führt zu dem Ergebnis, dass der Eigentümer des dienenden Grundstücks ein Wahlrecht hat, wem gegenüber er die Benutzung seines Grundstücks dulden will (s. o. Teil II 2)a)aa)). Er kann daher im Außenverhältnis bestimmen, welchem Eigentümer eines herrschenden Grundstücks gegenüber er in welchem Umfang die Benutzung seines Grundstücks dulden will. Auf die Verteidigung einer Grunddienstbarkeit bezogen bedeutet das, dass zwar jeder Eigentümer eines herrschenden Grundstücks die Duldung der Ausübung vom Eigentümer des dienenden Grundstücks verlangen kann;[458] der

---

455 Meikel/Böhringer § 47 Rn 110; Bauer/von Oefele/Wegmann § 47 Rn 77; Haegele, BWNotZ 1969, 127; Böttcher, RpflStud. 2010, 164; Roemer, MittRhNotK 1960, S. 604.

456 BGHZ 46, 253, 255 f.; MüKo/Bydlinski § 428 Rn 13; Bamberger/Roth/Gehrlein § 428 Rn 4; NK-BGB/Völzmann-Stickelbrock § 428 Rn 15; Erman/Böttcher § 428 Rn 14; Palandt/Grüneberg § 428 Rn 4; aA Weitnauer DNotZ 1968, 706 mit dem Hinweis, ein Benutzungsrecht gebe kein Recht zur Befriedigung. Damit fehle es an der Voraussetzung für eine Gesamtgläubigerschaft.

457 BGHZ 46, 253, 255 f.; BayObLG, MittBayNot 2002, 288; Kuntze/Ertl/Herrmann/Eickmann § 47 Rn 11 f.; Schöner/Stöber Rn 1125; Meikel/Morvilius Einl. B Rn 329; Bauer/von Oefele/Wegmann § 47 Rn 81; Palandt/Herrler § 1018 Rn 3; Soergel/Stürner, § 1018 Rn 38; Erman/Grziwotz § 1018 Rn 5.

458 Amann, DNotZ 2008, 338.

Eigentümer des dienenden Grundstücks kann dann aber entscheiden, in welchem Ausmaß er gegenüber jedem Eigentümer eines herrschenden Grundstücks die Benutzung duldet. Das Verteilungsrisiko hinsichtlich der Duldungspflicht aus der Grunddienstbarkeit wird damit den Eigentümern der herrschenden Grundstücke aufgebürdet.[459] Hinsichtlich der Verfügung über die Grunddienstbarkeit lässt sich § 428 BGB dagegen keine Aussage entnehmen. Im Rahmen einer Typenkombination müsste daher, wie auch schon im Fall der modifizierten Gesamtberechtigung auf § 747 S. 2 BGB zurückgegriffen werden, mit der Folge, dass Verfügungen nur durch alle Eigentümer der herrschenden Grundstücke gemeinsam möglich sind (vgl. Teil 2, II.2)a)bb)bbb)).

Bei Anwendung des § 428 BGB wäre hinsichtlich der Benutzung der Grunddienstbarkeit systematisch an § 430 BGB anzuknüpfen, weil diese Vorschrift den Ausgleich unter Gesamtgläubigern im Innenverhältnis regelt.[460] Dies hätte zur Folge, dass zwischen den Eigentümern der herrschenden Grundstücke jeweils Ausgleichsansprüche gegeneinander für die aus der Grunddienstbarkeit fließenden Leistungen bestehen. Die Leistung aus der Grunddienstbarkeit ist im Dulden der Benutzung des dienenden Grundstücks durch seinen Eigentümer zu sehen, die sich in Form von Nutzungen materialisiert. Nach der Regel des § 430 BGB wären gezogene Früchte und Gebrauchsvorteile unter den Eigentümern der herrschenden Grundstücke im Zweifel nach Kopfteilen auszugleichen.

Wie schon beschrieben, handelt es sich bei der Anwendung des § 428 BGB auf die Ausübung der Grunddienstbarkeit nach der Realteilung des herrschenden Grundstücks um einen Ansatz, der nicht in der Literatur vertreten wird. Dogmatisch scheint dieser Weg durchaus gangbar: Auch § 428 BGB soll nach allgemeiner Ansicht für dingliche Rechte gelten[461] und bei der Bestellung einer einheitlichen Grunddienstbarkeit zulässiges, nach § 47 GBO eintragungsfähiges, Gemeinschaftsverhältnis sein können.[462]

Ebenso einmütig wie die grundsätzliche Anwendbarkeit des § 428 BGB wird allerdings festgestellt, dass die Anwendung des § 428 BGB bei der Ausübung der Grunddienstbarkeit im Außenverhältnis Probleme aufwirft und keine sinnvolle Lösung bietet. Die Eintragung eines solchen Gemeinschaftsverhältnisses

459 NK-BGB/Völzmann-Stickelbrock § 430 Rn 1; Selb, S. 261.

460 Staudinger/Looschelders (2012) § 430 Rn 1.

461 BGHZ 46, 253, 254 f.; Schöner/Stöber Rn 260; Demharter § 47 Rn 11; Palandt/Grüneberg § 428 Rn 4.

462 BayObLG, RPfleger 1966, 367; OLG Frankfurt, NJW 1969, 469; Schöner/Stöber Rn 260; Meikel/Böhringer § 47 Rn 144; Kuntze/Ertl/Herrmann/Eickmann § 47 Rn 12; Bauer/von Oefele/Wegmann § 47 Rn 81; aA Rütten, S. 272.

wird daher als nicht erstrebenswert angesehen.[463] Im Außenverhältnis führt sie auf Rechtsfolgenseite zu unerwünschten Ergebnissen, da § 428 S. 1 BGB dem Schuldner ein Auswahlrecht einräumt. Am plastischsten wird dies von Amann geschildert, der feststellt, die Anwendung des § 428 BGB rufe nur realitätsferne „absurde Fragen" hervor, denen „kabarettreife Antworten" folgen müssten.[464] In der Tat erscheint es merkwürdig, wenn der Eigentümer des dienenden Grundstücks durch die Anwendung des § 428 BGB zum Herrscher aufgewertet wird, der sein Dulden nach eigenem Gutdünken nur einem der Teilhaber zukommen lassen kann. Das führt zu einer übermäßigen Stärkung des Eigentümers des dienenden Grundstücks. Eine derartig gestaltende Stellung sieht das Gesetz für den Eigentümer des dienenden Grundstücks auch an keiner Stelle vor. Allgemein trifft ihn eine passive Rolle, in der er durch §§ 1020 S. 1, 1025 S. 1 BGB geschützt wird; auf die Ausübung durch die Eigentümer der herrschenden Grundstücke hat er keinen Einfluss. In Bezug auf Grunddienstbarkeiten wird die Anwendung des § 428 BGB somit zwar für zulässig, aber unbrauchbar gehalten.[465]

Darüber hinaus setzt das Rechtsverhältnis nach § 428 BGB eine große Vertrauensverbundenheit unter den Berechtigten voraus, da mit der Leistung des Eigentümers des dienenden Grundstücks an einen Eigentümer eines herrschenden Grundstücks das Recht der anderen verloren geht.[466] Auch wenn unter mehreren Berechtigten ein Ausgleichsanspruch nach § 430 BGB besteht, wird eine solche Verbundenheit unter mehreren Eigentümern herrschender Grundstücke, die nur durch die Realteilung hinsichtlich der Grunddienstbarkeit miteinander in Kontakt geraten und sich daher in der Regel fremd sein werden, selten gegeben sein. Das Fehlen einer derartigen Verbundenheit zwischen den Eigentümern der herrschenden Grundstücke nach der Realteilung spricht ebenfalls gegen die Anwendung des § 428 BGB.

Bei der Anwendung des § 428 BGB im Außenverhältnis müsste man auf das Innenverhältnis konsequenterweise § 430 BGB anwenden. Der Inhalt dieser Vor-

---

463 Mayer, MittBayNot 2002, 288, 289; Bauer/von Oefele/Wegmann § 47 Rn 81; Amann, DNotZ 2008, 324, 337 f.; Woelki, RPfleger 1968, 214.

464 Amann, DNotZ 2008, 337 f.; ähnlich auch Meier, AcP 205 (2005), 900, die die Anwendung des § 428 BGB auf Grunddienstbarkeiten für „evident interessenwidrig" hält. Rütten S. 272, der eine Gesamtberechtigung iSd § 428 BGB allgemein ablehnt, begründet dies ebenfalls mit dem durch die Anwendung des § 428 BGB entstehenden Auswahlrecht des Eigentümers des dienenden Grundstücks.

465 Amann, DNotZ 2008, 324, 337 f.

466 Roemer, MittRhNotK 1960, 595.

schrift ist aber zu dürftig, um das Innenverhältnis zwischen den Eigentümern der herrschenden Grundstücke, welches durch vielfältige Beziehungen gekennzeichnet ist, umfassend zu regeln. Im Streitfall müsste dann doch auf die Regelungen der §§ 741–758 BGB zurückgegriffen werden.[467]

Insgesamt ist festzustellen, dass sich § 428 BGB nicht für die Anwendung auf einheitliche Grunddienstbarkeiten eignet. Insofern muss man schon von der Verwendung dieses Gemeinschaftsverhältnisses auf freiwilliger Basis bei der geplanten Bestellung einer einheitlichen Grunddienstbarkeit abraten. Umso weniger eignet sich dieses Gemeinschaftsverhältnis aber für die Anwendung auf eine einheitliche Grunddienstbarkeit, die durch die Eigentümer der herrschenden Grundstücke im Regelfall nicht bewusst geschaffen wird, sondern nur als Reflex aus den mit der Realteilung und der Veräußerung verbundenen Verfügungen entsteht.

b) Teilgläubigerschaft im Sinne von § 420 BGB

Vereinzelt wird bei Grunddienstbarkeiten, die einen teilbaren Leistungsgegenstand haben auch die Bestellung als Bruchteilsberechtigung im Sinne von § 420 BGB für möglich gehalten.[468] Was damit allerdings genau gemeint ist, ist unklar. Ob dies bei der Grunddienstbarkeit wirklich ein selbstständiges eintragungsfähiges Gemeinschaftsverhältnis sein kann, erscheint fraglich. In der Literatur findet sich zu einer derartigen Eintragungsmöglichkeit für eine Grunddienstbarkeit im Grundbuch nichts, vielmehr wird darin offenbar ein Fall der Bruchteilsgemeinschaft, also als Fall der §§ 741–758 BGB, gesehen.[469]

Die Anwendung des § 420 BGB wäre nur bei teilbaren Leistungen möglich. Deswegen dürfte die Anwendung des § 420 BGB bei Grunddienstbarkeiten ausscheiden, weil teilbare Leistungsgegenstände in Bezug auf die Ausübung der Grunddienstbarkeit, deren Leistungsgegenstand in einem Dulden besteht, kaum denkbar sind.[470] Es wurde bereits festgestellt, dass die Rechtsnatur der Grunddienstbarkeit einer Aufteilung entgegensteht (vgl. Teil 2 II.1)b)dd)). Man kann also in Bezug auf eine Grunddienstbarkeit und die aus ihr folgende Duldungsverpflichtung des Ei-

467 Woelki, RPfleger 1968, 208, 213.

468 Palandt/Herrler § 1018 Rn 3 unter Verweis auf BayObLG, MittBayNot 2002, 288: Allerdings nimmt das BayObLG hierzu gar nicht Stellung. Nur die Vorinstanz nimmt an, dass diese Möglichkeit besteht.

469 Schöner/Stöber Rn 261; Meikel/Böhringer § 47 Rn 136; ähnlich auch Rütten, S. 42 f., der eine analoge Anwendung der §§ 741–758 BGB andenkt.

470 So auch PWW/Ahrens § 1018 Rn 8.

gentümers des dienenden Grundstücks nicht von einer teilbaren Leistung im Sinne des § 420 BGB sprechen. Die Vorschrift kann daher weder direkt noch analog zur Beantwortung der Frage, wie eine Grunddienstbarkeit durch mehrere Eigentümer herrschender Grundstücke ausgeübt wird, herangezogen werden.

Darüber hinaus wäre auch unklar, was § 420 BGB in Bezug auf die Ausübung einer Grunddienstbarkeit überhaupt für einen Aussagegehalt haben könnte. Die Regelung ließe sich höchstens als Regelung des Außenverhältnisses interpretieren, wonach jeder Eigentümer eines herrschenden Grundstücks selbstständig nach dem Kopfprinzip nur einen Teil der Grunddienstbarkeit in Höhe seines Bruchteils verteidigen könnte.[471] Über die Verfügung und das Innenverhältnis zwischen den Eigentümern der herrschenden Grundstücke trifft § 420 BGB dagegen von vornherein keine Aussage; eine § 430 BGB entsprechende Regelung existiert für § 420 BGB nicht.[472] Mangels Alternative müsste diesbezüglich auf die Regelungen der §§ 741–758 BGB zurückgegriffen werden.[473]

Insgesamt ist festzustellen, dass § 420 BGB die Ausübung einer Grunddienstbarkeit nicht zu beschreiben vermag. Es handelt sich damit nicht um einen Lösungsansatz, der im Rahmen dieser Arbeit weiter diskutiert werden müsste.

c) *Berechtigungsverhältnis analog §§ 1024, 1025 BGB*

Nach einer weiteren Ansicht soll sich das Verhältnis zwischen den an der Grunddienstbarkeit berechtigten Eigentümern der herrschenden Grundstücke auch als Berechtigungsverhältnis analog §§ 1024, 1025 BGB beschreiben lassen und so im Grundbuch eintragbar sein.[474] Der Aussagegehalt einer derartigen Eintragung soll folgender sein: Es wird lediglich eine einheitliche Grunddienstbarkeit bestellt. Die jeweilige Benutzung und das Verhältnis der Berechtigten untereinander soll sich nach billigem Ermessen richten.[475] Ein so verstandenes Berechtigungsverhältnis analog §§ 1024, 1025 BGB regelt nur das Innenverhältnis zwischen den Eigentü-

471 MüKo/Bydlinski Vor § 420 Rn 10; Erman/Böttcher § 420 Rn 6.

472 Erman/Böttcher § 420 Rn 7.

473 So wohl auch Selb, S. 241 f. und Rütten, S: 42 f.; letzterer hält eine analoge Anwendung für denkbar.

474 LG Kassel, RPfleger 2009, 502; Amann, DNotZ 2008, 339; NK-BGB/Otto, § 1018 Rn 36; Kesseler, MittBayNot 2006, 468, 470 f.; Stavorinus, NotBZ 2017, 257; wohl auch: Beck'sches Notar-Handbuch/Everts A VII Rn 17; gegen eine derartige Eintragungsmöglichkeit mit beachtlichen Gründen: Schöner/Stöber Rn 1125; Staudinger/Weber (2017) § 1018 Rn 51a; Meikel/Morvilius Einl. B Rn 329; Böttcher, RpflStud. 2010, 164.

475 LG Kassel, RPfleger 2009, 502, 503.

mern der herrschenden Grundstücke und trifft keine Aussage darüber, was nach außen gelten soll.[476] Damit hat diese Ansicht aber für diese Arbeit keinen weiteren Aussagegehalt. Indem sie die Anwendung des § 1024 BGB befürwortet, führt sie zu dem schon von Mohr vertretenen Ergebnis, der Anwendung des § 1024 BGB anstelle des nach der herrschenden Meinung geltenden § 745 BGB. Es geht bei diesem Ansatz somit nur darum, eine zusätzliche Eintragungsmöglichkeit für eine einheitliche Grunddienstbarkeit zugunsten mehrerer herrschender Grundstücke zu schaffen; mit dem Verweis auf § 1024 BGB wird aber für die Frage der Ausübung der Grunddienstbarkeit nach der Realteilung kein neuer materieller Ansatz begründet. Das Berechtigungsverhältnis analog §§ 1024, 1025 BGB ist daher kein neuer Ansatz, der im Rahmen dieser Arbeit weiter diskutiert werden müsste.

6) Eigener Ansatz: Modifizierung des ersten Ansatzes

Die bisherige Untersuchung hat ergeben, dass in der Literatur insgesamt fünf Ansätze zu der Frage der Ausübung einer Grunddienstbarkeit nach der Realteilung des herrschenden Grundstücks vertreten werden. Allerdings handelt es sich dabei nicht um fünf völlig selbstständige Ansätze. Allen Ansätzen ist zunächst gemeinsam, dass sie in unterschiedlichem Umfang die Regeln der Bruchteilsgemeinschaft anwenden und die Vorschriften der §§ 741–758 BGB somit als Ausgangspunkt ansehen. Die Unterschiede bestehen dann auch nur in einzelnen – wenn auch wichtigen – Details. Weiterhin fällt auf, dass die gerade unter Teil 2 II.3) geschilderten Ansätze nur die Modelle der ersten beiden unter Teil 2 II. 1) und 2) geschilderten Ansätze anders kombinieren, ohne aber, von dieser Neukombination abgesehen, neue Lösungsmöglichkeiten beizutragen. Die letzte Ansicht (Teil 2 I.4)) begnügt sich mit einem anderen Ansatz bei der Beschreibung des Außenverhältnisses. Als ein weiterer denkbarer, nicht von der Literatur vertretener Ansatz tritt schließlich noch die analoge Anwendung der §§ 428, 430 BGB hinzu (Teil 2 I.5)a)).

Nach der Darstellung und Bewertung der unterschiedlichen Ansätze zeigte sich, dass keine der dargestellten Ansichten restlos zu überzeugen vermag. Die ausschließliche Anwendung der §§ 741–758 BGB überzeugt zwar sowohl

---

476 Die Eintragung eines derartigen Rechtsverhältnisses erscheint schon aus grundbuchrechtlichen Gründen bedenklich: Die Eintragung des Gemeinschaftsverhältnisses nach § 47 GBO soll primär die Verfügungsbefugnis und damit das Außenverhältnis hinsichtlich des gemeinschaftlichen Gegenstandes zum Schutz des Rechtsverkehrs anzeigen, nicht aber das Innenverhältnis zwischen den Teilhabern (vgl. nur Meikel/Böhringer § 47 Rn 1; Bauer/von Oefele/Wegmann § 47 Rn 8; Hügel/Reetz § 47 Rn 1). Die Verfügungsbefugnis zeigt eine Eintragung als Berechtigungsverhältnis analog §§ 1024, 1025 BGB aber gerade nicht an.

dogmatisch, als auch hinsichtlich der Möglichkeit von Mehrheitsbeschlüssen im Innenverhältnis, die die flexibelsten und am schnellsten durchsetzbare Gestaltungsmöglichkeiten eröffnen; allerdings überzeugt sie hinsichtlich der Verteidigung im Außenverhältnis und dem Verkehrsschutz vor einmal gefassten Benutzungsregelungen nicht. An Mohr's Ansatz stören dogmatische Ungereimtheiten, sowie der Verzicht auf Mehrheitsbeschlüsse. Diese Mängel werden auch durch die unterschiedliche Kombination beider Ansätze nicht aufgelöst. Andere Ansätze, die im Außenverhältnis auf § 432 oder § 428 BGB zurückgreifen, passen ebenfalls nicht zu den Erfordernissen der tatsächlichen Ausübung der Grunddienstbarkeit.

Möglicherweise können aber die Schwächen des ersten Ansatzes behoben werden. Dies könnte durch die analoge Anwendung von Vorschriften aus den Vorschriften der §§ 1008–1011 BGB geschehen. Die Regelungen zum Miteigentum ergänzen für das Eigentum als Gegenstand einer Bruchteilsgemeinschaft die Vorschriften der §§ 741–758 BGB in Einzelfragen und gehen ihnen insofern als lex specialis vor.[477] Auf eine einheitliche Grunddienstbarkeit sind die Vorschriften der §§ 1008–1011 BGB wegen der ausdrücklichen Beschränkung auf das Eigentum nicht anwendbar. Die analoge Anwendung dieser Vorschriften auf die Grunddienstbarkeit erscheint denkbar, bedarf aber der Begründung.

a) Korrektur der Verteidigung durch § 1011, 1. Alt. BGB analog

Es wurde bereits beschrieben, dass der grundsätzliche Zwang zur gemeinsamen Verteidigung der Grunddienstbarkeit, der durch die Anwendung der §§ 741–758 BGB begründet wird, für die Eigentümer der herrschenden Grundstücke erhebliche Nachteile mit sich bringt. Allgemein ist dieser Grundsatz für dingliche Rechte unpraktisch. Ein Teil der Literatur greift daher jedenfalls im Fall der absoluten Rechte – und damit auch für den Fall der Grunddienstbarkeit – auf § 1011, 1. Alt BGB zurück.[478] Diese Regelung ermöglicht jedem Miteigentümer die Geltendmachung von Ansprüchen im Außenverhältnis. Unter Ansprüchen aus dem Eigentum werden dabei, entgegen dem Wortlaut nicht nur negatorische Ansprüche, sondern auch possessorische Ansprüche verstanden.[479] § 1011 1. Alt BGB gilt zwar seinem unzweideutigen Wortlaut und der systematischen Stellung nach nur für das Bruchteilseigentum. Nach

477 MüKo/Karsten Schmidt § 1008 Rn 15.

478 MüKo/Karsten Schmidt §§ 744, 745 Rn 47.

479 Allgemeine Ansicht: MüKo/Karsten Schmidt § 1011 Rn 2; Staudinger/Gursky (2013) § 1011 Rn 3; NK-BGB/Nusser § 1011 Rn 5; Palandt/Herrler § 1011 Rn 2.

verbreiteter Ansicht stellt § 1011 BGB aber einen allgemeinen Rechtsgrundsatz dar, der auch für andere dingliche Rechte herangezogen werden kann und analog anzuwenden ist.[480]

Die Bildung einer Analogie setzt zweierlei voraus: eine Gesetzeslücke im Sinne einer planwidrigen Unvollständigkeit des Gesetzes und die Ähnlichkeit beider Tatbestände.[481] Eine Gesetzeslücke, in dem Sinne, dass das Gesetz schweigt, liegt zwar gerade nicht vor, denn eine Regelung existiert, wenn man § 744 Abs. 1 bzw. § 747 S. 2 BGB auf die Verteidigung der Grunddienstbarkeit anwendet; ihr Ergebnis, dass eine Verteidigung gemeinsam erfolgen muss, scheint nur für die Grunddienstbarkeit nicht angemessen. Das verwundert allerdings nicht: Die §§ 741–758 BGB sind in einem besonders hohen Maße abstrakt, weil sie eine Auffangregelung darstellen. Die Regeln über die Bruchteilsgemeinschaft müssen die Gemeinschaft an Forderungen genau so erfassen wie an den verschiedensten dinglichen Rechten. Es ist aber kaum vorstellbar, dass eine derart abstrakte Normenstruktur allen Rechten mit ihren Besonderheiten umfassend Rechnung trägt. Dass nicht jede Vorschrift auf jedes Rechtsinstitut nahtlos passt, kann daher nicht überraschen. Eine Regelungslücke kann aber auch dann vorliegen, wenn das Gesetz eine dem Wortsinn nach anwendbare Regel enthält, diese aber ihrem Sinn und Zweck nach nicht passt, weil sie etwa zu stark verallgemeinert und eine wertungsmäßig gebotene Differenzierung vermissen lässt.[482] Eine Gesetzeslücke in diesem Sinne liegt hier vor.[483]

Diese Lücke kann auch als planwidrig bezeichnet werden: Der Gesetzgeber hat mit § 1011 BGB nur für das Eigentum als mit Abstand wichtigsten Fall des ding-

---

480 MüKo/Karsten Schmidt § 1011 Rn 3; Staudinger/Gursky (2013) § 1011 Rn 12; Saenger, S. 106 f.; Amann, FS Hagen, 82.

481 Larenz, Methodenlehre, S. 381; Rüthers/Fischer/Birk, Rn 889; Horn, Rn 185; Muthorst, § 8 Rn 24.

482 Larenz, Methodenlehre, S. 370; Canaris, S. 82; Zippelius, S. 56; Engisch, S. 242 f.

483 Eine derartige Analogie weist allerdings auch Merkmale einer teleologischen Reduktion auf: § 744 Abs. 1, bzw. § 747 S. 2 BGB sind dem Wortlaut und der Systematik nach auf die Grunddienstbarkeit anwendbar, weil die Grunddienstbarkeit ein Recht im Sinne des § 741 BGB ist. Die Vorschriften werden dahin gehend in ihrem Anwendungsbereich dergestalt reduziert, dass sie die Grunddienstbarkeit nicht erfassen. Eine Analogie wird erst im Anschluss begründet, indem nunmehr die Vorschrift des § 1011 BGB angewendet wird. Es handelt sich also um eine Kombination von Reduktion und Analogie. Beides lässt sich, wie hier, mitunter nicht scharf trennen (vgl. Canaris, S. 87 f.; Larenz, Methodenlehre, S. 395). Hier steht meines Erachtens aber die Analogie im Vordergrund. Die Reduktion ist nur (wenn auch zwingend notwendige) Voraussetzung, um eine Analogie begründen zu können.

lichen Rechts in Bruchteilsgemeinschaft die Verteidigung eingehend geregelt. Für andere dingliche Rechte fehlt eine derartige Regelung wohl auch deshalb, weil eine Bruchteilsgemeinschaft an anderen dinglichen Rechten eher selten anzutreffen ist.

Die Interessenlage ist vergleichbar: Die Grunddienstbarkeit ist wie das Eigentum, für das § 1011 BGB gilt, ein dingliches Recht. Die Grunddienstbarkeit räumt dem durch sie Begünstigten einen Teil der Macht eines Eigentümers ein. Es ist kein Unterschied zwischen Eigentum und Grunddienstbarkeit ersichtlich, der die analoge Anwendung des § 1011 BGB ausschließen würde.

Bei der Verteidigung der Grunddienstbarkeit ist daher § 1011 Alt. 1 BGB analog anzuwenden. Daraus folgt, dass jeder Eigentümer eines herrschenden Grundstücks als Teilhaber an der einheitlichen Grunddienstbarkeit diese selbstständig und vollständig gegen Beeinträchtigungen verteidigen kann, ohne dabei auf die anderen Eigentümer herrschender Grundstücke angewiesen zu sein. Im Ergebnis wird so dasselbe Ergebnis erreicht, das Mohr mit der Schaffung der modifizierten Gesamtberechtigung verfolgt. Allerdings erscheint der Rückgriff auf § 1011 Alt. 1 BGB dogmatisch sauberer: Er kommt ohne Zuhilfenahme schuldrechtlicher Vorschriften und die Schaffung neuer Rechtsinstitute aus und fügt sich systematisch ohne Weiteres in die Anwendung der §§ 741–758 BGB ein.

Mit der analogen Anwendung des § 1011 Alt. 1 BGB auf die Grunddienstbarkeit können auch die prozessualen Grundsätze zum Miteigentum übernommen werden: Der jeweilige Eigentümer des herrschenden Grundstücks verteidigt danach die Grunddienstbarkeit in gesetzlicher Prozessstandschaft.[484] Eine Entscheidung schafft Rechtskraft gem. § 325 Abs. 1 ZPO nur zwischen den Parteien, wirkt also nicht auch automatisch für oder gegen andere Eigentümer herrschender Grundstücke.[485] Die aus der negatorischen/possessorischen Klage folgende Beseitigungspflicht wird nach § 887, bzw. § 888 ZPO vollstreckt, das Unterlassen dagegen nach § 890 ZPO.

b) Korrektur des fehlenden Verkehrsschutzes durch § 1010 Abs. 1 BGB analog

Als der zweite Schwachpunkt der ausschließlichen Anwendung der §§ 741–758 BGB wurde benannt, dass die Anwendung des § 746 BGB den Rechtsverkehr vor Probleme stellt, weil Benutzungsregelungen gegen den Sondernachfolger

---

484 MüKo/Karsten Schmidt § 1011 Rn 1; Staudinger/Gursky (2013) § 1011 Rn 8; Palandt/Herrler § 1011 Rn 4.

485 MüKo/Karsten Schmidt § 1011 Rn 8; Staudinger/Gursky (2013) § 1011 Rn 10; Palandt/Herrler § 1011 Rn 4.

gelten, ohne dass deren Bestehen und Umfang aber gegen den Erwerber eines herrschenden Teilgrundstücks erkennbar wäre. Dem könnte durch eine analoge Anwendung des § 1010 Abs. 1 BGB abgeholfen werden. Die Regelung des § 1010 Abs. 1 BGB bewirkt, dass Benutzungsregelungen für die Benutzung eines in Miteigentums stehenden Grundstücks nur dann gegen den Sondernachfolger gelten, wenn sie als Belastung des Miteigentumsanteils im Grundbuch eingetragen sind. Das erscheint deswegen bedenkenswert, weil die Grunddienstbarkeit ein dingliches Recht ist, welches in doppelter Weise an Grundstückseigentum angelehnt ist: Die Grunddienstbarkeit belastet ein Grundstück und besteht zum anderen immer zugunsten eines Grundstückseigentümers. Der Erwerb einer Grunddienstbarkeit erfolgt, wie beim Erwerb von Eigentum an einem Grundstück durch Einigung und Eintragung. Bei der Grunddienstbarkeit vermittelt mithin, wie auch bei Grundstückseigentum, das Grundbuch die sachenrechtliche Publizität.

Der Rechtsverkehr hat hinsichtlich des Erwerbs der Grunddienstbarkeit, die mit dem herrschenden Grundstück übertragen wird, ein Interesse an der Publizität von mit der Grunddienstbarkeit verbundenen Benutzungsregelungen. Denn ohne eine Eintragung solcher Regelungen im Grundbuch wird der Erwerber eines herrschenden Grundstücks regelmäßig keine genaue Übersicht haben, welche Benutzungsregelungen zwischen den bisherigen Teilhabern getroffen wurden und ob und in welcher Form sie fortbestehen. Er ist daher schützenswert und das gerade bei Rechten, die Grundstücke betreffen, wie es auch bei der Grunddienstbarkeit der Fall ist. Denn solche Rechte beeinflussen die Verkehrsfähigkeit von Grundstücken, die sie betreffen, in besonderem Maße. Speziell die Grunddienstbarkeit hat eine Versorgungsfunktion, an deren Einschränkung oder Erweiterung durch Benutzungsregelungen ein Informationsinteresse besteht. Eine direkte Anwendung der Vorschrift scheidet allerdings von vornherein aus, da § 1010 Abs. 1 BGB seinem unzweideutigen Wortlaut nach nur für Miteigentümer eines Grundstücks gilt. Ob die Voraussetzungen einer Analogie vorliegen, wird im Folgenden zu untersuchen sein.

aa) Grundbuchrechtliche Gestaltung

Bevor auf die Voraussetzungen einer Analogie eingegangen wird, soll ein Blick auf die grundbuchrechtliche Gestaltung einer möglichen Eintragung von Benutzungsregelungen geworfen werden. Es erscheint nämlich nicht ganz klar, wie die Eintragung einer Benutzungsregelung für eine Grunddienstbarkeit in das Grundbuch überhaupt vorgenommen werden müsste, insbesondere, bei welchem Grundstück eine Eintragung erfolgen müsste. Die Eintragung einer Benutzungsregelung könnte sowohl im Grundbuch des dienenden Grundstücks als auch im Grundbuch des herrschenden Grundstücks erfolgen.

Zunächst könnte man annehmen, die Benutzungsregelung für eine Grunddienstbarkeit sei im Grundbuch der herrschenden Grundstücke jeweils als Belastung in der dritten Spalte der zweiten Abteilung einzutragen. Die Regelung betrifft zwar an sich nicht das Eigentum, sondern mit der Grunddienstbarkeit ein zwar am Eigentum haftendes und von diesem abhängiges, aber doch auch von ihm zu unterscheidendes Recht. Darüber könnte man jedoch angesichts der engen Verbindung von Grundstückseigentum und Grunddienstbarkeit hinwegsehen: Die Grunddienstbarkeit ist immerhin gem. § 96 BGB als Bestandteil des herrschenden Grundstücks anzusehen und folgt diesem auch bei der Übertragung (vgl. Teil 1 I.1)a)). Insofern könnte man eine Benutzungsregelung für eine Grunddienstbarkeit jedenfalls in einem weiteren Sinne als Belastung des Eigentums am herrschenden Grundstück betrachten.

Für einen ähnlichen Fall hat die Rechtsprechung indes die Eintragung einer Benutzungsregelung für die Ausübung einer Grunddienstbarkeit in das Grundbuch des herrschenden Grundstücks abgelehnt und nur § 746 BGB angewendet.[486] Das Bayerische Oberste Landesgericht hatte über folgende Fallkonstellation zu entscheiden: Zugunsten eines im Eigentum zweier Miteigentümer stehenden Grundstücks (herrschendes Grundstück) bestanden zwei Grunddienstbarkeiten zur Nutzung einer Tiefgarage auf zwei dienenden Grundstücken. Die Dienstbarkeiten waren ordnungsgemäß eingetragen; ebenfalls eingetragen war ein Herrschvermerk auf dem Grundbuchblatt des herrschenden Grundstücks. Die Miteigentümer des herrschenden Grundstücks einigten sich intern über die jeweilige Benutzung der Garagenstellplätze und begehrten die Eintragung der getroffenen Regelung in das Grundbuch des herrschenden Grundstücks als Belastung sämtlicher Miteigentumsanteile. Das Gericht lehnte die Eintragung mit folgender Begründung ab: Eine Belastung der Miteigentumsanteile liege gerade nicht vor, weswegen eine Eintragung auf dem Grundbuchblatt des herrschenden Grundstücks nicht in Betracht komme. Belastet werden solle gerade nicht das herrschende Grundstück, sondern es gehe um die Ausübung der Grunddienstbarkeit im Verhältnis der Rechtsinhaber untereinander. Auf eine derartige Mitberechtigung sei aber § 1010 Abs. 1 BGB weder direkt noch entsprechend anwendbar. Daran ändere weder die Tatsache, dass das durch die Grunddienstbarkeit gewährleistete Nutzungsrecht mit dem herrschenden Grundstück eine wirtschaftliche Einheit bilde, noch § 96 BGB etwas. Die Tatsache, dass die Grunddienstbarkeit

486 BayObLG, RPfleger 1979, 420 f.; zustimmend: Döbler, MittRhNotK 1983, 182.

als wesentlicher Bestandteil des herrschenden Grundstücks gilt, führe nicht zur Anwendung des § 1010 Abs. 1 BGB, da die Grunddienstbarkeit, anders als das Eigentum, nur ein subjektiv dingliches Recht zum Ausdruck bringe. Auch aus § 9 GBO folge nichts anderes. Für die Ausgestaltung des subjektiv dinglichen Rechts unter Miteigentümern sei der Herrschvermerk ohne Bedeutung. Für den Bestand der Grunddienstbarkeit sei nur das Grundbuchblatt des belasteten, dienenden Grundstücks maßgeblich. Vor der eindeutigen Rechtslage müssten Argumente der Praktikabilität und Zweckmäßigkeit zurücktreten.

Diese Entscheidung wird von Eickelberg kritisiert.[487] Eickelberg befürwortet eine entsprechende Anwendung des § 1010 Abs. 1 BGB und beharrt darauf, dass § 96 BGB und Aspekte der Zweckmäßigkeit die Eintragung in das Grundbuch des herrschenden Grundstücks geböten. Es komme sonst zu einem Nebeneinander von §§ 1010 Abs. 1 und 746 BGB, was irreführend sei. Eine Verdinglichung von Abreden hinsichtlich der Grunddienstbarkeit sei dann nur noch indirekt möglich.

Insgesamt überzeugt aber die Begründung des Gerichts. Die Grunddienstbarkeit ist eine Belastung des dienenden Grundstücks und wird konsequenterweise bei diesem und nicht beim herrschenden Grundstück eingetragen. Es fehlt bei den herrschenden Grundstücken ein Anknüpfungspunkt für die Eintragung in Bezug auf die Grunddienstbarkeit. Denn dort ist die Grunddienstbarkeit im Regelfall überhaupt nicht verzeichnet und höchstens durch einen Herrschvermerk gem. § 9 Abs. 1 S. 1 GBO erkennbar. Der Herrschvermerk hat materiell-rechtlich nur deklaratorische Bedeutung, gibt aber keine Auskunft über das Recht, die über die Eintragung im Grundbuch des dienenden Grundstücks hinausreichen würde.[488] Die Eintragung einer Benutzungsregelung im Grundbuch des herrschenden Grundstücks würde die Betrachtungsweise, wonach für Belastungen das Grundbuch des belasteten Grundstücks maßgeblich ist, in ihr Gegenteil verkehren. Das Grundbuch des herrschenden Grundstücks würde hinsichtlich seiner Bedeutung in Bezug auf Grunddienstbarkeiten eine starke Aufwertung erfahren, die aber im Gesetz nicht angelegt ist, wie die deklaratorische Natur des Herrschvermerks zeigt. Auch ist fraglich, ob eine Eintragung im Grundbuch des herrschenden Grundstücks wirklich zweckmäßig wäre. Denn damit wird ein einheitliches Recht seinem Inhalt nach auf mehrere eingetragene Grundstücke verteilt. Nur durch Sichtung aller Eintragungen wird der genaue Inhalt der Grunddienstbarkeit erkennbar. Eine derartige Aufteilung kann aber für den Rechtsverkehr verwirrend

---

487 Staudinger/Eickelberg (2015) § 746 Rn 18; vor Eickelberg bereits Staudinger/Langhein (2008) § 746 Rn 18.

488 Bauer/von Oefele/Bayer/Lieder/Maaß § 9 Rn 23; Meikel/Böttcher § 9 Rn 41; Demharter§ 9 Rn 14.

sein. Aus materiell-rechtlichen und grundbuchrechtlichen Gründen kann eine Benutzungsregelung daher nach der Realteilung nicht als Belastung in der zweiten Abteilung der Grundbücher der herrschenden Grundstücke eingetragen werden.

In der Entscheidung wird zwar hervorgehoben, dass eine Eintragung im Grundbuchblatt des herrschenden Grundstücks nicht möglich ist. Möglicherweise ist aber eine Eintragung dergestalt möglich, dass eine Benutzungsregelung im Grundbuchblatt des dienenden Grundstücks einzutragen ist. Man könnte an eine Eintragung der Benutzungsregelung bei der Grunddienstbarkeit in der fünften Spalte der zweiten Abteilung des Grundbuchs des dienenden Grundstücks denken. In der fünften Spalte der zweiten Abteilung werden Veränderungen der in der dritten Spalte eingetragenen Belastungen vermerkt.[489] Eine solche Eintragung müsste nur anzeigen, dass die Grunddienstbarkeit durch eine Benutzungsregelung abgeändert wurde. Hinsichtlich des Inhalts könnte gem. § 44 Abs. 2 S. 1 GBO auf die Eintragungsbewilligung Bezug genommen werden. Auf eine solchermaßen eingetragene Benutzungsregelung könnte sich dann auch ein Herrschvermerk im Grundbuch des herrschenden Grundstücks beziehen.

Das Bayerische Oberste Landesgericht befasst sich in der gerade dargestellten Entscheidung mit der Zulässigkeit einer derartigen Eintragung ausdrücklich nicht, da eine solche Eintragung beim dienenden Grundstück weder vorlag noch beabsichtigt war.[490] Stürner scheint das so aufzufassen, dass jedenfalls beim dienenden Grundstück die Eintragung der Nutzungsregelung für die Grunddienstbarkeit möglich sein soll.[491] Eickelberg scheint dagegen aus dem Urteil den Schluss zu ziehen, § 1010 Abs. 1 BGB komme bei keinem der berührten Grundbücher und damit auch nicht beim dienenden Grundstück zur Anwendung.[492] Beides geht allerdings aus der Entscheidung nicht hervor. Das Gericht hat sich eines obiter dictum gerade enthalten und die Frage nicht entschieden. Eine Stimme, die sich ausdrücklich für eine Eintragung von Benutzungsregelungen in Bezug auf Grunddienstbarkeiten im Grundbuch des dienenden Grundstücks ausspricht,

489 Schöner/Stöber Rn 1109.

490 BayObLG, RPfleger 1979, 420, 421; Döbler, MittRhNotK 1983 S. 182, liest dagegen aus der Entscheidung offenbar auch die Unzulässigkeit der Eintragung von Benutzungsregelungen beim dienenden Grundstück heraus. Meines Erachtens kann das aber aus der Entscheidung nicht entnommen werden: Schon der Leitsatz des Gerichtes spricht dagegen.

491 Soergel/Stürner § 1010 Rn 3.

492 Staudinger/Eickelberg (2015) § 746 Rn 18.

findet sich nur im älteren Schrifttum.[493] Ansonsten fehlt es an der Diskussion dieser Möglichkeit.

Es kann wie folgt argumentiert werden: Die von dem Gericht vorgebrachten Argumente greifen jedenfalls bei der Eintragung beim dienenden Grundstück nicht. Die Eintragung erfolgt hier an der richtigen Stelle, nämlich im Grundbuch des dienenden Grundstücks, welches materieller Anknüpfungspunkt für die Grunddienstbarkeit und ihren Inhalt ist. Ein Herrschvermerk kann dann ohne Weiteres den Voraussetzungen des § 9 Abs. 1 GBO entsprechend auf die Eintragung bei dem dienenden Grundstück Bezug nehmen. Eine Aufspaltung des Inhalts des materiellen Rechts auf mehrere Grundbücher steht dann nicht zu befürchten.

Verfahrenstechnisch begründet eine solche Eintragung keine besonderen Probleme: Sie erfolgt auf Antrag der Eigentümer der herrschenden Grundstücke nach § 13 GBO in der fünften Spalte der zweiten Abteilung des Grundbuchblatts des dienenden Grundstücks, wobei hinsichtlich des genauen Inhalts der Benutzungsregelung gem. § 44 Abs. 2 GBO auf die Eintragungsbewilligung Bezug genommen wird. Die Bewilligung des Eigentümers des dienenden Grundstücks nach § 19 GBO ist nicht erforderlich, da er von der Regelung zwischen den Eigentümern der herrschenden Grundstücke nicht betroffen ist und sich seine Position nicht verschlechtert. Die Regelung ist für ihn rechtlich neutral. Solche neutralen Veränderungen begründen aber kein Betroffensein im Sinne des § 19 GBO.[494] Möglich ist aber, dass gem. § 21 GBO Gläubiger der Eigentümer der herrschenden Grundstücke zustimmen müssen, wenn ein Herrschvermerk besteht. Allerdings ist bei einer Grunddienstbarkeit wohl keine materielle Berührung des Drittrechts denkbar, die über das nicht zu berücksichtigende Risiko einer ungünstigeren Zwangsversteigerung[495] des herrschenden Grundstücks hinausginge. Dagegen ist eine Bewilligung der anderen Teilhaber erforderlich, da die Benutzungsregelung sie möglicherweise in der Ausübung der Grunddienstbarkeit einschränkt.

Wenn man eine analoge Anwendung des § 1010 Abs. 1 BGB in Betracht zieht, muss eine Eintragung von Benutzungsregelungen bei der Grunddienstbarkeit so erfolgen, dass sie im Grundbuch des dienenden Grundstücks eingetragen werden. Eine isolierte Eintragung in dem Grundbuch des herrschenden Grundstücks ist

---

493 Planck/Strecker § 1025 Anmerkung 1.c), S. 760; von einem anderen Standpunkt ausgehend, aber gleichwohl zustimmend: Engländer S. 345 Fn 28. Beide erläutern aber nicht, an welcher Stelle im Grundbuch des dienenden Grundstücks eine Benutzungsregelung vermerkt werden soll.

494 Bauer/von Oefele/Kössinger § 19 Rn 123; Meikel/Böttcher § 19 Rn 43.

495 Bauer/von Oefele/Kössinger § 21 Rn 8.

nicht möglich. Eine Erwähnung der Benutzungsregelungen im Grundbuch des herrschenden Grundstücks kann nur über einen Herrschvermerk erfolgen, wenn eine Eintragung im Grundbuch des dienenden Grundstücks erfolgt ist.

bb) Voraussetzungen einer Analogie zu § 1010 Abs. 1 BGB

Fraglich ist aber, ob eine analoge Anwendung des § 1010 Abs. 1 BGB auf die Grunddienstbarkeit geboten ist. Für eine Analogie können folgende Argumente angeführt werden: Die Konstellation des § 1010 Abs. 1 BGB ist dem Fall der einheitlichen Grunddienstbarkeit, die bei der Realteilung des herrschenden Grundstücks bestehen bleibt, durchaus vergleichbar.[496] In beiden Fällen haben die Inhaber eines Rechts ein Interesse daran, Benutzungsregelungen grundbuchrechtlich festzuhalten. Darüber hinaus gleicht die Grunddienstbarkeit dem Miteigentum darin, dass in beiden Fällen das Grundbuch Publizitätsträger ist.

Auch ein Interesse des Rechtsverkehrs an der Anwendung des § 1010 Abs. 1 BGB besteht, wie oben bereits kurz erwähnt wurde. § 1010 BGB bezweckt den Schutz des Sondernachfolgers gegen unbekannte Vereinbarungen und die Schaffung einer gewissen Planungssicherheit.[497] Bei der bloßen Anwendung des § 746 BGB ist für Erwerber des herrschenden Grundstücks schwer erkennbar, auf welche Benutzungsvereinbarungen er sich einlässt. Dies wiegt umso schwerer, als die Wirkung des § 746 BGB unabhängig davon eintritt, ob der Sondernachfolger die Benutzungsregelung kennt und ein gutgläubiger lastenfreier Erwerb insofern nicht möglich ist.[498] Diese Gefahr besteht aber nicht nur beim Miteigentum, sondern auch bei der einheitlichen Grunddienstbarkeit. Der Erwerber eines herrschenden Teilgrundstücks läuft Gefahr, in Bezug auf die Ausübung der Grunddienstbarkeit wesentliche Nachteile zu erleiden, wenn er für ihn ungünstige Benutzungsregelungen nicht kennt und ohne sein Wissen auf sie verpflichtet wird. Die Anwendung des § 1010 Abs. 1 BGB würde insofern den Verkehrsschutz und damit die Verkehrsfähigkeit von herrschenden Grundstücken insgesamt stärken.

Die Anwendung des § 1010 Abs. 1 BGB käme auch den Teilhabern zugute, die die Benutzungsregelung abschließen und sie daher eigentlich kennen. Denn durch die Fixierung im Grundbuch werden mittelbar Beweisfragen und damit Rechtsstreitigkeiten über den genauen Inhalt solcher Regelungen vermieden,

---

496 Planck/Brodmann/Strecker § 1025 Anmerkung 1.c), S. 760.

497 Protokolle III, S. 277 f. (in Bezug auf Vereinbarungen, die auf den Ausschluss der Teilung der Gemeinschaft abzielen); Staudinger/Eickelberg (2015) § 746 Rn 1; MüKo/Karsten Schmidt § 1010 Rn 1.

498 MüKo/Karsten Schmidt § 746 Rn 5; Staudinger/Eickelberg (2015) § 746 Rn 1; Palandt/Sprau § 746 Rn 1.

wenn dieser durch Einsichtnahme in das Grundbuch und die Grundakten nachprüfbar wird. Zwar bedarf es der Eintragung nur, um die Wirksamkeit von Benutzungsregelung gegen Sondernachfolger herbeizuführen. Unter den Teilhabern, die die Benutzungsvereinbarung abschließen, gelten sie schuldrechtlich auch ohne eine Eintragung in das Grundbuch.[499] Dieser Vorteil besteht somit nicht in allen Fällen. Allerdings kann davon ausgegangen werden, dass die Teilhaber regelmäßig ein Interesse an der Geltung der Benutzungsregelungen auch für den Nachfolger haben und es daher regelmäßig zu einer Eintragung im Grundbuch kommen wird.

Zuletzt würde die Anwendung des § 1010 Abs. 1 BGB auch nicht zu einer Überfrachtung des Grundbuchs führen. Die Eintragung würde sich in einer kurzen Kennzeichnung der getroffenen Regelung erschöpfen, im Übrigen könnte auf die Eintragungsbewilligung verwiesen werden. Eine Überfrachtung des Grundbuchs steht nicht zu befürchten.

Gegen eine Analogie spricht Folgendes: Es erscheint zweifelhaft, ob in Bezug auf die einheitliche Grunddienstbarkeit von einer planwidrigen Regelungslücke gesprochen werden kann. Eine Lücke in dem Sinne, dass im Falle des Nichteingreifens des § 1010 Abs. 1 BGB für die Grunddienstbarkeit keine Regelung besteht, liegt jedenfalls nicht vor, da die allgemeine Regelung des § 746 BGB, die das BGB für alle Bruchteilsgemeinschaften einheitlich bereithält, eingreift.

An der vergleichbaren Interessenlage bestehen ebenfalls Zweifel. Zwar sind Eigentum und Grunddienstbarkeit beides dingliche Rechte. Der Gesetzgeber hat aber § 1010 Abs. 1 BGB gerade nur für das Miteigentum geschaffen und die Geltung dieser Vorschrift nicht auch auf andere dingliche Rechte erstreckt. Dies rechtfertigt sich dadurch, dass das Eigentum als umfassendes Herrschaftsrecht für seinen Inhaber und Erwerber von besonderer rechtlicher und wirtschaftlicher Bedeutung ist. Grundstückseigentum wird häufig ein wesentlicher Bestandteil des Vermögens sein. Dies lässt sich von der Grunddienstbarkeit nicht behaupten. Diese ist vielmehr überhaupt kein selbstständiger Vermögenswert, sondern gilt als wesentlicher Bestandteil des Grundstücks. Ein solcher Annex wird aber im Regelfall nicht die Bedeutung des Eigentums haben, weshalb es keines so intensiven Verkehrsschutzes, wie ihn § 1010 Abs. 1 BGB vermittelt, bedarf.

Es stellt sich weiterhin die Frage, ob die Vorschrift des § 1010 Abs. 1 BGB ihrer Natur nach passt. Die Vorschrift spricht von der Belastung der Anteile, die im Grundbuch einzutragen ist. Eine Grunddienstbarkeit ist aber ihrer Natur nach einer eigenständigen Belastung gar nicht zugänglich, genauso wenig, wie sie

499 Staudinger/Eickelberg (2015) § 746 Rn 3.

separat veräußert werden kann (vgl. Teil 2 II.1)a)aa)aaa)). Demgemäß können auch ihre Anteile an sich nicht belastet werden, wovon der Gesetzgeber in § 1010 Abs. 1 BGB für das Miteigentum aber ausgeht. Die analoge Anwendung des § 1010 Abs. 1 BGB passt daher ihrem Aussagegehalt nach nicht zur Struktur der Grunddienstbarkeit als ein nicht belastbares Recht.

Man könnte die analoge Anwendung des § 1010 Abs. 1 BGB auch unter dem Gesichtspunkt der sachenrechtlichen Typenfixierung für bedenklich halten: Dieser Grundsatz verbietet die Abänderung und Modifizierung des Wesenskerns eines dinglichen Rechts.[500] Das Erfordernis der Eintragung von Benutzungsregelungen für Grunddienstbarkeiten zur Geltung gegen den Sondernachfolger im Grundbuch entgegen der Vorschrift des § 746 BGB, die entgegen ihrer systematischen Stellung im Schuldrecht Benutzungsregelungen verdinglicht[501] und damit sachenrechtliche Züge aufweist, könnte aber gerade eine solche verbotene Abänderung der einheitlichen Grunddienstbarkeit zugunsten mehrerer herrschender Grundstücke als fixiertes dingliches Recht sein.

Zuletzt könnte man anführen, dass die Anwendung des § 1010 Abs. 1 BGB umständlich ist und eine schnelle, auch gegen Sondernachfolger verbindliche Abänderung der Nutzungsregelung verkompliziert. Bei jeder Änderung der Benutzungsregelungen, die aus wirtschaftlichen Gründen auch kurzfristig erforderlich werden kann, muss erst das grundbuchrechtliche, zeitintensive Verfahren zur Eintragung durchlaufen werden, um Gültigkeit gegen den Sondernachfolger zu gewährleisten. Die Teilhaber verlieren dadurch nicht nur Zeit, sondern auch Geld, da für die Eintragung und jede Änderung Kosten anfallen werden.

Insgesamt überzeugen diese Gegenargumente aber nicht. Es überzeugt zunächst nicht, das Vorliegen einer Regelungslücke mit dem Verweis auf die Existenz des § 746 BGB abzulehnen. Denn eine Regelungslücke, die die Bildung einer Analogie erforderlich macht, kann auch dann bestehen, wenn eine Konstellation zwar dem Wortlaut nach von einer Regelung erfasst ist, diese aber ihrem Sinn und Zweck nach nicht passt (vgl. bereits Teil 2 II.2)h)aa)). So liegt es hier: Die Regelung des § 746 BGB gilt ihrem Wortlaut nach für alle Gegenstände und damit auch für gemeinschaftliche Immobiliarrechte, die nicht Miteigentum sind. Sie berücksichtigt aber nicht im ausreichenden Maße, dass für solche Immobiliarrechte das Grundbuch Publizitätsträger ist.

---

500 MüKo/Gaier Einl. Sachenrecht Rn 11; Baur/Stürner, § 1 Rn 7; Westermann/Gursky/Eickmann, § 2 Rn 15.

501 NK-BGB/Kuhn/Radlmayr § 746 Rn 1.

Eine vergleichbare Interessenlage lässt sich ebenfalls begründen: Zwar unterscheiden sich Eigentum und Grunddienstbarkeit hinsichtlich der mit ihnen verbundenen Rechtsmacht; trotzdem ist die Grunddienstbarkeit dem Eigentum insofern ähnlich, als sie dem Inhaber einen Bruchteil der Rechtsmacht eines Eigentümers einräumt. Darüber hinaus verbindet beide Rechte der Publizitätsträger Grundbuch. Ein Interesse der Teilhaber an Rechtssicherheit und ein Interesse des Rechtsverkehrs an der Verlautbarung von Benutzungsregelungen besteht bei beiden Rechtsinstituten gleichermaßen. Daran ändert die Tatsache, dass die Grunddienstbarkeit hinsichtlich Belastungen nicht selbstständig ist, sondern immer am Eigentum des herrschenden Grundstücks hängt, nichts. Denn die Grunddienstbarkeit kann wirtschaftlich durchaus einen vom Eigentum losgelösten eigenständigen Wert haben, der den Erwerb des herrschenden Grundstücks erst lohnenswert macht.

Es ist einzuräumen, dass der Wortlaut des § 1010 Abs. 1 BGB nicht unmittelbar auf die Grunddienstbarkeit passt, weil die selbstständige Belastung eines Bruchteils an einer Grunddienstbarkeit nicht denkbar ist. Der Wortlaut des § 1010 Abs. 1 BGB erklärt sich jedoch aus den Besonderheiten des Miteigentums. Für die hier in Rede stehende analoge Anwendung auf die Grunddienstbarkeit ist allein die Übertragung des in § 1010 Abs. 1 BGB verkörperten Rechtsgedankens maßgeblich: Beweissicherung und Verkehrsschutz. Es ist daher nicht am Wortlaut der Vorschrift zu haften, sondern sie ist in Bezug auf diese Ziele durch Auslegung an die Grunddienstbarkeit anzupassen.

Der Grundsatz der Typenfixierung kann gegen die vorgeschlagene analoge Anwendung des § 1010 Abs. 1 BGB nicht in Stellung gebracht werden. Zum einen schon deswegen nicht, weil dieser Grundsatz keineswegs lückenlos ist. Er ist vielmehr von der Rechtsprechung an vielen Stellen durchbrochen worden, indem nicht nur bestehende Rechte verändert wurden, sondern z. B. mit dem Sicherungseigentum und dem Anwartschaftsrecht bei einem entsprechenden Bedürfnis des Rechtsverkehrs sogar völlig neue Rechtsinstitute geschaffen wurden, die vom Gesetz an keiner Stelle erwähnt werden. Wenn mit dem Argument der Bedürfnisse des Rechtsverkehrs aber unter Durchbrechung des Grundsatzes des Typenzwangs und der Typenfixierung die Schaffung neuer dinglicher Rechte begründet werden kann, dann muss mit diesem Argument erst recht die analoge Anwendung einzelner Vorschriften auf ein bestehendes dingliches Recht begründet werden können. Zum anderen lässt sich argumentieren, dass die analoge Anwendung des § 1010 Abs. 1 BGB auf die Grunddienstbarkeit jedenfalls deren Wesensgehalt nicht wesentlich verändert. Der in den §§ 1018, 1019 BGB beschriebene Inhalt der Grunddienstbarkeit wird nicht berührt; die Analogie beschränkt sich mit der Abänderung der § 746 BGB auf eine Regelung, die zwar auch, aber nicht speziell auch für die Grunddienstbarkeit gilt, sondern vielmehr für alle Rechte in Bruchteilsgemeinschaft. Man kann daher schwerlich sagen, dass die Analogie den Wesenskern der Grunddienstbarkeit verändern würde.

Das Argument der Flexibilität und Wirtschaftlichkeit bei der Anwendung des § 746 BGB lässt sich nicht entkräften, weil diese Vorteile faktisch bestehen. Es muss aber herausgestellt werden, dass die Vorteile auf der anderen Seite mit Nachteilen im Bereich der Beweisführung und des Verkehrsschutzes verbunden sind. Welchen Aspekten man den Vorrang einräumen will, ist letztlich eine Wertungsfrage.

Meines Erachtens wiegen Beweisführung und Verkehrsschutz schwerer. Dies umso mehr, als es sich bei der Grunddienstbarkeit um ein Immobiliarrecht handelt, welches wirtschaftlich für die herrschenden Grundstücke von großer Bedeutung sein kann. Durch eine Benutzungsregelung kann die Ausübung für einzelne Teilhaber komplett abbedungen werden, was verzichtsähnliche Wirkung haben und den Wert einzelner herrschender Teilgrundstücke erheblich reduzieren kann. Das Eintragungserfordernis im Grundbuch entfaltet auch eine nicht zu unterschätzende Warnfunktion für die Teilhaber und weist sie auf die Verdinglichung der Benutzungsregelungen hin. Auf der anderen Seite ist es gerade auch Aufgabe des auf dem Grundbuch beruhenden Liegenschaftsrechts, dem Rechtsverkehr wesentliche Beeinträchtigungen jedenfalls des Grundstückseigentums anzuzeigen.[502] Es ist kein Grund ersichtlich, warum dies nicht auch für die Grunddienstbarkeit gelten soll, zumal diese als Bestandteil des Grundstücks gilt und ihre Veränderung durch Benutzungsregelungen im weiteren Sinne als Beeinträchtigung des Eigentums am herrschenden Grundstück begriffen werden kann. Insgesamt sprechen somit die überzeugenderen Gründe für die analoge Anwendung des § 1010 Abs. 1 BGB auf einheitliche Grunddienstbarkeiten. Eine Benutzungsregelung für die Grunddienstbarkeit entfaltet bei der Realteilung des herrschenden Grundstücks somit nur dann Bindungswirkung gegen die Sondernachfolger der Eigentümer des herrschenden Grundstücks, wenn sie im Grundbuch des dienenden Grundstücks eingetragen wird.

c) Zusammenfassung

Durch die analoge Anwendung der §§ 1010 Abs. 1 und 1011 BGB werden die beiden Kritikpunkte an der ausschließlichen Anwendung der §§ 741–758 BGB ausgeräumt. Durch die Anwendung des § 1011 BGB auf die einheitliche Grunddienstbarkeit kann im Außenverhältnis jeder Eigentümer eines herrschenden

---

502 Protokolle III, S. 277 f.

Grundstücks die Grunddienstbarkeit vollumfänglich verteidigen, also Beseitigung von Beeinträchtigungen in Bezug auf die gesamte Grunddienstbarkeit verlangen. Die Anwendung des § 1010 Abs. 1 BGB gewährleistet durch die Eintragungsmöglichkeit von Benutzungsregelungen im Grundbuch des dienenden Grundstücks ausreichenden Verkehrsschutz.

Gegen die Bildung dieser Analogien kann nicht eingewendet werden, sie würden den ursprünglichen Ansatz der reinen Anwendung der §§ 741–758 BGB verwischen. Vielmehr sind die Analogien naheliegend, weil der Gesetzgeber jedenfalls für ein dingliches Recht, nämlich das Eigentum, in den §§ 1008–1011 BGB besondere Regeln für die Bruchteilsgemeinschaft aufgestellt hat. Es ist also nicht so, dass bei den Analogien – wie dies bei den anderen beschriebenen Ansätzen teilweise geschieht – thematisch andere Vorschriften analog angewendet würden: Die Analogien beziehen sich vielmehr ausschließlich auf Vorschriften, die die Vorschriften der §§ 741–758 BGB für ein bestimmtes Recht erweitern. Die Analogiebildung zu Vorschriften der §§ 1008–1011 BGB ist daher kein Zeichen von Inkonsequenz, sondern folgt im Gegenteil gerade der Idee der ausschließlichen Anwendung der Regelungen zur Bruchteilsgemeinschaft.

Damit ist im Ergebnis bei der Ausübung der Grunddienstbarkeit nach der realen Teilung des herrschenden Grundstücks der herrschenden Meinung zu folgen, die nur die §§ 741–758 BGB anwendet, allerdings ergänzt um die beiden gerade beschriebenen Analogien.

Teil 3: Die Ausübung der Grunddienstbarkeit nach der ideellen Teilung des herrschenden Grundstücks

Im Rahmen der Erläuterung der verschiedenen Teilungsarten am Anfang dieser Arbeit wurde bereits erwähnt, dass für die Ausübung der Grunddienstbarkeit nach der ideellen Teilung des herrschenden Grundstücks ein Meinungsspektrum wie das gerade untersuchte fehlt, obwohl auch bei dieser Art der Teilung in Bezug auf die Ausübung Verteilungsstreitigkeiten auftreten können (vgl. Teil 1 III.2)). Der Unterschied zur Lage bei einer Realteilung des herrschenden Grundstücks besteht nur darin, dass sich nicht mehrere Eigentümer selbstständiger Rechtsobjekte, sondern Miteigentümer an einem einheitlichen Rechtsobjekt bei der Ausübung gegenüberstehen.

I. Das Schicksal der Grunddienstbarkeit nach der ideellen Teilung des herrschenden Grundstücks

Darüber, was nach der Teilung des Eigentumsrechts am herrschenden Grundstück in Miteigentum mit der Grunddienstbarkeit passiert, fehlt in der Literatur ein Meinungsspektrum; insbesondere besteht offenbar kein Streit darüber, ob sich die Grunddienstbarkeit in mehrere selbstständige Rechte aufspaltet.

Die Ursache liegt vermutlich vor allem darin, dass nach heute allgemeiner Ansicht eine Grunddienstbarkeit nicht zugunsten eines Bruchteils bestellt werden kann,[503] sondern als herrschendes Grundstück ein reales Grundstück im Sinne eines selbstständigen Rechtsobjekts voraussetzt.[504] Eine andere Ansicht wird heute – soweit ersichtlich – nicht mehr vertreten.[505] Für diese Ansicht spricht die

503 Davon zu unterscheiden ist die Konstellation, dass ein Grundstück, das im Miteigentum steht, herrschendes Grundstück wird. Das ist ohne Weiteres möglich, vgl. Palandt/Herrler § 1018 Rn 3; MüKo/Mohr § 1018 Rn 22; BayObLG, RPfleger 1979, 420.

504 Staudinger/Weber (2017) § 1018 Rn 45; MüKo/Mohr § 1018 Rn 22; NK-BGB/Otto § 1018 Rn 35; Soergel/Stürner § 1018 Rn 38; Bamberger/Roth/Wegmann § 1018 Rn 17; Palandt/Herrler § 1018 Rn 3; BGB-RGRK/Rothe § 1018 Rn 9; Meisner/Stern/Hodes/Dehner § 30 III 3; Planck/Strecker vor § 1018 Anmerkung 2; Schöner/Stöber Rn 1123.

505 In der älteren Literatur wird die Möglichkeit des Bruchteils als herrschendes Grundstück von Bärmann, DNotZ 1950, 238, 267 und Kattausch, S. 32–35 vertreten, deren Ansicht aber keine weitere Gefolgschaft gefunden hat.

Entstehungsgeschichte des BGB: Der Entwurf des BGB enthielt mit § 968 BGB eine Vorschrift, mit der sich der Gesetzgeber klar gegen einen Eigentumsbruchteil als herrschendes Grundstück positioniert hatte. Die Vorschrift wurde von der zweiten Kommission zwar nicht in die Endfassung des BGB übernommen, das aber nur deswegen nicht, weil der Gesetzgeber die in ihr enthaltene Aussage für selbstverständlich hielt.[506] Wenn aber schon rechtsgeschäftlich die Bestellung einer Grunddienstbarkeit zugunsten eines ideellen Bruchteils nicht für möglich gehalten wird, kann dies auch nicht das Ergebnis einer nachträglichen ideellen Teilung sein. Da das Rechtsobjekt Grundstück bei einer ideellen Teilung nach der herrschenden Einheitstheorie real ungeteilt bleibt und nur die Rechtszuständigkeit geteilt wird, entstehen keine selbstständigen Grundstücke, die Anknüpfungspunkt für mehrere selbstständige Grunddienstbarkeiten sein könnten. Anderenfalls würde mit der Schaffung von Grunddienstbarkeiten zugunsten von Eigentumsbruchteilen nur für die besondere Konstellation der ideellen Teilung des herrschenden Grundstücks ein gesetzlich nicht zulässiges Rechtsinstitut geschaffen. Das ist abzulehnen.

Selbst wenn man das anders sehen wollte und entgegen der ganz herrschenden Meinung mit der Zulassung der Grunddienstbarkeit zugunsten eines ideellen Bruchteils die Grundlage für eine Aufspaltung in mehrere selbstständige Grunddienstbarkeiten legen würde, sprechen doch die besseren Gründe, insbesondere die Gesetzgebungsgeschichte und, wie schon bei der Realteilung, Grundbuchvereinfachung und Kostenersparnis (vgl. Teil 2 I.1)b)ee)3)) gegen eine Aufspaltung. Darüber hinaus spricht, im Gegensatz zur Realteilung, wo dieses Argument für eine Aufspaltung in mehrere Grunddienstbarkeiten angeführt wurde (vgl. Teil 2 I.2)b)), die Bestandteilseigenschaft der Grunddienstbarkeit gem. § 96 BGB bei der ideellen Teilung für eine einheitliche, nur ideell geteilte Grunddienstbarkeit. Es erscheint widersprüchlich, nur hinsichtlich eines von dem Grundstück abhängigen Rechts eine Realteilung anzunehmen, wenn das Grundstück selbst nur ideell geteilt wird. Im Regelfall folgt der Bestandteil rechtlich dem Schicksal des Grundstücks. Die Annahme einer Aufspaltung führt zu einer Abweichung von diesem Grundsatz. Bei der Realteilung wurde dieses Argument mit der Begründung verworfen, dass die Besonderheiten der Grunddienstbarkeit in Bezug auf die Teilung nicht zwingend die Parallelität zum Schicksal des Grundstücks erfordern, weil eine Trennung von Bestandteil und Zubehör, die § 96 BGB verhindern will, nicht zu befürchten steht. Dieses Gegenargument greift allerdings bei der ideellen Teilung nicht, da hier das gegenteilige Ergebnis, die einheitliche Grund-

506 Protokolle III, S. 310.

dienstbarkeit im Raum steht. Das Argument aus § 96 BGB wiegt bei der ideellen Teilung auch schwerer, als bei der Realteilung. Im Fall der Realteilung führt die Annahme einer einheitlichen Grunddienstbarkeit dazu, dass die Grunddienstbarkeit entgegen dem herrschenden Grundstück in ihrer ursprünglichen Gestalt des einheitlichen Rechts verbleibt. Bei der ideellen Teilung würde die Aufspaltung in mehrere Rechte aber dazu führen, dass sich die Grunddienstbarkeit entgegen dem herrschenden Grundstück in ihrer Gestalt wandelt. Eine solche Wandelung stellt eine stärkere Abweichung von § 96 BGB dar, als ein bloßes Verbleiben im ursprünglichen vor der Teilung bestehenden Zustand und könnte nur mit greifbaren Vorteilen einer Aufspaltung gerechtfertigt werden, die aber nicht ersichtlich sind. Die ideelle Teilung des herrschenden Grundstücks führt somit – wie die Realteilung – dazu, dass einer einheitlichen Grunddienstbarkeit bestehen bleibt.

II. Die Ausübung der einheitlichen Grunddienstbarkeit

Zur Ausübung der einheitlichen Grunddienstbarkeit nach der ideellen Teilung finden sich in der Literatur keine Ansätze. Der geschilderte Meinungsstreit bezieht sich nur auf die Realteilung, da die Literatur ganz überwiegend annimmt, dass § 1025 BGB nur diese Art der Grundstücksteilung erfasst (vgl. die Nachweise in Teil 1 III.2)).

Denkbar ist aber die Anwendung der Ansätze, die bereits zu der Realteilung entwickelt wurden. Die Problematik ist identisch, die Diskussion müsste daher parallel zu der bereits geführten Auseinandersetzung bei der Realteilung erfolgen. Demgemäß wird man nach den im Rahmen der bisherigen Untersuchung gefundenen Ergebnissen, auch bei der ideellen Teilung die ausschließliche Anwendung der §§ 741–758 BGB auf die Ausübung der einheitlichen Grunddienstbarkeit befürworten müssen.[507] Es ist nicht ersichtlich, dass das Vorliegen von Miteigentum am herrschenden Grundstück ein anderes Ergebnis rechtfertigen würde.

507 So wohl auch OLG Düsseldorf, MittRhNotK 1988, 175; grundbuchrechtlich scheidet die Eintragung eines Beteiligungsverhältnisses für die Grunddienstbarkeit aus: Ein Anwendungsfall des § 47 GBO liegt nicht vor, weil es sich bei der Grunddienstbarkeit im Fall der ideellen Teilung des herrschenden Grundstücks nicht um ein gemeinschaftliches Recht, sondern um ein Recht für den jeweiligen Eigentümer des herrschenden Grundstücks handelt. Wer zur Geltendmachung des durch die Grunddienstbarkeit gesicherten Anspruchs befugt ist, richtet sich nach den Eigentumsverhältnissen am herrschenden Grundstück, die sich aus den Grundbuchblättern des herrschenden Grundstücks ermitteln lassen. Damit ist das Interesse des Grundbuchverkehrs an klaren und sicheren Verhältnissen ausreichend gewahrt.

Gegenüber der Ausübung bei der Realteilung ergeben sich allerdings zwei dogmatische Vereinfachungen, die darin begründet sind, dass hinsichtlich des herrschenden Grundstücks Miteigentum vorliegt und damit die §§ 1008–1011 BGB auf dieses unmittelbar anwendbar sind. Bei der Verteidigung der Grunddienstbarkeit bedarf es zunächst nicht, wie bei der Realteilung (vgl. Teil 2 II.6)a)) der analogen Anwendung des § 1011, 1. Alt. BGB, um ein autonomes Verteidigungsrecht für jeden Teilhaber zu begründen. Allgemein wird bei der Verteidigung der einheitlichen Grunddienstbarkeit durch herrschende Miteigentümer gesagt, jeder Miteigentümer könne in direkter Anwendung des § 1011 BGB Ansprüche aus §§ 1027, 1004 BGB selbstständig geltend machen.[508] Zwar handelt es sich bei dem Anspruch aus §§ 1027, 1004 BGB genau besehen um einen Anspruch aus der Grunddienstbarkeit und nicht unmittelbar aus dem Miteigentum. Andererseits haftet die Grunddienstbarkeit aber am (Mit-)Eigentum und kann ohne Verknüpfung hierzu nicht bestehen; sie gilt gem. § 96 BGB als wesentlicher Bestandteil des Grundstücks. Man kann also sagen, dass die Verteidigungsansprüche aus der Grunddienstbarkeit jedenfalls im weiteren Sinne auch Ansprüche aus dem Miteigentum sind. Sieht man die Abwehransprüche aus der Grunddienstbarkeit solchermaßen als mittelbare Ansprüche aus dem Miteigentum an, ist die direkte Anwendung des § 1011 Alt. 1 BGB logische Konsequenz. Mit der gleichen Überlegung kann man es auch rechtfertigen, bei der ideellen Teilung des herrschenden Grundstücks im Innenverhältnis zwischen den Teilhabern § 1010 Abs. 1 BGB direkt und nicht nur analog (vgl. Teil 2 II.6)b)) anzuwenden. Denn wenn man Ansprüche aus einer Grunddienstbarkeit als mittelbare Ansprüche aus dem Eigentum ansieht, spricht nichts dagegen, Benutzungsregelungen in Bezug auf eine einheitliche Grunddienstbarkeit als mittelbare Benutzungsregelungen in Bezug auf das herrschende Grundstück in Miteigentum anzusehen.

III. Ergebnis

Die Ausübung der Grunddienstbarkeit nach der ideellen Teilung des herrschenden Grundstücks wirft gegenüber der Ausübung nach der Realteilung keine zusätzlichen Fragen oder Probleme auf. Im Ergebnis besteht an der Grunddienstbarkeit – insoweit parallel zum herrschenden Grundstück – ebenfalls eine Bruchteilsgemeinschaft; die Ausübung richtet sich nach den §§ 741–758 BGB und folgt den in Teil 2 II.1) und 6) skizzierten Regeln.

---

508 BGH, NJW 1992, 1101; Staudinger/Weber (2017) § 1027 Rn 5; MüKo/Mohr § 1027 Rn 4; NK-BGB/Otto § 1027 Rn 7; Erman/Grziwotz § 1027 Rn 2; Soergel/Stürner § 1027 Rn 2; RGRK-BGB/Rothe § 1027 Rn 3.

Teil 4: Die Ausübung der Grunddienstbarkeit nach der Teilung des herrschenden Grundstücks in Wohnungseigentum

Die Frage, nach welchen Kriterien sich die Ausübung einer Grunddienstbarkeit, die als einheitliches Recht mehreren Eigentümern herrschender Grundstücke zusteht, richtet, stellt sich auch außerhalb des BGB, wenn eine ideell-reale Teilung des herrschenden Grundstücks in Wohnungseigentum[509] erfolgt. Die im Problemaufriss geschilderten Beispiele eins und zwei lassen sich ohne Weiteres auch so konstruieren, dass der Eigentümer des herrschenden Grundstücks keine Realteilung vornimmt, sondern stattdessen Wohnungseigentum durch Teilung nach §§ 2, 8 WEG begründet und dann die geschaffenen Wohnungseigentumseinheiten an unterschiedliche Erwerber veräußert.

I. Das Schicksal der Grunddienstbarkeit nach der Teilung des herrschenden Grundstücks in Wohnungseigentum

Auch hier stellt sich zunächst die Frage, was im Fall der ideell-realen Teilung mit der Grunddienstbarkeit geschieht. Im Gegensatz zur rein ideellen Teilung ist bei der ideell-realen Teilung Konsens, dass § 1025 BGB auch bei dieser Teilungsart Anwendung findet.[510] Das lässt sich mit der realen Teilungskomponente begründen. Diese reale Komponente des Wohnungseigentums kommt insbesondere darin zum Ausdruck, dass für jeden Miteigentumsanteil grundsätzlich gem. § 7 Abs. 1 S. 1 WEG ein besonderes Grundbuchblatt angelegt wird. Die Anwendbarkeit des § 1025 BGB sagt für sich genommen allerdings noch nichts über das Schicksal der Grunddienstbarkeit aus, weil Wortlaut und Entstehungsgeschichte insofern unergiebig sind (vgl. Teil 2 I.1)b)aa)). Erneut muss man sich fragen, ob mit der ideell-realen Teilung eine einheitliche Grunddienstbarkeit für alle Wohnungseigentümer bestehen bleibt, oder ob eine Vielzahl selbstständiger Grund-

---

509 Aus Gründen der Vereinfachung wird in der weiteren Untersuchung nur von Wohnungseigentum gesprochen. Dies Ausführungen betreffen aber das Teileigentum in gleicher Weise, falls nicht gesondert auf Unterschiede eingegangen wird.

510 Staudinger/Weber (2017) § 1025 Rn 3; NK-BGB/Otto § 1025 Rn 1; Weitnauer/Briesemeister § 3 Rn 117; BayObLG, NJW-RR 1990, 1043, 1044; BayObLG, FGPrax 2003, 10, 11.

dienstbarkeiten entsteht, die jeweils einem Sondereigentum in Verbindung mit dem Miteigentumsanteil als herrschendes Grundstück zugeordnet sind.

Anders als bei der ideellen Teilung ist eine Aufteilung in mehrere selbstständige Grunddienstbarkeiten zugunsten von Wohnungseigentum ohne Weiteres vorstellbar. Durch seine reale Komponente ist das Wohnungseigentum dem realen Grundstücksteil soweit angenähert, dass kein Anlass besteht, es anders als ein reales Teilgrundstück zu behandeln und einem einzelnen Wohnungseigentumsanteil den Status als herrschendes Grundstück zu verwehren.[511] Demgemäß nehmen Literatur[512] und Rechtsprechung[513] einmütig an, dass eine einzelne Wohnungseigentumseinheit herrschendes Grundstück für eine Grunddienstbarkeit sein kann.

Die Argumente, die für und gegen das Entstehen einer einheitlichen Grunddienstbarkeit streiten, sind grundsätzlich die gleichen, wie bei der Realteilung und sprechen im Ergebnis für die einheitliche Grunddienstbarkeit; entscheidende Argumente sind insbesondere Kostenersparnis und Vereinfachung des Grundbuchs (vgl. Teil 2 I.3)).[514] Daneben sprechen die Überlegungen zur ideellen Teilung dafür, nach der ideell-realen Teilung die Entstehung einer einheitlichen Grunddienstbarkeit anzunehmen (vgl. Teil 3 I.2)). Denn das Grundstück selbst bleibt – im Gegensatz zu den auf dem Grundstück befindlichen Eigentumswohnungen, an denen gem. § 5 Abs. 1 WEG Sondereigentum begründet wird – gem. § 1 Abs. 5 WEG bei der Teilung in Wohnungseigentum gemeinschaftliches Eigentum – also Miteigentum – aller Wohnungseigentümer. In Bezug auf das Grundstück ist die Teilung somit nur eine ideelle. Dann ist es aber nur konsequent auch für eine Grunddienstbarkeit, die gem. § 96 BGB als wesentlicher Bestandteil *des gemeinschaftlichen Eigentums* gilt,[515] eine ideelle Teilung anzunehmen. Dass die Miteigentumsanteile mit dem Sondereigentum

---

511 Bärmann/Armbrüster § 1 Rn 149.

512 Bärmann/Armbrüster § 1 Rn 149; Timme/Timme § 1 Rn 78; Jennißen/Zimmer § 1 Rn 14; Weitnauer/Briesemeister § 3 Rn 117; Schöner/Stöber Rn 1123; Staudinger/Weber (2017) § 1018 Rn 46; Bamberger/Roth/Wegmann § 1018 Rn 17; Soergel/Stürner § 1018 Rn 38; Palandt/Wicke Einl. WEG Rn 2; Röll S. 224.

513 BGH, NJW 1989, 2391 f.; OLG Hamm, MDR 1981, 142; LG Kassel, MittBayNot 2003, 222, 223 f.

514 Staudinger/Rapp (2005) § 1 WEG Rn 42; AG Neuss, ZMR 2014, 67, 69; BayObLG, MittBayNot 1983, 168 f.

515 Niedenführ/Kümmel/Vandenhouten § 1 Rn 29, Fn 40; Palandt/Wicke § 1 WEG Rn 9; Weber/Blath, DNotI-Report 2016, 64, 65; OLG Stuttgart, NJW-RR 1990, 659; AG Charlottenburg, ZWE 2011, 103 f.

an bestimmten Räumen verbunden sind und somit auch ein Element der realen Teilung enthalten, steht dem nicht entgegen, weil für die Berechtigung der Wohnungseigentümer am herrschenden Grundstück und damit auch an der einheitlichen Grunddienstbarkeit allein ihre Rechtsstellung als Miteigentümer des Grundstücks maßgebend ist.[516] Gegen die generelle Zulässigkeit einer einheitlichen Grunddienstbarkeit zugunsten der Teileigentümergemeinschaft bestehen, auch wenn man die Besonderheiten des Wohnungseigentums berücksichtigt, keine Bedenken. Die Rechtsprechung geht davon aus, dass die Begründung einer einheitlichen Grunddienstbarkeit als Gesamtberechtigung zugunsten einer Wohnungseigentümergemeinschaft als Eigentümer des herrschenden Grundstücks möglich ist.[517]

Eine Grunddienstbarkeit wird somit bei der Teilung des herrschenden Grundstücks in Wohnungseigentum nur ideell, nicht aber real geteilt und bleibt als einheitliches Recht bestehen.

II. Die Ausübung der Grunddienstbarkeit nach der Teilung des herrschenden Grundstücks in Wohnungseigentum

1) Die Anwendung der bereits zur Realteilung gefundenen Ansätze auf die Grunddienstbarkeit

Obwohl die Grunddienstbarkeit gem. § 96 BGB als wesentlicher Bestandteil des im gemeinschaftlichen Eigentum der Wohnungseigentümer stehenden herrschenden Grundstücks gilt, verliert sie durch die Bestandteilseigenschaft nicht ihren Charakter als Recht und wird für sich betrachtet nicht als (Wohnungs-) Eigentum angesehen.[518] Aus dieser Überlegung könnte man ableiten, dass das WEG auf die Ausübung der Grunddienstbarkeit keinen Einfluss hat, weil dieses Gesetz nur das Wohnungseigentum regelt, nicht aber die Ausübung von Rechten, die zugunsten des Wohnungseigentums bestehen. Konsequenterweise dürfte man für die Ausübung der Grunddienstbarkeit nach der ideell-realen Teilung des herrschenden Grundstücks nur die allgemeinen Vorschriften des BGB heranziehen. In der Folge stünden wieder die bereits in Teil 2 II. dargestellten Ansätze zur Lösung der Ausübung der einheitlichen Grunddienstbarkeit zur Auswahl. Entsprechende Herangehensweisen finden sich dann auch in Rechtsprechung und Literatur:

516 BayObLG, MittBayNot 1983, 168 f.
517 OLG Stuttgart, NJW-RR 1990, 659.
518 AG Coburg, MittBayNot 1990, 114; OLG Köln, NJW-RR 1993, 982, 983.

- So vertritt das AG Neuss einen der für die Realteilung in Teil 2 II.4)a) dargestellten Ansätze für die Ausübung der Grunddienstbarkeit bei ideell-realer Teilung des herrschenden Grundstücks.[519] Im Außenverhältnis soll den Wohnungseigentümern die Grunddienstbarkeit im Sinne einer Gesamtberechtigung analog §§ 428, 432 BGB zustehen, wobei auch die Wohnungseigentumsgemeinschaft die Rechte und Pflichten gem. § 10 Abs. 6 S. 3 WEG im eigenen Namen geltend machen könne;[520] im Innenverhältnis bestehe das Recht in Bruchteilsgemeinschaft; das Beschlussverfahren richte sich nach § 745 BGB.
- Rapp möchte nach einer ideell-realen Teilung dagegen offenbar nur die Regeln der Bruchteilsgemeinschaft anwenden.[521]
- Das BayObLG stellt fest, dass sich jedenfalls im Innenverhältnis der Wohnungseigentümer untereinander das Rechtsverhältnis bei der Ausübung der Grunddienstbarkeit grundsätzlich nach den §§ 741–758 BGB richte.[522]
- Der BGH trifft für das Außenverhältnis die Aussage, jeder Wohnungseigentümer könne die aus §§ 1027, 1004 BGB in Bezug auf die Grunddienstbarkeit folgenden Abwehransprüche selbstständig und ohne Mitwirkung der übrigen Wohnungseigentümer geltend machen.[523] Dies folge allerdings nicht aus der Anwendung des § 1011 BGB; Der Wohnungseigentümer mache kein Recht aus dem Miteigentum sondern aus dem eigenen Eigentumsbruchteil geltend.

Die aufgezeigten Ansätze sind allerdings nur undeutlich und meistens unvollständig dargestellt. Sie betreffen meist nur einzelne Ausübungsaspekte, sodass kaum erkennbar ist, was genau vertreten wird. Es sind eher Fragmente als ein schlüssiges Konzept erkennbar. Eine bewusste Auseinandersetzung und Abgrenzung der verschiedenen Meinungen voneinander erfolgt, anders als dies zumindest die Literatur bei der Realteilung unternimmt, nicht. Es fällt daher schwer, bei der ideell-realen Teilung überhaupt von einem Meinungsstreit zu sprechen. Nach den Ergebnissen der bisherigen Untersuchung wäre der ausschließlichen Anwendung der §§ 741–758 BGB, erweitert um die analoge Anwendung von §§ 1010 Abs. 1, 1011 1. Alt BGB, gegenüber den anderen Ansätzen auch bei der Ausübung der

519 AG Neuss, ZMR 2014, 67–69.

520 Kritisch zu Letzterem: Fritsch, ZMR 2014, 69 f.

521 Staudinger/Rapp § 1 WEG Rn 42.

522 BayObLG, DNotZ 1991, 600, 601 f.; wohl auch schon BayObLG, MittBayNot 1983, 168, 169: Hier wendet das BayObLG jedenfalls § 747 S. 2 BGB an.

523 BGH, NJW-RR 1999, 166, 167.

Grunddienstbarkeit nach der ideell-realen Teilung des herrschenden Grundstücks der Vorzug zu geben.

2) Die Anwendung einzelner Vorschriften aus dem WEG

In der Rechtsprechung und Literatur finden sich allerdings einige Stimmen, die auf die Ausübung der Grunddienstbarkeit bei einer Wohnungseigentümergemeinschaft als herrschendem Eigentümer jedenfalls einzelne Vorschriften aus dem WEG anwenden wollen.

So betont etwa das BayObLG,[524] dass für die Ausübung einer einheitlichen Grunddienstbarkeit grundsätzlich die §§ 741–758 BGB gelten. Der Wortlaut und Zweck des § 96 BGB lasse es aber zu, im Wege der Fiktion auch das „Verhältnis der Grunddienstbarkeitsberechtigten" mit dem Verhältnis der Wohnungseigentümer untereinander gleichzustellen und zum Gegenstand von Regelungen nach §§ 5 Abs. 4, 10 Abs. 1 S. 2, Abs. 2 WEG (heute §§ 5 Abs. 4 S. 1, 10 Abs. 2 S. 2, Abs. 3 WEG) zu machen. Die Grunddienstbarkeit gelte als Bestandteil des Grundstücks, das im gemeinschaftlichen Eigentum der Wohnungseigentümer stehe; in ihrer Verbundenheit als Wohnungseigentümer seien diese zugleich gemeinschaftliche Berechtigte der Grunddienstbarkeit. Eine Regelung der Ausübung der Grunddienstbarkeit sei damit immer zugleich auch eine Regelung des Verhältnisses der Wohnungseigentümer untereinander. Eine solche Regelung der Benutzung der Grunddienstbarkeit im Innenverhältnis zwischen den Wohnungseigentümern könne als Inhalt des Sondereigentums in die Wohnungsgrundbücher eingetragen werden. Für die Anwendung der WEG-Vorschriften bestünde auch ein Bedürfnis: Nur so werde es dem gem. § 8 WEG teilenden Eigentümer des herrschenden Grundstücks ermöglicht, von ihm für erforderlich gehaltene Regelungen zu treffen. Bei Anwendung der §§ 741–758 BGB sei dies nur noch später durch Beschlüsse gem. § 745 Abs. 1 BGB möglich. Darüber hinaus würde die Anwendung der §§ 741–758 BGB auf die Grunddienstbarkeit eine eigene zweite Gemeinschaft schaffen, deren Verhältnis sich zum großen Teil nach anderen Bestimmungen regeln würde und deren Streitigkeiten nicht vor dem Wohnungseigentumsgericht, sondern vor dem ordentlichen Gericht auszutragen wären.[525] Diese Entscheidung

524 BayObLG, DNotZ 1991, 600, 602 f.

525 Letzteres Argument gilt heute allerdings so nicht mehr. Wohnungseigentumsstreitigkeiten werden seit der WEG-Novelle 2007 gem. § 43 WEG von der ordentlichen Gerichtsbarkeit entschieden und nicht mehr, wie dies § 43 Abs. 1 WEG in seiner alten Fassung vorsah, im Verfahren der freiwilligen Gerichtsbarkeit. Insofern steht eine Aufspaltung des Rechtswegs nicht zu befürchten. Das Argument hat aber trotzdem in

des BayObLG und ihre Begründung hat weithin Gefolgschaft gefunden.[526]

Inhaltlich wenden das BayObLG und die ihm folgende Literatur das WEG also zumindest insoweit an, als sie die Eintragung einer durch Vereinbarung zustande gekommenen Benutzungsregelung als Inhalt des Sondereigentums zulassen. Damit wird eine Regelung aus dem WEG entnommen und auf die Grunddienstbarkeit angewendet, um ein Ergebnis zu erreichen, welches bei der Anwendung von Vorschriften des BGB nicht möglich wäre. Bei der Realteilung wurde festgestellt, dass die Eintragung einer Benutzungsregelung für die Grunddienstbarkeit nur in analoger Anwendung des § 1010 Abs. 1 BGB als Belastung des Anteils an der Grunddienstbarkeit im Grundbuch des dienenden Grundstücks möglich ist (vgl. Teil 2 II.6)b)). Durch die Anwendung der WEG Vorschriften erfolgt dagegen eine Eintragung von Benutzungsregelungen im Grundbuch des herrschenden mit einem Miteigentumsanteil verbundenen Sondereigentums. Das BayObLG begründet mit seinem Urteil allerdings keinen kompletten Ansatz, der die Ausübung der Grunddienstbarkeit umfassend beleuchten würde. Es wird vielmehr nur die Frage der grundbuchrechtlichen Fixierung von Ausübungsregelungen thematisiert. Ob auch andere Vorschriften des WEG auf die Ausübung der Grunddienstbarkeit Anwendung finden können, wird, mangels Entscheidungsrelevanz in dem vom Gericht entschiedenen Fall, nicht erörtert.

---

angepasster Form Gewicht: § 23 c Nr. 2c) GVG begründet für Wohnungseigentumsstreitigkeiten ohne Rücksicht auf den Streitwert eine ausschließliche sachliche Zuständigkeit zugunsten des Amtsgerichts. Deswegen ist es gerechtfertigt, nach wie vor von einem Wohnungseigentumsgericht im Unterschied zum allgemeinen Zivilgericht zu sprechen (so noch Bärmann/Klein (12. Auflage) § 43 Rn 1, 5; Timme/Elzer § 43 Rn 1). Insofern kann es innerhalb der ordentlichen Gerichtsbarkeit durchaus zu einer Spaltung kommen, wenn der Streit über die Grunddienstbarkeit den Streitwert von 5000 € gem. § 23 Nr. 1 GVG überschreitet. Dann wäre für die Auseinandersetzung über die Grunddienstbarkeit das Landgericht und für Streitigkeiten, die das Wohnungseigentum betreffen, das Amtsgericht zuständig. Darüber hinaus gelten für Streitigkeiten um das Wohnungseigentum mit den §§ 44 bis 50 WEG Sonderregelungen für das gerichtliche Verfahren. Insofern ist die Schaffung je einer Gemeinschaft für das Wohnungseigentum und die Grunddienstbarkeit weiterhin mit Nachteilen verbunden.

526 Staudinger/Rapp (2005) § 1 WEG Rn 42; NK-BGB/Otto § 1018 Rn 35; Palandt/Wicke § 10 WEG Rn 9; OLG Köln, NJW-RR 1993, 982, 983; LG Kassel, BeckRS 2003, 05310; AG Coburg, MittBayNot 1990, 114; BayObLG, MittBayNot 2003, 222, 223; Müller Teil 1 Rn 67; Niedenführ/Kümmel/Vandenhouten § 5 Rn 56; Wever/Blath, DNotI-Report 2016, 64, 65; wohl auch Jennißen/Jennißen § 10 Rn 50, der allerdings anmerkt, eine Benutzungsregelung müsse auch durch Beschlüsse gefasst werden können. Jennißen führt diesen Gedanken nicht weiter aus, sodass unklar bleibt, ob er auch die §§ 10 Abs. 4, 15 Abs. 2, 23–25 WEG auf die Grunddienstbarkeit anwenden will.

3) Die Anwendung des gesamten WEG

Der Ansatz der Rechtsprechung, einzelne Vorschriften des WEG auf die Ausübung der Grunddienstbarkeit zu übertragen, führt zu der Frage, warum es nicht möglich sein soll, die Ausübung der Grunddienstbarkeit als Ganzes den Regelungen des WEG zu unterwerfen. Auf diese Weise würde die Grunddienstbarkeit materiell vollkommen dem herrschenden Wohnungseigentum angeglichen: Es existierten dann nicht länger zwei Gemeinschaften, die jeweils unterschiedlichen Regelungen unterworfen sind, sondern die Wohnungseigentümergemeinschaft und die Gemeinschaft an der Grunddienstbarkeit würden synchron dem WEG folgen. Dies würde eine Vereinfachung der Rechtslage bedeuten. Ein Rückgriff auf Regelungen der Gemeinschaft müsste gem. § 10 Abs. 2 S. 1 WEG nur dann erfolgen, wenn das WEG keine besonderen Bestimmungen enthält. Dogmatisch ließe sich die Ausübung der Grunddienstbarkeit auch ohne Weiteres in das WEG integrieren. Es wurde bereits beschrieben, dass im Fall der Teilung des herrschenden Grundstücks in Wohnungseigentum, die Grunddienstbarkeit Bestandteil des gem. § 1 Abs. 5 WEG im gemeinschaftlichen Eigentum stehenden Grundstücks ist (vgl. Teil 4 II.2). Man könnte nunmehr soweit gehen, die Grunddienstbarkeit als gemeinschaftliches Eigentum anzusehen und in der Folge alle Vorschriften des WEG, die das gemeinschaftliche Eigentum betreffen, auf die Ausübung der Grunddienstbarkeit anwenden.

Im Folgenden soll untersucht werden, ob die Anwendung der Vorschriften, die das WEG für die Ausübung des gemeinschaftlichen Eigentums bereit hält, auch für die Ausübung einer Grunddienstbarkeit zu praktikablen Ergebnissen führt. Bei der Ausübung soll dabei erneut zwischen Innen- und Außenverhältnis unterschieden werden.

a) Das Außenverhältnis: Verfügung und Verteidigung

aa) Verfügung über die Grunddienstbarkeit

Es ist einhellige Meinung, dass eine Grunddienstbarkeit für sich genommen weder übertragen noch belastet werden kann (vgl. Teil 2 II.1)a)aa)aaa)). Eine Aufhebung der Grunddienstbarkeit kann unter Anwendung des § 11 Abs. 1 WEG nur durch allseitigen Verzicht auf das Recht erfolgen,[527] sodass die Mitwirkung aller Eigentümer herrschenden Wohnungseigentums erforderlich ist. Zur Inhaltsänderung enthält das WEG keine besondere Regelung, sodass auch hierbei gem. § 10 Abs. 2 S. 1 WEG iVm § 747 S. 2 WEG alle Teilhaber mitwirken müssen.

527 BGH, NJW 2007, 2547 f.; Bärmann/Suilmann § 11 Rn 8; Timme/Dötsch § 11 Rn 21.

bb) Verteidigung der Grunddienstbarkeit

Wie schon beschrieben, wird die Grunddienstbarkeit gegen Beeinträchtigungen durch den Eigentümer des dienenden Grundstück und andere Dritten durch die Geltendmachung von negatorischen Duldungs- und Unterlassungsansprüchen aus §§ 1027, 1004 BGB, sowie von possessorischen Ansprüchen aus § 1029 BGB verteidigt.

Im Fall des Wohnungseigentums ist allgemeine Meinung, dass jeder Wohnungseigentümer Abwehransprüche aus dem gemeinschaftlichen Eigentum gegenüber *anderen Wohnungseigentümern* und damit im Innenverhältnis grundsätzlich selbst in vollem Umfang gem. § 1011 BGB geltend machen kann, wenn die Wohnungseigentümergemeinschaft die Geltendmachung solcher Ansprüche nicht an sich zieht und zur Verwaltungsangelegenheit macht.[528] Dies lässt sich damit begründen, dass die Abwehr von Störungen im Innenverhältnis Angelegenheit der einzelnen Wohnungseigentümer ist und nicht den Rechtsverkehr der Wohnungseigentümergemeinschaft als teilrechtsfähige Gemeinschaft betrifft.[529]

Bei der Verteidigung des gemeinschaftlichen Eigentums im Außenverhältnis sieht das anders aus. Hier steht die Regelung des § 10 Abs. 6 S. 3, 1. Alt. WEG im Raum, nach der gemeinschaftsbezogene Rechte zwingend von der Gemeinschaft der Wohnungseigentümer, und nicht von den einzelnen Wohnungseigentümern wahrzunehmen sind. Gemeinschaftsbezogene Rechte liegen bezogen auf Abwehransprüche immer dann vor, wenn abzuwehrende Störungen das Gemeinschaftseigentum betreffen und die Substanz oder die Nutzung des Gemeinschaftseigentums objektiv beeinträchtigt wird.[530] Man wird demnach die Verteidigung des gemeinschaftlichen Eigentums im Außenverhältnis grundsätzlich immer nur durch die Gemeinschaft der Wohnungseigentümer nach einer entsprechenden Willensbildung derselben zulassen dürfen. Das hat das OLG München für den Fall bestätigt, dass von einem Nachbargrundstück aus ein rechtswidriger und unentschuldigter Überbau des ideell-real geteilten Grundstücks erfolgt: In diesem Fall sei der aus § 1004 BGB folgende Beseitigungsanspruch gemeinschaftsbezogen.[531] Demnach

528 BGH, NJW 2006, 2187, 2188; BGH, NJW 1992, 978; Bärmann/Suilmann § 10 Rn 254, 255; Jennißen/Heinemann § 21 Rn 20; Niedenführ/Kümmel/Vandenhouten § 21 Rn 14 f.; Spielbauer/Then § 10 Rn 44; Timme/Dötsch § 15 Rn 118 f.; Müller, 3. Teil, Rn 59 f.; Hügel/Scheel Teil 7 Rn 13; Jacoby, ZWE 2012, 70, 74; vgl. auch BT-Drucks. 16/887, S. 62.

529 MüKo/Commichau § 10 WEG Rn 90; Riecke/Schmid/Elzer (3. Aufl.), § 10 Rn 426.

530 Bärmann/Suilmann § 10 Rn 255.

531 OLG München, ZMR 2011, 316 f.; dem folgend: Jennißen/Jennißen § 10 Rn 75; Bärmann/Suilmann § 10 Rn 255; MüKo/Commichau § 10 WEG Rn 89; NK-BGB/

kann die Verteidigung des gemeinschaftlichen Eigentums im Außenverhältnis also immer nur durch die Gemeinschaft der Wohnungseigentümer nach einer entsprechenden Willensbildung derselben erfolgen.

Bei konsequenter Anwendung der Vorschriften des WEG auf die Grunddienstbarkeit als Bestandteil des gemeinsamen Eigentums am Grundstück kommt man daher zu dem Ergebnis, dass die Verteidigung der Grunddienstbarkeit im Außenverhältnis nicht durch den einzelnen Wohnungseigentümer, sondern gem. § 10 Abs. 6 S. 3 1. Alt WEG nur durch die Gemeinschaft der Wohnungseigentümer erfolgen kann, nachdem ein entsprechender Beschluss gefasst worden ist. Dies stellt gegenüber dem hier für die Ausübung der Grunddienstbarkeit nach der Realteilung vertretenen Ansatz, der über die analoge Anwendung des § 1011 1. Alt BGB zu einem eigenständigen Verteidigungsrecht jedes Eigentümers eines herrschenden Grundstücks führt, eine erhebliche Abweichung dar.

b) Das Innenverhältnis: Die Benutzung der Grunddienstbarkeit

aa) Die gesetzlichen Vorgaben zur Benutzung der Grunddienstbarkeit

aaa) Das Gebrauchsrecht gem. § 13 Abs. 2 S. 1 WEG

§ 13 Abs. 2 WEG gibt jedem Wohnungseigentümer ein Recht zum Mitgebrauch des gemeinschaftlichen Eigentums. Mitgebrauch ist Teilnahme am Gebrauch des Gemeinschaftseigentums durch jede Ausübung von Rechten in natura, die nicht Fruchtziehung ist (vgl. Teil 1 II.1)); der Gebrauch ist dabei unabhängig von der Größe des Miteigentumsanteils des gebrauchenden Wohnungseigentümers.[532] Das Gebrauchsrecht unterliegt gem. § 14 Nr. 1 WEG Beschränkungen durch das Gebot gegenseitiger Rücksichtnahme, sowie gem. § 15 WEG durch den Inhalt eventuell getroffener Vereinbarungen, Beschlüsse oder billiger Regelungen.[533] Die Regelung ist ihrem Inhalt § 743 Abs. 2 BGB nachgebildet.[534] Solange nur ein Wohnungseigentümer das gemeinsame Eigentum gebraucht, oder es von meh-

---

Schultzky § 10 WEG Rn 15b; Jacoby, ZWE 2012, 70, 74; kritisch dagegen Timme/Dötsch § 10 Rn 517 f, § 13 Rn32, der wohl davon ausgeht, dass auf Abwehransprüche im Außenverhältnis nur § 10 Abs. 6 S. 3, 2. Alt. WEG anwendbar ist, mit der Folge, dass grundsätzlich jeder Wohnungseigentümer einzeln Abwehransprüche geltend machen kann.

532 Bärmann/Suilmann § 13 Rn 15; Spielbauer/Then § 13 Rn 18; Jennißen/Schultzky § 13 Rn 56; Staudinger/Kreuzer (2005) § 13 WEG Rn 89.

533 Bärmann/Suilmann § 13 Rn 15; Jennißen/Schultzky § 13 Rn 59; Timme/Dötsch § 13 Rn 31; Niedenführ/Kümmel/Vandenhouten § 13 Rn 18.

534 Jennißen/Schultzky § 13 Rn 56; MüKo/Commichau § 13 WEG Rn 25.

reren Wohnungseigentümern einvernehmlich benutzt wird, entsteht hinsichtlich des Gebrauchsrechts keine Konkurrenzsituation. Zu einer solchen kommt es erst, wenn ein gleichzeitiger Gebrauch des gemeinsamen Eigentums durch alle Wohnungseigentümer nicht oder nicht im gewünschten Umfang möglich ist. Dann bedarf es einer Gebrauchsregelung.[535] Bis eine solche gefunden ist, wird der Gebrauch des gemeinsamen Eigentums durch alle Wohnungseigentümer unterbleiben müssen (vgl. Teil 2 II.1)b)bb)aaa)(b)).

Die Übertragung des § 13 Abs. 2 S. 1 WEG auf die Grunddienstbarkeit führt hinsichtlich des Gebrauchsrechts zu demselben Ergebnis, wie die Anwendung des § 743 Abs. 2 BGB: Jeder berechtigte Wohnungseigentümer darf die Grunddienstbarkeit gebrauchen, im Streitfall ruht der Gebrauch, bis eine Gebrauchsregelung gefunden ist.

bbb) Der Anspruch auf Früchte gem. §§ 13 Abs. 2 S. 2, 16 Abs. 1 S. 1 WEG

Auch das Fruchtziehungsrecht entspricht im Ergebnis der Regelung des § 743 Abs. 1 BGB. §§ 13 Abs. 2 S. 2, 16 Abs. 1 S. 1 WEG begründen nicht für jeden Wohnungseigentümer ein selbstständiges Fruchtziehungsrecht am gemeinschaftlichen Eigentum. Die Fruchtziehung ist vielmehr Verwaltungsentscheidung. Ob und wie Früchte gezogen werden, wird durch Mehrheitsbeschluss gem. §§ 20 Abs. 1, 21 Abs. 3 WEG bestimmt.[536] Der einzelne Wohnungseigentümer kann also nicht auf nach eigenem Gutdünken Früchte aus dem gemeinschaftlichen Eigentum ziehen.

Gezogene Früchte werden gem. §§ 13 Abs. 2 S. 1, 16 Abs. 1 S. 1 WEG nach Höhe der Miteigentumsanteile verteilt. Der Maßstab kann durch Vereinbarung gem. § 10 Abs. 3 WEG abgeändert werden,[537] nicht aber durch Mehrheitsbeschluss.[538] Der Anspruch jedes Wohnungseigentümers richtet sich auf Auskehrung seines Anteils am Nettoerlös der gezogenen Früchte; er besteht erst nach Aufstellung einer Abrechnung und deren Genehmigung durch Beschluss der Wohnungseigentümer.[539]

---

535 Bärmann/Suilmann § 13 Rn 16; MüKo/Commichau § 13 WEG Rn 30.

536 Bärmann/Becker § 16 Rn 11; Staudinger/Bub § 16 WEG Rn 72; Weitnauer/Gottschalg § 16 Rn 7; Timme/Bonifacio § 16 Rn 7; Spielbauer/Then § 16 Rn 5.

537 Bärmann/Becker § 16 Rn 14; Staudinger/Bub § 16 WEG Rn 83, 87; MüKo/Engelhardt § 16 WEG Rn 21; Timme/Bonifacio § 16 Rn 9.

538 Bärmann/Becker § 16 Rn 15 Staudinger/Bub § 16 WEG Rn 52, 87; Timme/Bonifacio § 16 Rn 9; Palandt/Wicke § 16 WEG Rn 7.

539 Bärmann/Becker § 16 Rn 17 f.; Staudinger/Bub § 16 WEG Rn 76–78, 95; MüKo/Engelhardt § 16 WEG Rn 2.

Eine Anwendung der Vorschriften des WEG auf die Fruchtziehung aus der Grunddienstbarkeit führt somit ebenfalls nicht zu anderen Ergebnissen als die Anwendung der §§ 741–758 BGB.

ccc) Die klare Trennung zwischen Früchten und Gebrauchsvorteilen im WEG

Im Rahmen der Realteilung wurde beschrieben, dass die herrschende Meinung im Rahmen des § 743 BGB nicht deutlich zwischen Fruchtziehung und Verteilung der Früchte einerseits und Gebrauch und Verteilung der Gebrauchsvorteile andererseits trennt. Die beiden Absätze des § 743 BGB werden vielmehr miteinander vermischt, indem gesagt wird, § 743 Abs. 1 BGB erfasse entgegen seinem klaren Wortlaut auch Gebrauchsvorteile (vgl. Teil I II.1)b)bb)bbb)). Es wurde im Rahmen dieser Arbeit dargelegt, dass diese Vermischung zu Widersprüchen führt und eine klare Zuordnung von Fruchtziehung und Verteilung von Früchten zu § 743 Abs. 1 BGB und Gebrauch und Verteilung von Gebrauchsvorteilen zu § 743 Abs. 2 BGB der herrschenden Meinung vorzuziehen ist (vgl. Teil I II.1)b)bb)bbb), ccc)).

Beim Wohnungseigentum ist genau dieser hier vertretene Ansatz der strikten Trennung zwischen den beiden Benutzungsarten und der Verteilung der Nutzungen einhellige Meinung. Die ganz herrschende Meinung trennt, insofern vom § 743 BGB abweichend,[540] zwischen Früchten und Gebrauchsvorteilen.[541] Danach unterfallen nicht nur der Gebrauch, sondern auch die Verteilung der gezogenen Gebrauchsvorteile § 13 Abs. 2 S. 1 WEG. Jeder Wohnungseigentümer behält demnach die im Rahmen des ordnungsgemäß erfolgten Gebrauchs gezogenen Gebrauchsvorteile unabhängig von der Größe seines Miteigentumsanteils. Nur die Früchte werden gem. §§ 13 Abs. 2 S. 2, 16 Abs. 1 S. 1 WEG nach Bruchteilen zugeteilt.

Dies wird vor allem mit dem Wortlaut des § 13 Abs. 2 S. 2 WEG begründet. „Sonstige Nutzungen" außerhalb des Gebrauchs können nur Früchte sein. Der

540 Staudinger/Kreuzer (2005) § 13 WEG Rn 89.

541 Bärmann/Becker § 16 Rn 9; Staudinger/Bub § 16 WEG Rn 64; MüKo/Engelhardt § 16 WEG Rn 2; Spielbauer/Then § 16 Rn 4; Niedenführ/Kümmel/Vandenhouten § 16 Rn 33; Timme/Bonifacio § 16 Rn 4; Sauren § 16 Rn 3; Weitnauer/Lüke § 13 Rn 8; Erman/Grziwotz § 16 WEG Rn 2; Bamberger/Roth/Hügel § 16 WEG Rn 3; NK-BGB/Schultzky § 16 WEG Rn 2; als Einziger abweichend: Jennißen/Jennißen § 16 Rn 5, dessen Ansicht mit der herrschenden Meinung zur Bruchteilsgemeinschaft korrespondiert und der §§ 13 Abs. 2 S. 2, 16 Abs. 1 S. 1 WEG auch die Gebrauchsvorteile zuschlagen will.

Wortlaut des § 16 Abs. 1 S. 1 WEG, der von Nutzungen spricht und damit gem. § 100 BGB auch Gebrauchsvorteile umfasst, wird angesichts der Regelung des § 13 Abs. 2 S. 2 WEG als verfehlt und inkonsequent angesehen.[542] Weiterhin sind an Gebrauchsvorteilen in natura auch keine Bruchteile möglich, die irgendwie zugeteilt werden könnten.[543]

Die Regelungen des WEG bilden für sich genommen allerdings kein weiteres Argument, das die oben unter Teil 2 II.1)b)bb)ccc) geschilderte Ansicht für Gebrauch und Fruchtziehung im Rahmen des § 743 Abs. 1 BGB entscheidend stützen könnte. Denn das WEG ist historisch und inhaltlich an das BGB angelehnt und nicht umgekehrt. Ersteres ergibt sich daraus, dass das BGB bereits am 01.01.1900 in Kraft trat, während das WEG dies beim WEG erst am 20.03.1951 der Fall war. Das WEG war eine dringliche Maßnahme des Gesetzgebers, um den Notwendigkeiten der Nachkriegszeit – möglichst vielen Menschen nach Vertreibung und Kriegszerstörung ein Dach über dem Kopf zu verschaffen – zu begegnen;[544] das BGB sah die Möglichkeit echten Eigentums an Geschosswohnungen allerdings nicht vor. Das WEG lässt sich somit als Ergänzung des BGB begreifen. Dass sich das WEG inhaltlich am BGB orientiert, verdeutlicht die Regelung des § 10 Abs. 2 S. 1 WEG, die in das BGB verweist, wohingegen ein umgekehrter Verweis an keiner Stelle des BGB erfolgt. Davon ausgehend kann wohl vorsichtig von der Systematik des BGB auf die Systematik des WEG geschlossen werden, aber schwerlich umgekehrt. Aus diesem Grund erscheint auch eine analoge Anwendung der Vorschriften des WEG auf die Ausübung der Grunddienstbarkeit bei der realen Teilung nicht möglich. Trotzdem zeigen die Regelungen des WEG, dass der hier vertretene Ansatz der Trennung von § 743 Abs. 1 und 2 BGB grundsätzlich denkbar ist und auch vom Gesetzgeber für ein Rechtsinstitut für gangbar gehalten wurde. Er führt darüber hinaus gesetzestechnisch zu einem symmetrischen Verhältnis von BGB und WEG.

bb) Die Regelung der Benutzung abweichend von den gesetzlichen Vorgaben

In Bezug auf die Ausübung des gemeinschaftlichen Eigentums sind dieselben Gebrauchsregelungen denkbar wie die schon bei der Bruchteilsgemeinschaft besprochenen: Der Gebrauch kann einem einzelnen Wohnungseigentümer zugewiesen, oder real nach verschiedenen Gesichtspunkten unter den Wohnungs-

---

542 Timme/Bonifacio § 16 Rn 4; Sauren § 16 Rn 3; aA dagegen Jennißen/Jennißen § 16 Rn 5, der auf den Wortlaut des § 16 Abs. 1 S. 1 WEG den Schwerpunkt legt.

543 Niedenführ/Kümmel/Vandenhouten § 13 Rn 22.

544 Bärmann/Seuß/Drasdo A. Rn 1.

eigentümern aufgeteilt werden. Auch die Regelungen des WEG zeigen drei Wege auf, auf denen Benutzungsregelungen zustande kommen können: Vereinbarung, Mehrheitsbeschluss und billige Regelung.

aaa) Die Vereinbarung gem. §§ 10 Abs. 2 S. 2, 15 Abs. 1 WEG

Die Vereinbarung ist ein Vertrag zwischen den Wohnungseigentümern, der keiner besonderen Form bedarf und nur den allgemeinen gesetzlichen Schranken unterliegt.[545] Die Vereinbarung ermöglicht den weitestmöglichen Gestaltungsspielraum hinsichtlich der Gestaltung der Benutzung. Es kann fast jede vorstellbare Benutzung des gemeinschaftlichen Eigentums vereinbart werden. Insbesondere kann durch eine Vereinbarung eine Benutzungsregelung dergestalt beschlossen werden, dass der Mitgebrauch am gemeinschaftlichen Eigentum den Wohnungseigentümern entzogen und per Sondernutzungsrecht einem oder einzelnen Wohnungseigentümern zugewiesen wird, soweit die Benutzung des Sondereigentums möglich bleibt;[546] auch die Veränderung des Verteilungsschlüssels an den aus dem gemeinschaftlichen Eigentum gezogenen Früchten ist bis hin zur vollständigen Zuweisung der Früchte an einen Wohnungseigentümer ohne Kompensation der Übrigen möglich.[547] Eine Vereinbarung kann grundsätzlich nur durch eine andere Vereinbarung geändert werden.[548] In Ausnahmefällen kann bei Unbilligkeit einer bestehenden Vereinbarung gem. § 10 Abs. 2 S. 3 WEG die Anpassung einer bestehenden Vereinbarung verlangt werden. Verstößt ein Wohnungseigentümer gegen eine Vereinbarung, stehen den anderen Wohnungseigentümern Abwehransprüche gegen einen vereinbarungswidrigen Gebrauch aus § 15 Abs. 3 WEG iVm § 1004 BGB zu.[549]

---

545 Bärmann/Suilmann § 10 Rn 66 f, § 15 Rn 7.; Niedenführ/Kümmel/Vandenhouten § 10 Rn 18 f.; Jennißen/Schultzky § 10 Rn 10; § 15 Rn 8; Timme/Dötsch § 10 Rn 142–144.

546 BGH, NJW 2000, 3500; Bärmann/Suilmann § 13 Rn 15; Niedenführ/Kümmel/Vandenhouten § 15 Rn 9; MüKo/Commichau § 15 WEG Rn 15.

547 Bärmann/Becker § 16 Rn 20; Timme/Timme § 16 Rn 9 f.; Niedenführ/Kümmel/Vandenhouten § 16 Rn 7; Jennißen/Jennißen § 16 Rn 1; Palandt/Wicke § 15 WEG Rn 7.

548 Bärmann/Suilmann § 10 Rn 133 f.; Niedenführ/Kümmel/Vandenhouten § 10 Rn 44; Palandt/Wicke § 10 WEG Rn 12.

549 Bärmann/Suilmann § 15 Rn 46; Niedenführ/Kümmel/Vandenhouten § 15 Rn 37.; Jennißen/Schultzky § 15 Rn 120.

bbb) Der Mehrheitsbeschluss gem. §§ 15 Abs. 2, 23–25 WEG

Der Mehrheitsbeschluss ist dagegen hinsichtlich seines möglichen Inhalts beschränkt. Sondernutzungsrechte am gemeinschaftlichen Eigentum können nicht durch Mehrheitsbeschluss begründet werden, sodass die Zuweisung des Gebrauchs an einen einzelnen Wohnungseigentümer nicht in Betracht kommt.[550] Wohl aber kann der konkrete Gebrauch eines Sondernutzungsrechts durch Mehrheitsbeschluss näher ausgestaltet werden, solange das Sondernutzungsrecht nicht verboten oder erweitert wird.[551] Ebenso ist die Quote an den Früchten nicht durch Mehrheitsbeschluss abänderbar.[552] Die Fruchtziehung als solches ist nicht Gebrauch der Sache und unterfällt damit nicht § 15 Abs. 2 WEG, sondern der Verwaltung gem. § 21 WEG.[553]

Das Verfahren zur Fassung eines Mehrheitsbeschlusses ist im Einzelnen in den §§ 23–25 WEG geregelt. Die Regelungen sind sehr detailliert und förmlich gehalten, insofern besteht ein krasser Unterschied zur Beschlussfassung bei der Bruchteilsgemeinschaft; § 745 Abs. 2 BGB enthält keinerlei Verfahrensvorschriften. Der Vorgang der Beschlussfassung ist insgesamt stark an die Beschlussfassung in Vereinen und anderen juristischen Personen angenähert: So finden sich Regelungen zu Einberufung (§§ 23, 24 Abs. 2, 3 WEG), Niederschrift (§ 24 Abs. 6 WEG), Beschlussfähigkeit (§ 25 Abs. 3, 4 WEG), Stimmberechtigung (§ 25 Abs. 5 WEG) und Anfechtung von Beschlüssen (§§ 23 Abs. 4, 43 Nr. 4 WEG). Auf Einzelheiten kann im Rahmen dieser Arbeit wegen der vielen Details nicht eingegangen werden. Allerdings sei der auffälligste Unterschied zu den Regelungen der §§ 741–758 BGB kurz herausgestellt: Das Stimmgewicht der Wohnungseigentümer richtet sich nicht, wie in § 745 Abs. 1 S. 2 BGB, nach der Größe der Bruchteile, sondern gem. § 25 Abs. 2 WEG nach Köpfen. Unter Wohnungseigentümern gilt das Kopfprinzip, das nur durch Vereinbarung gem. § 10 Abs. 2 S. 2 WEG abdingbar ist.[554]

Ein gefasster Beschluss kann durch Zweitbeschluss geändert werden.[555] Daneben ist § 10 Abs. 2 S. 3 WEG analog anwendbar, sodass aus schwerwiegenden

550 BGH, NJW 2000, 3500–3503; Bärmann/Suilmann § 13 Rn 81; Niedenführ/Kümmel/Vandenhouten § 13 Rn 35, 43; § 15 Rn 17; Jennißen/Schultzky § 15 Rn 83; Staudinger/Kreuzer (2005) § 15 WEG Rn 33.

551 Bärmann/Suilmann § 15 Rn 28; Staudinger/Kreuzer (2005) § 15 WEG Rn 53.

552 OLG Düsseldorf, NZM 2003, 28, 29; Bärmann/Becker § 16 Rn 20.

553 Jennißen/Schultzky § 15 Rn 4.

554 Bärmann/Merle § 25 Rn 29 f.; Timme/Steinmeyer § 25 Rn 9–12.

555 BGHZ 148, 335, 350; 113, 197, 200; Jennißen/Schultzky § 23 Rn 82; Bärmann/Merle § 23 Rn 65–84.

Gründen die Anpassung eines Beschlusses verlangt werden kann.[556] Der Verstoß gegen eine Gebrauchsregelung durch Beschluss wird über § 15 Abs. 3 WEG sanktioniert.

ccc) Billige Regelung gem. § 15 Abs. 3 WEG

Ein Anspruch der Wohnungseigentümer auf billige Regelung des Gebrauchs nach § 15 Abs. 3 WEG, die notfalls gerichtlich durchgesetzt werden kann, besteht nur dann, wenn eine entsprechende Regelung durch Gesetz, Vereinbarung oder Beschluss fehlt. Anders als bei der Bruchteilsgemeinschaft kann keine Abänderung einer bestehenden Regelung verlangt werden.[557] Wenn also ein Beschluss vorliegt, der einem Wohnungseigentümer nicht behagt und er eine andere Regelung erstrebt, muss er den bestehenden Beschluss anfechten und kann erst dann einen Antrag gem. § 15 Abs. 3 WEG stellen.[558] Eine billige Regelung kann erst nach Befassung der Wohnungseigentümerversammlung gerichtlich durchgesetzt werden. Vorher fehlt einer solchen Klage das Rechtsschutzbedürfnis.[559] Nach herrschender Meinung kann der Inhalt einer gerichtlichen Entscheidung nur ein solcher sein, der auch durch Mehrheitsbeschluss möglich ist.[560] Damit ist die Begründung eines Sondernutzungsrechts am gemeinschaftlichen Eigentum nicht möglich.

Ein wesentlicher Unterschied zu den Regelungen der Bruchteilsgemeinschaft besteht hinsichtlich des Klageantrags, mit dem eine billige Regelung mittels Gestaltungsklage durchzusetzen ist. Während die mit einer Klage nach § 745 Abs. 2 BGB verlangte Benutzungsregelung im Klageantrag vom Kläger genau formuliert sein muss und die Klage abgewiesen wird, wenn das Gericht der Meinung ist, dass die beantragte Regelung nicht billigem Ermessen entspricht (vgl. Teil 2 II.1)b)cc) bbb)(c)), ist der Klageantrag im Fall des § 15 Abs. 3 WEG bereits ausreichend

556 OLG München, NZM 2009, 132, 133; Bärmann/Merle § 23 Rn 219; andere stützen den Abänderungsanspruch bei außergewöhnlichen Umständen auf das Treueverhältnis zwischen den Wohnungseigentümern iVm § 242 BGB, vgl. BGH, NZM 2013, 618, 621; die genaue Verortung ist allerdings letztlich gleichgültig (vgl. Timme/Dötsch § 10 Rn 334 f.) und kann daher dahinstehen.

557 Bärmann/Suilmann § 15 Rn 48; Jennißen/Schultzky § 15 Rn 142.

558 Bärmann/Suilmann § 15 Rn 52; Jennißen/Schultzky § 15 Rn 142.

559 Jennißen/Jennißen § 15 Rn 147; Niedeführ/Kümmel/Vandenhouten § 15 Rn 34; Riecke/Schmid/Abramenko (4. Aufl.) § 15 Rn 36.

560 KG, ZMR 2002, 544, 545 f.; BayObLG, NJW-RR 1988, 1164 f.: Timme/Dötsch § 15 Rn 98; Staudinger/Kreuzer (2005) § 15 Rn 57; Riecke/Schmid/Abramenko (4. Aufl.) § 15 Rn 38; Palandt/Wicke § 15 WEG Rn 21; NK-BGB/Schultzky § 15 WEG Rn 20; aA: Jennißen/Schultzky § 15 Rn 144; Bärmann/Suilmann § 15 Rn 48.

bestimmt, wenn Gegenstand und Inhalt der Regelung umschrieben werden. Das Gericht kann die Gebrauchsregelungen dann selbst formulieren.[561] Die Wohnungseigentümer können eine durch Urteil getroffene Gebrauchsregelung durch Mehrheitsbeschluss abändern.[562]

ddd) Geltung von Benutzungsregelungen gegen den Sondernachfolger

Bei der Geltung von Benutzungsregelungen gegen den Sondernachfolger differenziert das WEG. Vereinbarungen wirken gegen den Sondernachfolger gem. § 10 Abs. 3 WEG nur, wenn sie als Inhalt des Sondereigentums im Grundbuch eingetragen sind. Beschlüsse wirken dagegen gem. § 10 Abs. 4 WEG auch ohne Eintragung im Grundbuch gegen den Sondernachfolger. Sie sind weder eintragungsbedürftig noch eintragungsfähig. § 10 Abs. 4 WEG geht insofern § 1010 Abs. 1 BGB vor.[563] Der Grund hierfür liegt vermutlich darin, dass das Verfahren zur Beschlussfassung die Aufzeichnung der Beschlüsse und das Führen einer Beschluss-Sammlung in § 24 Abs. 6, 7 und 8 WEG anordnet. Damit sind durch Beschlüsse gefasste Benutzungsregelungen nachprüfbar und ein ausreichender Verkehrsschutz ist gewährleistet.[564] Eine durch das Gericht gefundene Benutzungsregelung gilt, wie der Mehrheitsbeschluss, ebenfalls gem. § 10 Abs. 4 WEG ohne Eintragung im Grundbuch gegen den Sondernachfolger.

eee) Übertragung der Regelungen auf die Ausübung der Grunddienstbarkeit

Das System des WEG zur Regelung der Benutzung des gemeinschaftlichen Eigentums abweichend von den Vorgaben des Gesetzes lässt sich ohne Weiteres auf die Grunddienstbarkeit übertragen. Strukturell ähnelt es den Regelungen der §§ 741–758 BGB insoweit, als es ebenfalls ein dreistufiges System zur Fassung von Benutzungsregelungen vorsieht.

Es bestehen im Detail allerdings einige erhebliche Unterschiede. Diese betreffen vor allem die Fassung von Mehrheitsbeschlüssen: Zum einen konstituiert das WEG hierfür einen umfassenden Verfahrenskatalog, den es bei jeder Beschlussfassung einzuhalten gilt. Zum anderen ist die Größe der Anteile für die

---

561 Niedenführ/Kümmel/Vandenhouten § 15 Rn 35; Jennißen/Jennißen § 15 Rn 145 Bärmann/Suilmann § 15 Rn 50 f.; Timme/Dötsch § 15 Rn 103; Staudinger/Langhein (2008) § 745 Rn 59.

562 OLG Frankfurt, ZMR 2009, 860; Niedenführ/Kümmel/Vandenhouten § 15 Rn 35; Timme/Dötsch § 15 Rn 100.

563 Bärmann/Suilmann § 10 Rn 189.

564 Kritisch: Timme/Dötsch § 10 Rn 328.

Beschlussfassung irrelevant, weil nach Köpfen abgestimmt wird. Auch bei der Geltung von Regelungen für den Sondernachfolger bestehen Unterschiede. Zum einen weil hinsichtlich der Eintragungsfähigkeit zwischen den drei Regelungsarten unterschieden werden muss. Eine Eintragung erfolgt nur im Fall einer Vereinbarung. Zum anderen, weil eine solche Regelung nicht, wie dies bei der Realteilung der Fall ist, im Grundbuch des dienenden Grundstücks eingetragen wird, sondern beim herrschenden Grundstück als Inhalt des Sondereigentums.[565]

cc) Die Aufhebung der Gemeinschaft

Das WEG enthält keine den §§ 749–758 BGB entsprechenden Vorschriften zur Lösung der Wohnungseigentümergemeinschaft durch Teilung in Natur oder durch Verkauf. Im Gegensatz zum Teilhaber an einer Bruchteilsgemeinschaft steht dem einzelnen Wohnungseigentümer gem. § 11 Abs. 1 S. 1 WEG grundsätzlich kein einseitiger Aufhebungsanspruch zu. Eine Teilung des Wohnungseigentums ist nur durch einvernehmliche Aufhebung des Sondereigentums an sämtlichen Raumeinheiten möglich. Sie erfolgt regelmäßig durch dingliche Einigung und Eintragung gem. § 4 WEG. In diesem Fall werden die Wohnungsgrundbücher von Amts wegen gem. § 9 Abs. 1 Nr. 1 WEG geschlossen. Durch die Aufhebung des Sondereigentums wandelt sich die Wohnungseigentümergemeinschaft in eine Bruchteilsgemeinschaft mit Miteigentumsanteilen nach den früheren Anteilsverhältnissen der Wohnungseigentümer am ehemals im gemeinschaftlichen Eigentum stehenden Grundstück um, die nunmehr den Regelungen der §§ 741–758, 1008–1011 BGB folgt.[566] Die Aufhebung der Wohnungseigentümergemeinschaft führt also zu einem ideell geteilten Grundstück. Die Bruchteilsgemeinschaft am Grundstück kann, da § 11 WEG nicht länger gilt, ihrerseits nach den Vorschriften der §§ 749–758 BGB aufgelöst werden und beim Vorliegen der Voraussetzungen des § 752 BGB kann das herrschende Grundstück schließlich auch real geteilt werden.[567]

Eine Anwendung des beschriebenen Teilungsvorgangs auf die Grunddienstbarkeit scheidet aus. Sie ist Bestandteil des gemeinschaftlichen Eigentums der Wohnungseigentümer am Grundstück und nicht des Sondereigentums. Insofern kommt eine isolierte Aufhebung und Teilung in Bezug auf sie auch nicht in Be-

565 So auch BayObLG, DNotZ 1991, 600, 602 f.

566 Bärmann/Seuß/Schneider Rn A 436; Niedenführ/Kümmel/Vandenhouten § 11 Rn 11; Bärmann/Suilmann § 11 Rn 10; Timme/Dötsch § 11 Rn 28; Palandt/Wicke § 11 WEG Rn 2.

567 Timme/Dötsch § 11 Rn 21; Niedenführ/Kümmel/Vandenhouten § 11 Rn 11.

tracht. Wird das Wohnungseigentum aufgehoben, folgt die Grunddienstbarkeit dem Schicksal des herrschenden Grundstücks und steht nun ebenfalls den ehemaligen Wohnungseigentümern nach Bruchteilen zu. Die Ausübung richtet sich dann nur noch nach den entsprechenden Vorschriften des BGB. Insofern kann auf die Ausführungen in Teil 3 verwiesen werden. Eine darauf folgende reale Teilung des herrschenden Grundstücks führt zum Ausgangspunkt dieser Arbeit zurück. Nach den bisherigen Ergebnissen bleibt auch dann eine einheitliche Grunddienstbarkeit bestehen, die den Regeln der Bruchteilsgemeinschaft folgt (vgl. Teil 2).

c) *Zusammenfassung*

Wendet man die Vorschriften, die das WEG für das gemeinschaftliche Eigentum bereithält, auf die Ausübung der Grunddienstbarkeit an, so ergibt sich folgender Befund:

- Verfügungen über die Grunddienstbarkeit in Form der Aufhebung und Inhaltsänderung können nur durch alle Wohnungseigentümer vorgenommen werden.
- Die Wohnungseigentümer können sich gegen die Beeinträchtigung der Grunddienstbarkeit durch den Eigentümer des dienenden Grundstücks sowie Dritte nicht selbstständig zur Wehr setzen. Die Verteidigung obliegt insofern gem. § 10 Abs. 6 S. 3, 1. Alt. WEG der Gemeinschaft der Wohnungseigentümer.
- Beim Gebrauch der Grunddienstbarkeit und daraus resultierenden Gebrauchsvorteilen gelten folgende Regeln: Solange die Grunddienstbarkeit durch die Wohnungseigentümer nicht gebraucht und genutzt wird, kann das der einzelne Wohnungseigentümer ohne Einschränkungen tun; gezogene Gebrauchsvorteile stehen ihm voll zu. Besteht Uneinigkeit hinsichtlich tatsächlichen Gebrauchs, muss beides solange unterbleiben, bis eine Regelung durch Einigung, Mehrheitsbeschluss oder billige Regelung getroffen ist.
- Früchte dürfen durch einen Wohnungseigentümer nicht selbstständig gezogen werden. Hierüber muss im Rahmen der Verwaltung immer erst eine Regelung getroffen werden. Gezogene Früchte werden nach der Quote der Miteigentumsanteile verteilt.
- Die Teilhaber sind frei, bzw. im Streitfall gezwungen, die Benutzung der Grunddienstbarkeit in jedweder Form zu regeln. Bei der Beschlussfassung wird nach Köpfen, nicht nach Größe des Miteigentumsanteils abgestimmt. Im Einzelnen ist hierbei ein komplexes Verfahren zu durchlaufen. Der Fruchtanteil, sowie die Begründung von Sondernutzungsrechten ist Mehrheitsbeschlüssen und billigen Regelungen entzogen. Vereinbarungen über die Benutzung der Grunddienstbarkeit müssen als Inhalt des Sondereigentums und damit beim

herrschenden Grundstück im Grundbuch eingetragen werden, um Bindungswirkung zu entfalten. Dagegen binden Beschlüsse und Gerichtsentscheidungen Sondernachfolger, ohne dass eine Eintragung ins Grundbuch erfolgen könnte oder müsste.

- Eine isolierte Aufhebung der Gemeinschaft an der Grunddienstbarkeit durch Teilung ist nicht möglich. Bei Aufhebung des Wohnungseigentums folgt sie dem Schicksal des herrschenden Grundstücks und richtet sich nach den Vorschriften der §§ 741–758 BGB.

d) Bewertung des Ansatzes

Insgesamt zeigen sich bei der Anwendung der Vorschriften des WEG viele Parallelen zur Anwendung der §§ 741–758 BGB. Unterschiede bestehen im Außenverhältnis bei der Verteidigung und im Innenverhältnis bei der Beschlussfassung, sowie bei der Geltung gegen den Sondernachfolger. Angesichts dieser Unterschiede muss entschieden werden, ob Gründe ersichtlich sind, die eine Anwendung der WEG-Vorschriften auf die Ausübung der Grunddienstbarkeit rechtfertigen. Es wurde bereits beschrieben, dass die Grunddienstbarkeit durch die ideell-reale Teilung nicht automatisch ihren Charakter als dingliches Recht verliert und Wohnungseigentum wird (vgl. Teil 4 II.1)). Insofern ist die Anwendung des WEG auf die Ausübung der Grunddienstbarkeit nach der ideell-realen Teilung des herrschenden Grundstücks nicht selbstverständlich und bedarf der Begründung.

Für eine Anwendung des WEG spricht das Argument der Rechtseinheit zwischen Grundstück und zugehöriger Grunddienstbarkeit. Wendet man auf die Grunddienstbarkeit die Vorschriften des WEG nicht an, müssten ansonsten die Vorschriften der §§ 741–758 BGB angewendet werden. Es würden dann zwei verschiedene Gemeinschaften vorliegen: in Bezug auf das herrschende Grundstück die Wohnungseigentümergemeinschaft und in Bezug auf die Grunddienstbarkeit eine Bruchteilsgemeinschaft.[568] Das erscheint unpraktisch, weil verschiedene Regelungssysteme angewendet werden müssten und kann bei den Beteiligten zu Unklarheiten führen. Besser erscheint es, Eigentum am Grundstück und Ausübung der Grunddienstbarkeit unter einem System zusammenzuführen. Dogmatisch kann dies auch ohne Weiteres begründet werden: Dadurch, dass die Grunddienstbarkeit gem. § 96 BGB als wesentlicher Bestandteil des herrschenden Grundstücks gilt, kann sie durchaus als gemeinschaftliches Eigentum im Sinne des § 1 Abs. 5 WEG angesehen werden.

---

568 BayObLG, DNotZ 1991, 600, 603.

Darüber hinaus erweitert die Anwendung des WEG die Gestaltungsmöglichkeiten des Eigentümers, der sein Grundstück in Wohnungseigentum teilt. Nur bei Anwendung des WEG ist es ihm möglich, bereits vor der Veräußerung von Wohnungseigentum bindende Benutzungsregelungen in Bezug auf die Grunddienstbarkeit allein aufzustellen.[569] Bei Anwendung der §§ 741–758 BGB wäre dies erst nach der Veräußerung möglich, denn die Bruchteilsgemeinschaft entsteht erst bei mindestens zwei Teilhabern. Dann muss sich der teilende Eigentümer aber auch bereits mit dem anderen Wohnungseigentümer hinsichtlich der Benutzung ins Einvernehmen setzen.

Gegen die Anwendung des WEG auf die Grunddienstbarkeit könnte man einwenden, dass die Ausübung verkompliziert wird. Die Verteidigung ist nur noch im Kollektiv möglich und bei Beschlüssen muss durch die Unterwerfung unter das WEG ein komplexes Verfahren angewendet werden. Dies lässt sich jedoch damit rechtfertigen, dass die Wohnungseigentümer im Vergleich zu Bruchteilsberechtigten einen besonders engen Verbund darstellen, der bereits einige Merkmale einer juristischen Person aufweist. In Bezug auf das Grundstück ist die kollektive Verteidigung und die komplexe Beschlussfassung ohnehin unausweichlich. Die Ausweitung auch auf die Grunddienstbarkeit erscheint kein nennenswerter Zusatzaufwand und kann bei der ohnehin gem. § 24 Abs. 1 WEG obligatorischen Versammlung der Wohnungseigentümer mit erledigt werden.

Insgesamt überzeugt damit die Anwendung der Vorschriften des WEG auf die Ausübung der Grunddienstbarkeit nach der Teilung des herrschenden Grundstücks in Wohnungseigentum.

III) Ergebnis

Auch nach der ideell-realen Teilung bleibt die Grunddienstbarkeit als einheitliches Recht zugunsten aller Wohnungseigentümer bestehen. Die Ausübung der Grunddienstbarkeit nach der ideell-realen Teilung des herrschenden Grundstücks richtet sich nach den Vorschriften des WEG und folgt den in Teil 4 II.3)c) geschilderten Regeln.

569 BayObLG, DNotZ 1991, 600, 602.

Teil 5: Die Ausübung der Grunddienstbarkeit nach der Teilung sonstiger grundstücksgleicher Rechte

I. Herrschendes Erbbaurecht

Die Frage nach der Ausübung der Grunddienstbarkeit kann sich nicht nur bei der Teilung eines Grundstücks, sondern auch bei der Teilung eines Erbbaurechts stellen.

1) Begriff und Rechtsnatur

Das Erbbaurecht ist gem. § 1 Abs. 1 ErbbauRG das Recht, auf oder unter einem Grundstück ein Bauwerk zu haben. Es handelt sich um ein beschränktes dingliches Recht, das gem. § 11 Abs. 1 ErbbauRG grundsätzlich wie ein Grundstück behandelt wird.[570] Bildlich wird das so ausgedrückt, dass das Erbbaurecht ein juristisches Grundstück ist.[571] Demgemäß erhält ein Erbbaurecht auch gem. § 14 ErbbauRG ein eigenes Grundbuchblatt. Obwohl das Erbbaurecht, anders als eine Grunddienstbarkeit, ein grundstücksgleiches Recht ist, ist es doch auch mit der Grunddienstbarkeit verwandt.[572] Es kann aus Sicht des Grundeigentümers gesehen als dauernde Gerechtigkeit beschrieben werden, die die Benutzung eines fremden Grundstücks in einem bestimmten Umfang gewährleistet, aber weder wie die Grunddienstbarkeit durch den Gedanken der Utilität noch wie die beschränkte persönliche Dienstbarkeit an die Existenz einer bestimmten Person gebunden ist.[573]

Weil das Erbbaurecht ein grundstücksgleiches Recht ist, ist es möglich, dass es wie ein Grundstück mit einer Grunddienstbarkeit verbunden wird und dann in Bezug auf die Grunddienstbarkeit herrscht; die Grunddienstbarkeit gilt dann gem. § 96 BGB als wesentlicher Bestandteil des Erbbaurechts.[574]

Auch bei einem Erbbaurecht sind grundsätzlich drei Teilungsarten denkbar: Realteilung, ideelle Teilung und ideell-reale Teilung des Erbbaurechts.

---

570 Von Oefele/Winkler/Schlögel § 1 Rn 27, 30; Ingenstau/Hustedt/Hustedt § 1 Rn 5.

571 Staudinger/Rapp (2009) § 11 ErbbauRG Rn 2.

572 Heß, AcP 198 (1998) 489, 490; Knothe, S. 44–46; Motive III, S. 466.

573 Motive III, S. 466; Baur/Stürner, § 29 Rn 29.

574 BGH, DNotZ 2012, 760 f.; Staudinger/Rapp (2009) § 11 ErbbauRG Rn 8; Palandt/Wicke § 11 ErbbauRG Rn 1; Ingenstau/Hustedt/Bardenhewer § 11 Rn 6; von Oefele/Winkler/Schlögel § 5 Rn 108.

Eine wirtschaftliche Notwendigkeit zur realen Teilung von Erbbaurechten entsteht typischerweise bei der Errichtung eines Siedlungskomplexes aus mehreren selbstständigen Gebäudeeinheiten, etwa Einfamilienhäusern, durch größere Bauträger aufgrund eines Erbbaurechts zum Zweck der Veräußerung der einzelnen Einheiten. Die Erwerber sollen bezüglich des auf ihre Einheit entfallenden Grundstücksteils jeweils als neue Erbbauberechtigte an die Stelle des bisher erbbauberechtigten Bauträgers treten, der seinerseits aus dem Erbbauverhältnis ganz ausscheidet.[575] Das ErbbauRG sieht eine reale Teilung zwar nicht ausdrücklich vor. Es ist aber allgemein anerkannt, dass eine Teilung abhängig vom jeweiligen Inhalt des Erbbaurechts möglich ist, indem nach der Teilungserklärung des Erbbauberechtigten für jedes neue Recht ein Erbbaugrundbuch angelegt wird. Eine Teilung ist vor allem dann zulässig, wenn der Erbbauberechtigte das Recht hat, auf dem belasteten Grundstück mehrere Bauwerke zu haben und wenn mit den neu entstehenden Erbbaurechten je ein selbstständiges Baurecht verbunden ist.[576] Da nach ganz herrschender Meinung gem. § 10 Abs. 1 S. 1 ErbbauRG nicht mehrere Erbbaurechte an einem Grundstück möglich sind,[577] kann eine Teilung des Erbbaurechts nur synchron mit einer Realteilung des durch sie belasteten Grundstücks vorgenommen werden.[578] Damit muss bei der Realteilung eines Erbbaurechts immer der Grundstückseigentümer mitwirken, da nur er zur Realteilung des Grundstücks berechtigt ist.[579]

Auch die ideelle Teilung eines Erbbaurechts ist denkbar. Das Erbbaurecht ist gem. § 1 Abs. 1 ErbbauRG frei veräußerlich, die Bestellung eines unveräußerlichen Erbbaurechts ist nicht möglich.[580] Gleichzeitig ist es möglich, ein Erbbaurecht

575 Knothe, S. 182.

576 OLG Hamm, MDR 1984, 402; Ingenstau/Hustedt/Bardenhewer § 11 Rn 107; von Oefele/Winkler/Schlögel § 5 Rn 164; Staudinger/Rapp (2009) § 11 ErbbauRG Rn 16; Knothe, S. 182–185.

577 OLG Frankfurt, DNotZ 1967, 688–691; Ingenstau/Hustedt/Bardenhewer § 10 Rn 11; von Oefele/Winkler/Schlögel § 2 Rn 104; Staudinger/Rapp (2009) § 10 ErbbauRG Rn 4; MüKo/von Oefele/Heinemann § 10 WEG Rn 3a; Palandt/Wicke § 10 ErbbauRG Rn 1; Schöner/Stöber Rn 1700; aA. Knothe, S. 181.

578 Ingenstau/Hustedt/Bardenhewer § 11 Rn 109; von Oefele/Winkler/Schlögel § 5 Rn 161; Knothe, S. 185 f.; Staudinger/Rapp (2009) § 11 ErbbauRG Rn 16.

579 Ingenstau/Hustedt/Bardenhewer § 11 Rn 110; von Oefele/Winkle/Schlögel § 5 Rn 167; Staudinger/Rapp (2009) § 11 ErbbauRG Rn 16.

580 Ingenstau/Hustedt/Hustedt § 1 Rn 65; Staudinger/Rapp (2009) § 1 ErbbauRG Rn 25; MüKo/von Oefele/Heinemann § 1 ErbbauRG Rn 66.

nach Bruchteilen zu bestellen.[581] Es ist daher nicht ersichtlich, warum der Inhaber eines Erbbaurechts nicht eine ideelle Teilung des Rechts herbeiführen können sollte, indem er es an mehrere Erwerber zu Bruchteilen veräußert und diese als Berechtigte im Erbbaugrundbuch eingetragen werden.

Zuletzt kann ein Erbbaurecht durch einen Erbbauberechtigten auch gem. § 30 Abs. 2 WEG ideell-real in Wohnungserbbaurechte geteilt werden, indem Bruchteile am Erbbaurecht jeweils mit dem Sondereigentum an einer bestimmten Wohnung verbunden und die so geschaffenen Einheiten an mehrere Wohnungserbbaurechtsinhaber veräußert werden.

Das Erbbaurecht kann also bei einer Grunddienstbarkeit die Rolle des herrschenden Grundstücks übernehmen. Gleichzeitig ist es wie ein Grundstück materiell, ideell und ideell-materiell teilbar. Damit stellt sich aber auch bei dem Erbbaurecht die Frage, was nach der Teilung des Erbbaurechts mit der Grunddienstbarkeit geschieht und wie sie dann durch mehrere Berechtigte ausgeübt wird.

2) Das Schicksal und die Ausübung der Grunddienstbarkeit nach der Teilung des Erbbaurechts

Das ErbbauRG selbst enthält zum Schicksal der Grunddienstbarkeit nach der Realteilung des Erbbaurechts keine Vorschriften. Daher gelten gem. § 11 Abs. 1 S. 1 ErbbauRG die sich auf Grundstücke beziehenden Vorschriften des BGB. Konsequenterweise findet auch § 1025 BGB Anwendung.[582] In der Folge ist wieder die Frage zu beantworten, ob sich die Grunddienstbarkeit – dem Erbbaurecht folgend – in mehrere selbstständige Rechte aufspaltet, oder ob eine einheitliche Grunddienstbarkeit entsteht. Diese Diskussion wurde im Rahmen dieser Arbeit bereits geführt und spricht für das Entstehen einer einheitlichen Grunddienstbarkeit, die nach den Vorschriften der §§ 741–758 BGB auszuüben ist, wobei §§ 1010 Abs. 1 und § 1011, 1. Alt BGB analog anzuwenden sind (vgl. Teil 2). Auf die dortige Argumentation kann verwiesen werden. Es ist nicht ersichtlich, dass dieser Standpunkt für ein herrschendes Erbbaurecht etwa neu gefasst oder modifiziert werden müsste. Das ErbbauRG enthält keine Bestimmungen, die der bisherigen Argumentation entgegenstehen würden.

Kein anderer Befund ergibt sich für die ideelle und ideell-reale Teilung. Auch hier können die in Teil 3, bzw. Teil 4 gefundenen Ergebnisse zu Schicksal und Ausübung

581 Ingenstau/Hustedt/Hustedt § 1 Rn 51; von Oefele/Winkler/Schlögel § 2 Rn 123; Staudinger/Rapp (2009) § 1 ErbbauRG Rn 4; MüKo/von Oefele/Heinemann § 1 ErbbauRG Rn 62; Palandt/Wicke § 1 ErbbauRG Rn 12.

582 So auch: von Oefele/Winkler/Schlögel § 2 Rn 162, § 5 Rn 172; Staudinger/Rapp (2009) § 11 ErbbauRG Rn 6.

der Grunddienstbarkeit für das herrschende Erbbaurecht übernommen werden. Für die ideell-reale Teilung ergibt sich das unmittelbar aus § 30 Abs. 3 WEG, der die Vorschriften des WEG für das Wohnungserbbaurecht für anwendbar erklärt.

II. Herrschendes Bergwerkseigentum

Ein weiteres grundstücksgleiches Recht ist das Bergwerkseigentum:[583] Dies wird durch § 9 Abs. 1 BBergG unterstrichen, der für das Bergwerkseigentum die Geltung der Grundstücksvorschriften anordnet.

Nach herrschender Meinung ist jedenfalls die *Belastung* eines Bergwerkseigentums mit einer Grunddienstbarkeit möglich.[584] Es wird auch angenommen, dass das Bergwerkseigentum wesentliche Bestandteile haben kann. Es ist zwar keine Sache im Sinne des § 90 BGB, aber die Vorschriften sind über § 9 Abs. 1 BBergG entsprechend anwendbar. Darüber hinaus enthält § 46 BBergG eine ausdrückliche Bestimmung über einen wesentlichen Bestandteil.[585] Angesichts dieses Befundes ist aber kein Grund ersichtlich, warum nicht Bergwerkseigentum auch herrschendes Recht einer Grunddienstbarkeit sein können soll.[586]

Auch eine Teilung von Bergwerkseigentum ist möglich. Für die Realteilung enthält das BBergG eine originär bergrechtliche Regelung in § 28 BBergG, die den Vorschriften des BGB vorgeht.[587] Eine ideelle Teilung in Miteigentum ist ebenfalls möglich und richtet sich über § 9 Abs. 1 BBergG nach den §§ 1008–1011 BGB.[588]

Damit taucht bei der Teilung eines herrschenden Bergwerkseigentums erneut die Frage nach dem Schicksal der Grunddienstbarkeit und ihrer Ausübung durch mehrere an ihr berechtigte Bergwerkseigentümer auf. Da das BBergG allerdings zu diesen Fragen keine Regelungen enthält, führt die Beantwortung der Fragen über § 9 Abs. 1 BBergG zu den Grundstücksvorschriften des BGB. Für den Fall der realen Teilung des Bergwerkseigentums kann daher auf die Ausführungen in Teil 2, für den Fall der ideellen Teilung auf die Ausführungen in Teil 3 verwiesen werden. Die dort gefundenen Ergebnisse gelten auch für die Ausübung einer Grunddienstbarkeit bei der Teilung von herrschendem Bergwerkseigentum.

---

583 Staudinger/Gursky (2012) Vorbem zu §§ 873 ff. Rn 23; MüKo/Kohler Vor § 873 Rn 6; Palandt/Herrler Überbl. v § 873 Rn 3.

584 Boldt/Weller § 9 Rn 9; Piens/Schulte/Graf Vitzthum § 9 Anmerkung 6.; Wörheide, S. 293 f.

585 Boldt/Weller § 9 Rn 10; Piens/Schulte/Graf Vitzthum § 9 Anmerkung 6.

586 So auch RGZ 130, 350, 355; Leiss in: Achilles/Greiff § 1018 Anmerkung 2).

587 Wörheide, S. 294.

588 Boldt/Weller § 28 Rn 1.

Teil 6: Exkurs: Die Ausübung anderer subjektiv-dinglicher Rechte nach der Teilung des herrschenden Grundstücks

I. Die subjektiv-dingliche Reallast

Diese Arbeit beschäftigt sich mit Grunddienstbarkeiten. Daher liegt die Reallast an sich nicht im Bereich dieser Untersuchung. Zwar handelt es sich bei der Reallast auch um ein dingliches Recht. Aber schon die Tatsache, dass sie in einem anderen Abschnitt des BGB behandelt wird, zeigt, dass wesensmäßig erhebliche Unterschiede bestehen. Der Unterschied liegt darin, dass Dienstbarkeiten immer auf ein Dulden des Eigentümers des belasteten Grundstücks gerichtet sind, wohingegen die Reallast den Eigentümer des belasteten Grundstücks gem. § 1105 BGB zu einer positiven Leistung verpflichtet.[589] Eine Unterlassungsreallast gibt es nicht.[590] Die Reallast ist ein reines Verwertungsrecht, das einen Anspruch auf Duldung der Zwangsvollstreckung wegen der fälligen Leistungen begründet und damit den Grundpfandrechten nahesteht.[591] Allerdings besteht auch eine besondere Ähnlichkeit zur Grunddienstbarkeit: Nämlich die Möglichkeit, sie gem. § 1105 Abs. 2 BGB als subjektiv-dingliches Recht zugunsten des jeweiligen Eigentümers eines herrschenden Grundstücks zu begründen. Die subjektiv-dingliche Reallast gilt dann, ebenso wie die Grunddienstbarkeit, als wesentlicher Bestandteil des Grundstücks gem. § 96 BGB und teilt dessen Schicksal.[592] Bei einer derartigen subjektiv-dinglichen Reallast taucht ebenfalls die Frage auf, was mit ihr nach der Teilung des herrschenden Grundstücks geschieht.

Das Gesetz enthält für die Reallast eine Regelung in § 1109 BGB, die der Vorschrift des § 1025 BGB sehr ähnlich und teilweise wortgleich nachgebildet ist.

---

589 Staudinger/Reymann (2017 Einl. zu §§ 1105–1112 Rn 67; gutes Beispiel: NK-BGB/Reetz § 1105 Rn 19 zum Kiesabbau, der sowohl als (Grund-)Dienstbarkeit, als auch als Reallast bestellt werden könnte.

590 Preißmann, S, 21.

591 BGH, NJW-RR 2005, 1054; MüKo/Mohr § 1105 Rn 7; Staudinger/Reymann (2017) Einl. zu §§ 1105–1112 Rn 49; Palandt/Herrler Überbl. v § 1105 Rn 1; Planck/Strecker/Brodmann Vorbm. vor § 1105 Anmerkung 2.

592 Staudinger/Reymann (2017) § 1105 Rn 7; MüKo/Mohr § 1105 Rn 60; NK-BGB/Reetz § 1105 Rn 25.

§ 1109 BGB gilt nach herrschender Meinung nur für die Realteilung.[593] Im Gegensatz zu der Grunddienstbarkeit ist bei der subjektiv-dinglichen Reallast weitgehend unstreitig, dass sie als ein einheitliches Recht bestehen bleibt, welches den Eigentümern der herrschenden Grundstücke in Bruchteilsgemeinschaft zusteht, und nicht in mehrere Rechte aufgespalten wird.[594] Dies kann aus § 1109 Abs. 1 S. 2 BGB abgeleitet werden, der von „Anteilen" spricht;[595] Anteile können nur an einem einheitlichen Recht, nicht aber in Bezug auf mehrere selbstständige Rechte bestehen. Auch der Verweis des § 1109 Abs. 1 S. 2 BGB auf § 432 BGB weist in diese Richtung: Letztere Norm behandelt den Fall, dass mehrere Gläubiger eine einzelne unteilbare Leistung zu fordern haben. Würde eine Vielzahl von Rechten entstehen, wäre der Verweis unpassend.[596]

Für die Einforderung der Leistung im Außenverhältnis stellt § 1109 Abs. 1 BGB klare Regelungen bereit. Es ist danach zu unterscheiden, ob die Leistung teilbar ist, oder nicht. Ist sie teilbar, so kann jeder Eigentümer eines herrschenden Grundstücks gem. § 1109 Abs. 1 S, 2, 1. Alt. BGB einem der Größe seines Teilgrundstücks entsprechenden Teil der Leistung selbst geltend machen; bei Unteilbarkeit kann gem. § 1109 Abs. 1 S. 2, 2. Alt BGB iVm § 432 BGB jeder Eigentümer eines herrschenden Grundstücks die gesamte Leistung geltend machen, aber nur Leistung an alle fordern. Nur im letzteren Fall bedarf es einer Verteilung der eingezogenen Leistung im Innenverhältnis. Diese erfolgt nach den §§ 741–758 BGB.[597]

Der Fall der Teilung eines herrschenden Grundstücks, zu dessen Gunsten eine Reallast besteht, die eine unteilbare Leistung gewährt, ist am ehesten mit der Lage bei der Grunddienstbarkeit vergleichbar, weil auch ein Dulden oder Unterlassen

---

593 MüKo/Mohr § 1109 Rn 1; Staudinger/Reymann (2017) § 1109 Rn 1; NK-BGB/Reetz § 1109 Rn 1; Palandt/Herrler § 1109 Rn 1; BGB-RGRK/Rothe § 1109 Rn 1; jurisPK-BGB/Otto § 1109 Rn 7; Planck/Strecker § 1109 Anmerkung 1.a).

594 Palandt/Herrler § 1109 Rn 1; MüKo/Mohr § 1109 Rn 2; NK-BGB/Reetz § 1109 Rn 2; PWW/Ahrens § 1109 Rn 2; BGB-RGRK/Rothe § 1109 Rn 2; Planck/Strecker § 1109 Anmerkung 2.a); Preißmann, S. 103; aA. Hettiger, S. 264.

595 Eine solche Vorschrift enthält § 1025 BGB nicht.

596 Preißmann, S. 103 f.; dagegen weisen die übrigen Wortlautargumente Preißmanns nicht zwingend auf eine einheitliche Reallast hin: Zwar spricht § 1109 Abs. 1 S. 1 BGB davon, dass *die* Reallast fortbesteht und in § 1109 Abs. 1 S. 3 BGB von der Ausübung *des* Rechts. Der Gesetzgeber verwendet den Singular und nicht den Plural. Allerdings hat der Gesetzgeber die Frage nach dem Schicksal der Reallast gerade nicht ausdrücklich beantwortet (vgl. Motive III S. 590). Die Verwendung des Singulars bietet somit, wie auch schon bei der Grunddienstbarkeit, nur einen Anhaltspunkt (vgl. Teil 2 I. 1b)aa),3)), der freilich auch nicht ignoriert werden kann.

597 Staudinger/Reymann (2017) § 1109 Rn 5; jurisPK-BGB/Otto § 1109 Rn 21.

nicht teilbar ist. Das Gesetz wählt also für die Reallast, die auf eine unteilbare Leistung gerichtet ist, den von Stürner für die Ausübung der Grunddienstbarkeit vertretenen Weg (vgl. Teil 2 II.4)). Das lässt Stürners Ansatz für die Grunddienstbarkeit aber nicht überzeugender erscheinen: Es wurde bereits angemerkt, dass § 432 BGB für positive Leistungen konzipiert wurde. Eine solche wird durch die Reallast begründet, sodass die Verweisung des Gesetzgebers hier folgerichtig ist. Für die Grunddienstbarkeit können daraus keine Rückschlüsse gezogen werden.

Es wird nicht vertreten, dass § 1109 BGB auf für die ideelle Teilung des herrschenden Grundstücks gelten würde. Es ist daher für die Ausübung der Reallast auf die §§ 741–758 BGB zurückzugreifen.[598]

Ob § 1109 BGB im Fall der ideell-realen Teilung des herrschenden Grundstücks angewendet werden kann, ist umstritten.[599] Überzeugender erscheint es, die Anwendung des § 1109 BGB abzulehnen, um die einheitliche Behandlung von gemeinschaftlichem Eigentum und der Reallast als dessen Bestandteil unter den Vorschriften des WEG zu gewährleisten.

Insgesamt ist festzustellen, dass die Reallast im Gegensatz zur Grunddienstbarkeit vom Gesetzgeber mit einem ausdifferenzierten Regelungssystem zur Ausübung nach der Teilung des herrschenden Grundstücks bedacht worden ist. Ein Streit um die Ausübung der Reallast ist wegen des Bestehens dieser klaren Regelungen nicht entstanden. Ein Vergleich mit den Ansichten zur Grunddienstbarkeit oder gar eine analoge Anwendung des § 1109 BGB auf die Grunddienstbarkeit ist aber nicht möglich, weil die Reallast sich auf positive Leistungspflichten beschränkt und damit einen gänzlich anderen Ansatzpunkt, als die auf ein Dulden gerichtete Grunddienstbarkeit hat.

II. Das subjektiv-dingliche Vorkaufsrecht

Das dingliche Vorkaufsrecht an einem Grundstück kann gem. § 1103 Abs. 1 BGB ebenfalls als subjektiv-dingliches Recht zugunsten des jeweiligen Eigentümers eines herrschenden Grundstücks bestellt werden.

Im Fall der Realteilung des herrschenden Grundstücks ist ganz herrschende Meinung, dass das Vorkaufsrecht als einheitliches Recht allen Eigentümern einer Teilfläche gemeinschaftlich gem. §§ 1098 Abs. 1 S. 1, 472 BGB zusteht und von diesen nur im Ganzen ausgeübt werden kann. Die Vorschriften der §§ 1025, 1109

598 Linde, BWNotZ 1980, 29, 31.

599 Dafür: Linde, BWNotZ 1980, 29, 31; dagegen: jurisPK-BGB/Otto § 1109 Rn 8, der allerdings nur gegen die Anwendung von § 1109 Abs. 2 S. 3 BGB Argumente vorbringt.

BGB sind nicht – auch nicht entsprechend – anwendbar.[600] Das Vorkaufsrecht wird somit durch alle Eigentümer herrschender Grundstücke gemeinschaftlich ausgeübt; bei Nichtausübung durch einen Eigentümer eines herrschenden Grundstücks können die anderen es für ihn mit ausüben: Insofern findet eine Anwachsung statt. Ein einzelner Eigentümer eines herrschenden Grundstücks kann den Erwerb des dienenden Grundstücks durch die anderen Eigentümer eines herrschenden Grundstücks also nicht durch Widerspruch verhindern, sondern sich nur der Beteiligung am Erwerb des dienenden Grundstücks entziehen.[601] Nichts anderes gilt im Fall der ideellen[602] und der ideell-realen[603] Teilung des herrschenden Grundstücks.

Auch von dem Meinungsbild zum subjektiv-dinglichen Vorkaufsrecht wird man aber schwerlich Rückschlüsse auf die Ausübung der Grunddienstbarkeit ziehen können. Denn das Vorkaufsrecht lässt sich, wie schon die Reallast, kaum mit der Grunddienstbarkeit zu vergleichen. Das Vorkaufsrecht ist als bedingtes Vorkaufsrecht noch am nächsten mit der Reallast als Verwertungsrecht verwandt, nicht aber mit der Grunddienstbarkeit als Nutzungsrecht.[604]

---

600 BayObLG, BayObLGZ 1973, 21, 23–25.; OLG Celle, MDR 2010, 1246 f.; OLG München, NotBZ 2010, 234 f.; RGZ 73, 316, 320; Staudinger/Reymann (2017) § 1103 Rn 6; MüKo/H.P. Westermann § 1094 Rn 8a; NK-BGB/Reetz § 1103 Rn 3; Soergel/Stürner § 1103 Rn 1; Erman/Grziwotz § 1103 Rn 2; Palandt/Herrler § 1094 Rn 3; Westermann/Gursky/Eickmann § 124 Rn 7; Schader, S. 20 f.; Rothfritz, S. 62 f.; kritisch und für eine analoge Anwendung des § 1109 Abs. 2 BGB dagegen Amann, NotBZ 2010, 201, 205 f.; ebenfalls ein anderer, inzwischen ausdrücklich aufgegebener Ansatz findet sich bei Westermann/Pinger, Sachenrecht Band 2, 6. Auflage, § 141 II 1, S. 382: Danach soll das Vorkaufsrecht bei dem verbleiben, an den der wirtschaftliche Mittelpunkt des herrschenden Grundstücks fällt.

601 Erman/Grunewald § 472 Rn 3.

602 Palandt/Herrler § 1094 Rn 3.

603 Staudinger/Rapp (2005) § 1 WEG Rn 42.

604 Staudinger/Reymann (2017) § 1094 Rn 9.

Teil 7: Zusammenfassung der wesentlichen Ergebnisse der Untersuchung

Als Ergebnisse der Untersuchung lassen sich für die Ausübung der Grunddienstbarkeit nach der Teilung des herrschenden Grundstücks folgende Erkenntnisse festhalten:

- Die Realteilung des herrschenden Grundstücks führt dazu, dass sich die Grunddienstbarkeit als einheitliches Recht an dem herrschenden Grundstück fortsetzt; sie steht den Eigentümern der herrschenden Grundstücke in Bruchteilsgemeinschaft zu. Die Ausübung richtet sich vollständig nach den §§ 741–758 BGB. Im Außenverhältnis folgt ein Verteidigungsrecht jedes Teilhabers aus der analogen Anwendung des § 1011, 1. Alt. BGB. Verfügungen in Form der Aufhebung und inhaltlichen Veränderung der Grunddienstbarkeit sind nach Maßgabe des § 747 S. 2 BGB nur gemeinsam möglich. Im Innenverhältnis kann die Fruchtziehung aus der Grunddienstbarkeit nur nach einem vorhergehenden Beschluss der Teilhaber erfolgen. Der Gebrauch kann dagegen auch ohne einen Beschluss ausgeübt werden, solange es nicht zu einer Konkurrenz um den Gebrauch kommt. Besteht Uneinigkeit hinsichtlich des tatsächlichen Gebrauchs, muss beides solange unterbleiben, bis eine Regelung durch Einigung, Mehrheitsbeschluss oder billige Regelung getroffen ist. Die Teilhaber können die Benutzung durch einvernehmliche Einigung, Beschluss oder billige Regelung ausgestalten. Der Nutzungsanteil ist allerdings Mehrheitsbeschlüssen und Gerichtsentscheidungen entzogen. Solche Regelungen binden Sondernachfolger analog § 1010 Abs. 1 BGB nur, wenn sie im Grundbuch des dienenden Grundstücks eingetragen sind. Eine Aufhebung der Gemeinschaft an der Grunddienstbarkeit durch Teilung ist nicht möglich. Die anderen zur Realteilung vertretenen Ansätze sind dagegen dogmatisch nicht schlüssig und führen zu unpraktikablen Ergebnissen. Sie sind daher zu verwerfen.
- Die ideelle Teilung führt zu keinem anderen Ergebnis. Durch die Teilung in Miteigentum bleibt ebenfalls eine einheitliche Grunddienstbarkeit bestehen, die nach den Regeln der §§ 741–758 BGB ausgeübt wird. Allerdings ist die Bildung von Analogien zu §§ 1010, 1011 BGB nicht erforderlich; diese Vorschriften können unmittelbar angewendet werden.
- Die ideell-reale Teilung führt zwar ebenfalls dazu, dass eine einheitliche Grunddienstbarkeit bestehen bleibt. Auf die Ausübung der Grunddienstbarkeit sind aber nicht die Vorschriften des BGB, sondern die Vorschriften des WEG zur

Ausübung des gemeinschaftlichen Eigentums anzuwenden. Diese Vorschriften führen zwar weitgehend zu den selben Ergebnissen wie die Anwendung der §§ 741–758 BGB. Es bestehen jedoch einige wichtige Unterschiede: Zum einen können sich die Wohnungseigentümer gegen die Beeinträchtigung der Grunddienstbarkeit durch den Eigentümer des dienenden Grundstücks sowie Dritte nicht selbstständig zur Wehr setzen. Die Verteidigung obliegt gem. § 10 Abs. 6 S. 3, 1. Alt. WEG der Gemeinschaft der Wohnungseigentümer. Zum anderen wird bei der Beschlussfassung nach Köpfen und nicht nach Größe des Miteigentumsanteils abgestimmt. Im Einzelnen ist hierbei ein komplexes Verfahren zu durchlaufen. Vereinbarungen über die Benutzung der Grunddienstbarkeit müssen als Inhalt des Sondereigentums und damit beim herrschenden Grundstück im Grundbuch eingetragen werden, um Bindungswirkung gegen den Sondernachfolger zu entfalten. Dagegen binden Beschlüsse und Gerichtsentscheidungen Sondernachfolger, ohne dass eine Eintragung ins Grundbuch erfolgen könnte oder müsste.

- Die Tatsache, dass die Rolle des herrschenden Grundstücks durch ein Erbbaurecht oder Bergwerkseigentum ausgeübt wird, ändert an der Ausübung der Grunddienstbarkeit nach der Teilung solcher Rechte nichts. Die Ausübung richtet sich auch hier nach den gerade beschriebenen Grundsätzen, nur das der Ausübende hier nicht Grundstückseigentümer, sondern Inhaber des entsprechenden grundstücksgleichen Rechts sind.
- Die subjektiv-dinglich ausgestaltete Reallast weist mit § 1109 BGB eine § 1025 BGB eng verwandte Regelung auf. Auch die Reallast bleibt bei einer Teilung als Gesamtrecht bestehen. Anders als § 1025 BGB enthält § 1109 BGB aber konkrete Vorschriften zur Ausübung der Reallast im Außenverhältnis. Für das Innenverhältnis gelten dagegen die §§ 741–758 BGB. Allerdings können von den Regelungen des BGB zur Reallast keine Rückschlüsse auf die Grunddienstbarkeit gezogen werden. Die dinglichen Rechte sind hinsichtlich ihres Inhalts zu verschieden. Letzteres gilt auch für das subjektiv-dingliche Vorkaufsrecht, dessen Ausübung sich nach §§ 1098 Abs. 1 S. 1, 472 BGB richtet.

Literaturverzeichnis

Achilles, Alexander/Greiff, Joachim: BGB, 21. Auflage, Berlin 1958

Adamczyk, Silvia: Dienstbarkeiten in der notariellen Praxis, in: MittRhNotK 1998, 105–116

Affolter, Friedrich: Das Fruchtrecht, München 1911

Ahrens, Claus: Dingliche Nutzungsrechte, 2. Auflage, Berlin 2007

Amann, Hermann: Auf der Suche nach einem grundbuchtauglichen Gemeinschaftsverhältnis, in: DNotZ 2008, 324–346

Amann, Hermann: Leistungspflichten und Leistungsansprüche aus Dienstbarkeiten, in: DNotZ 1989, 531–562

Amann, Hermann: Das im Grundbuch verlautbarte Gemeinschaftsverhältnis-eine Halbwahrheit?, in: Festschrift für Horst Hagen, S. 75–95 Köln 1999

Amann, Hermann: Das dingliche Vorkaufsrecht an Grundstücken-eine Belastung ohne Ende?, in: NotBZ 2010, 201–208

Amann, Hermann: Grunddienstbarkeiten im Wandel der Zeit und von Verjährung bedroht, in: DNotZ 2015, 164–173

Bader, Johann: Zum dinglichen Wohnungsrecht gemäß § 1093 BGB an denselben Räumen für mehrere Personen, in: DNotZ 1965, 673–682

Bamberger, Heinz Georg/Roth, Herbert: Kommentar zum Bürgerlichen Gesetzbuch,

Band 1: §§ 1–610, 3. Auflage, München 2012

Band 2, §§ 611–1296, 3. Auflage, München 2012

Bärmann, Johannes: Wohnungseigentumsgesetz Kommentar,

12. Auflage, München 2013

13. Auflage, München 2015

Bärmann, Johannes: Die Eigenwohnung, in: DNotZ 1950, 238–268

Bärmann Johannes/Seuß, Hanns: Praxis des Wohnungseigentums, 6. Auflage, München 2013

Bauer, Hans-Joachim/von Oefele, Helmut: Grundbuchordnung Kommentar, 3. Auflage, München 2013

Baur, Fritz/Stürner, Jürgen F.: Sachenrecht, 18. Auflage, München 2009

Biermann, Johannes: Sachenrecht, 3. Auflage, Berlin 1913

Boldt, Gerhard/Weller, Herbert: Bundesberggesetz Kommentar, Berlin 1984

Bork, Reinhard: Allgemeiner Teil der Bürgerlichen Gesetzbuch, 3. Auflage, Tübingen 2011

Böttcher, Roland: Grundstücksteilung, in: RPfleger 1989, 133–142

Böttcher, Roland: Grundstücksrechte für mehrere Berechtigte (§ 47 Abs. 1 GBO), in: RpflStud. 2010, 162–168

Böttcher, Roland: Dienstbarkeiten, in: RpflStud. 2008, 161–170; 2009, 5–18

Brehm, Wolfgang/Berger, Christian: Sachenrecht, 3. Auflage, Tübingen 2014

Brockhaus: Enzyklopädie in vierundzwanzig Bänden, 21. Band, 19. Auflage, Mannheim 1993

Brox, Hans/Walker, Wolf-Dietrich: Allgemeiner Teil des BGB, 41. Auflage, München 2017

Bundesgerichtshof: Das Bürgerliche Gesetzbuch mit besonderer Berücksichtigung der Rechtsprechung des Reichsgerichts und des Bundesgerichtshofs Kommentar,

Band II, 2. Teil, §§ 414–610, 12. Auflage, Berlin 1978

Band II, 4. Teil, §§ 631–811, 12. Auflage, Berlin 1978

Band III, 2. Teil, §§ 1018–1203, 12. Auflage, Berlin 1996

Canaris, Claus-Wilhelm: Die Feststellung von Lücken im Gesetz, Diss., 2. Auflage, Berlin 1983

Cebulla, Mario: Die Pacht nichtsächlicher Gegenstände, Berlin, New York 1999

Cohn, James: Der Einfluss der Teilung des herrschenden oder dienenden Grundstücks auf die Grunddienstbarkeit nach gemeinem Recht und nach bürgerlichem Recht, Diss. Erlangen 1902

Creifelds, Carl: Rechtswörterbuch, 22. Auflage, München 2017

Crome, Carl: System des Deutschen Bürgerlichen Rechts, 3. Band, Rechte an Sachen und Rechten, Tübingen 1905

Dauner-Lieb, Barbara/Langen, Werner: Nomos Kommentar BGB,

Band 2/1, Schuldrecht, §§ 241–610, 3. Auflage, Baden-Baden 2016

Band 2/2 Schuldrecht, §§ 611–853, 3. Auflage, Baden-Baden 2016

Demharter, Johann: Grundbuchordnung, Kommentar, 30. Auflage, München 2016

Dernburg, Heinrich: Das bürgerliche Recht des Deutschen Reichs und Preußens, Dritter Band: Das Sachenrecht des Deutschen Reichs und Preußens, 4. Auflage, Halle 1908

Döbler, Reinhard: Vereinbarungen nach § 1010 Abs. 1 BGB in der notariellen Praxis, in: MittRhNotK 1983, 181–195

Dohnanyi, Klaus von: Die Grundstücksteilung, Diss München 1950

Eichler, Hermann: Institutionen des Sachenrechts, Zweiter Band/Zweiter Halbband, Berlin 1960

Engisch, Karl: Einführung in das juristische Denken, 11. Auflage, Stuttgart 2010

Engländer, Konrad: Die regelmäßige Rechtsgemeinschaft, Teil I: Grundlegung, Berlin 1914

Enneccerus, Ludwig/Lehmann, Heinrich: Recht der Schuldverhältnisse, 15. Bearbeitung, Tübingen 1958

Enneccerus, Ludwig/Nipperdey, Hans Carl: Allgemeiner Teil des Bürgerlichen Rechts, Erster Halbband, 15. Auflage, Tübingen 1959

Erman, Walter: Bürgerliches Gesetzbuch,

Band I, §§ 1–761, 15. Auflage, Köln 2017

Band II, §§ 762–2385, 15. Auflage, Köln 2017

Ertl, Rudolf: Dienstbarkeit oder Nießbrauch-was ist zulässig?, in: MittBayNot 1988, 53–64

Esser, Josef/Schmidt, Eike: Schuldrecht, Band I, Allgemeiner Teil, Teilband 1, 8. Auflage, Heidelberg 1995

Fackelmann, Christian/Heinemann, Jörn: GNotKG, Handkommentar, Baden-Baden 2013

Faßbender, Hermann J.: Das dingliche Wohnungsrecht für mehrere als Gesamtberechtigte nach § 428 BGB, in: DNotZ 1965, 662–673

Faßbender, Hermann J./Grauel, Walter/Ohmen, Werner/Peter, Wolfgang/Roemer, Heiner/Wittkowski, Ralf/Führ, Thorsten/Otto, Dirk-Ulrich: Notariatskunde, 18. Auflage, Bonn 2014

Fritsch, Rüdiger: Anmerkung zu AG Neuss, Urteil vom 26.06.2013, Az. 92 C 58/13, in: ZMR 2014, 69 f..

Fuchs, Eugen: Grundbuchrecht, Kommentar zu den grundbuchrechtlichen Normen des Bürgerlichen Gesetzbuchs und zur Grundbuchordnung, Band I, Materielles Grundbuchrecht, Berlin 1902

Geißel, Wolf-Heinrich: Der Teilflächenverkauf, in: MittRhNotK 1997, 333–346

Gernhuber, Joachim: Handbuch des Schuldrechts, Band 8: Das Schuldverhältnis, Tübingen 1989

Gernhuber, Joachim/Coester-Waltjen, Dagmar: Familienrecht, 6. Auflage, München 2010

Grziwotz, Herbert/Lüke, Wolfgang/Saller, Roland: Praxishandbuch Nachbarrecht, 2. Auflage, München 2013

Güthe, Georg/Triebel, Franz: Grundbuchordnung, Zweiter Band, 5. Auflage, Berlin 1929

Haegele, Karl: Anmerkung zum Beschluss des BayObLG vom 09.07.1965, Az: 2 Z 20/65, in: RPfleger 1966, 368

Haegele, Karl: Grundstücksrechte zugunsten mehrerer Personen, in: BWNotZ 1969, 117–137

Haegele, Karl: Streifzug durch das Grundstücksrecht, in: RPfleger 1969, 266–273

Heck, Philipp: Grundriß des Sachenrechts, Tübingen 1930

Heidel, Thomas/Hüßtege, Rainer/Mansel, Heinz-Peter/Noack, Ulrich:

Nomos Kommentar BGB, Band 1, Allgemeiner Teil/EGBGB, §§ 1–240, 3. Auflage, Baden-Baden 2016

Heinemann, Jörn: Kölner Formularbuch Grundstücksrecht, 2. Auflage, Köln 2016

Herberger, Maximilian/Martinek, Michael/Rüßmann, Helmut/Weth, Stephan: Juris Praxiskommentar BGB,

Band 1, Allgemeiner Teil, 6. Auflage, Saarbrücken 2012

Band 2.3, Schuldrecht, 6. Auflage, Saarbrücken 2013

Band 3, Sachenrecht, 6. Auflage, Saarbrücken 2013

Herget, Rudolf: Gesamtbelastung und Gesamtberechtigung bei Grunddienstbarkeiten, in: NJW 1966, 1060–1063

Herrler, Sebastian: Kein Erlöschen einer Grunddienstbarkeit mit Untergang es berechtigten Wohnungseigentums, in: DNotZ 2017, 726–738

Heß, Burkhard: Dienstbarkeit und Reallast im System dinglicher Nutzungs- und Verwertungsrechte, in: AcP 198 (1998) S. 489–515

Heckschen, Heribert/Herrler, Sebastian/Starke, Timm: Beck'sches Notar-Handbuch, 6. Auflage, München 2015

Hettiger, Thomas: Die Rechtslage der Grundstückslasten bei Grundstücksteilung, Diss. Würzburg 1988

Herrmann, Hans: Buchbesprechung: Nachbarrecht in Bayern von Meisner/Ring, 6. Auflage 1972, in: DNotZ 1974 S. 188–190

Hilbrandt, Christian: Der Bruchteil bei der Bruchteilsgemeinschaft, in: AcP 202 (2002) S. 631–661

Hilgers, Gerd: Die Regelung der Verhältnisse einer Bruchteilsgemeinschaft nach Bügerlichem Recht (Rechtsgemeinschaft zu ideellen Bruchteilen), in: MittRhNotK 1970, 627–655

Hirsch, Hans Christoph: Die Übertragung der Rechtsausübung, Berlin 1910

Horn, Norbert: Einführung in die Rechtswissenschaft und Rechtsphilosophie, 6. Auflage, Heidelberg 2016

Hub, Jörg: Der Inhalt von Dienstbarkeiten, Diss Tübingen 1966

Hügel, Stefan: Grundbuchordnung Kommentar, 3. Auflage, München 2016

Hügel, Stefan/Scheel, Jochen: Rechtshandbuch Wohnungseigentum, 3. Auflage, Münster 2011

Ingenstau, Jürgen/Hustedt, Volker: ErbbauRG, Kommentar, 10. Auflage, Köln 2014

Jacoby, Florian: Ahndung von Verstößen eines Mieters gegen Gebrauchsregelungen der Eigentümer, in: ZWE 2012, 70–75

Jakobs, Horst Heinrich/Schubert, Werner: Die Beratung des Bürgerlichen Gesetzbuchs, Sachenrecht II, §§ 1018–1296, Berlin 1991

Jauernig, Othmar: Bürgerliches Gesetzbuch Kommentar, 16. Auflage, München 2015

Jennißen, Georg: WEG, 4. Auflage, Köln 2015

Kattausch, Karl: Die Anteile der Miteigentümer und der Gesamthänder an den gemeinschaftlichen Sachen, Diss Mainz 1911

Kersten, Fritz/Bühling, Selmar: Formularbuch und Praxis der Freiwilligen Gerichtsbarkeit, 25. Auflage, Köln 2016

Kesseler, Christian: Die Eintragungsfähigkeit variabler Grundschuldzinsen, in: MittBayNot 2006, 468–471

Kirchhof, Hans-Peter/Eidenmüller, Horst/Stürner, Rolf: Münchner Kommentar zur Insolvenzordnung, Band 1, §§ 1–79 InsO, 3. Auflage, München 2013

Knothe, Hans-Georg: Das Erbbaurecht, Habil, Frankfurt am Main 1987

Kuntze, Joachim/Ertl, Rudolf/Herrmann, Hans/Eickmann, Dieter: Grundbuchrecht, 6. Auflage, Berlin 2006

Lange, Knut Werner: Erbrecht, 2. Auflage, München 2017

Larenz, Karl: Methodenlehre der Rechtswissenschaft, 6. Auflage, Berlin, Heidelberg 1991

Larenz, Karl: Lehrbuch des Schuldrechts, Band 1, Allgemeiner Teil, 14. Auflage, München 1987

Lehmann, Heinrich: Die Unterlassungspflicht im Bürgerlichen Recht, Frankfurt/Main 1969

Lemke, Reiner: Immobilienrecht Kommentar, 2. Auflage, Köln 2016

Linde, Trutz: Wärmelieferungsverträge und ihre dingliche Sicherung, in: BWNotZ 1980, 29–34

Lindenmaier, Fritz/Möhring, Philipp: Nachschlagewerk des Bundesgerichtshofs

Looschelders, Dirk: Schuldrecht Allgemeiner Teil, 14. Auflage, München 2016

Löscher, Wilhelm: Mitbenutzungsrechte Dritter bei Grunddienstbarkeiten, in: RPfleger 1962, 432–435

Madaus, Stephan: Die Bruchteilsgemeinschaft als Gemeinschaft von Vollrechtsinhabern, in: AcP 212 (2012) S. 251–295

Mayer, Jörg: Anmerkung zu BayObLG Beschluss vom 21.02.2002, Az: 2Z BR 10/02, in: MittBayNot 2002, 288–290

Medicus, Dieter/Lorenz, Stephan: Schuldrecht I, Allgemeiner Teil, 21. Auflage, München 2015

Meier, Sonja: Die Gesamtgläubigerschaft-ein unbekanntes, weil überflüssiges Wesen?, in: AcP 205 (2005), 858–904

Meikel, Georg: GBO Grundbuchordnung Kommentar,

10. Auflage, Köln, München 2009

11. Auflage, Köln, München 2015

Meisner, Christian/Ring, Joseph/Götz, Peter: Nachbarrecht in Bayern, 7. Auflage, München 1986

Meisner, Christian/Stern, Heinrich/Hodes, Fritz/Dehner, Walter: Nachbarrecht im Bundesgebiet (ohne Bayern), 6. Auflage, München 1982

Motive: Motive zu dem Entwurfe eines Bürgerlichen Gesetzbuches für das Deutsche Reich

Band II, Recht der Schuldverhältnisse, Amtliche Ausgabe, Berlin 1896

Band III, Sachenrecht, Amtliche Ausgabe, Berlin, Leipzig 1888

Müller, Horst: Praktische Fragen des Wohnungseigentums, 6. Auflage, München 2015

Musielak, Hans-Joachim/Voit, Wolfgang: Zivilprozessordnung Kommentar, 14. Auflage, München 2017

Muthorst, Olaf: Grundlagen der Rechtswissenschaft, München 2011

Niedenführ, Werner/Kümmel, Egbert/Vandenhouten, Nicole: WEG, Kommentar und Handbuch zum Wohnungseigentumsrecht, AnwaltKommentar, 10. Auflage, Bonn 2013

Oefele, Helmut von/Winkler, Karl/Schlögel, Jürgen: Handbuch des Erbbaurechts, 6. Auflage, München 2016

Oertmann, Paul: Recht der Schuldverhältnisse, Zweite Abteilung, 5. Auflage, Berlin 1929

Osieka, Georg: Die Duldungspflicht bei der Grunddienstbarkeit, Diss Breslau 1929

Piens, Reinhart/Schulte, Hans-Wolfgang/Graf Vitzthum, Stephan: Bundesberggesetz Kommentar, Stuttgart 1983

Palandt, Otto: Bürgerliches Gesetzbuch, 76. Auflage, München 2017

Planck, Gottlieb: Plancks Kommentar zum Bürgerlichen Gesetzbuch,

II. Band, 1. Hälfte, Recht der Schuldverhältnisse (Allgemeiner Teil), §§ 241–432, 4. Auflage, Berlin 1914

II. Band, 2. Hälfte, Recht der Schuldverhältnisse (Besonderer Teil), 4. Auflage, Berlin und Leipzig 1928

III. Band, Erste Hälfte, Sachenrecht, §§ 854–1112, 5. Auflage, Berlin und Leipzig 1933

Predari, Cäsar: Die Grundbuchordnung vom 24. März 1897, 2. Auflage, Berlin 1913

Preißmann, Kai: Die Reallast, Diss Bonn 1995

Protokolle: Protokolle der Kommission für die zweite Lesung des Entwurfs des Bürgerlichen Gesetzbuchs,

Band II, Recht der Schuldverhältnisse, Berlin 1898

Band III, Sachenrecht, Berlin 1899

Prütting, Hanns/Wegen, Gerhard/Weinreich, Gerd: BGB Kommentar, 12. Auflage, Köln 2017

Raubold, Heinz: Der Mehrheitsbeschluss bei Bruchteilsgemeinschaft, Diss Würzburg 1937

Ring, Gerhard/Grziwotz, Herbert/Keukenschrijver, Alfred: Nomos Kommentar BGB, Band 3, Sachenrecht, §§ 854–1296, 4. Auflage, Baden-Baden 2016

Reinicke, Dietrich: Anmerkung zu BGH, Beschluss vom 21.12.1966 – V ZB 24/66, in: JZ 1967, 415–417

Riecke, Olaf/Schmid, Michael J.: Fachanwaltskommentar Wohnungseigentumsrecht,

3. Auflage, Köln 2010

4. Auflage, Köln 2015

Roemer, Heiner: Grundstücksrechte zugunsten mehrerer Personen in der Praxis des Notars, in: MittRhNotK 1960, 591–628

Röll, Ludwig: Anmerkung zu LG Kassel, Beschluss vom 03.09.2002, Az. 3 T 359/02 und 3 T 365/02, in: MittBayNot 2003, 224 f.

Rothfritz, Wilhelm: Das dingliche Vorkaufsrecht nach älterem deutschen Recht und nach dem Bürgerlichen Gesetzbuche, Diss Heidelberg 1907

Rüthers, Bernd/Fischer, Christian/Birk, Axel: Rechtstheorie mit Juristischer Methodenlehre, 9. Auflage, München 2016

Rütten, Wilhelm: Mehrheit von Gläubigern, Habil Tübingen 1989

Säcker, Franz Jürgen/Rixecker, Roland/Oetker, Hartmut: Münchner Kommentar zum Bürgerlichen Gesetzbuch,

Band 1, Allgemeiner Teil, §§ 1–240, 7. Auflage, München 2015

Band 2, Schuldrecht Allgemeiner Teil, §§ 241–432, 7. Auflage, München 2016

Band 4, Schuldrecht Besonderer Teil II, §§ 535–630h, 7. Auflage, München 2016

Band 6. Schuldrecht Besonderer Teil III, §§ 705–853, 7. Auflage, München 2017

Band 6, Sachenrecht, §§ 854–1296, 4. Auflage, München 2004

Band 6, Sachenrecht, §§ 854–1296, 6. Auflage, München 2013

Band 7, Sachenrecht, §§ 854–1296, 7. Auflage, München 2017

Band 8, Familienrecht I, §§ 1297–1588, 7. Auflage, München 2017

Band 10, Erbrecht, §§ 1922–2385, 7. Auflage, München 2017

Saenger, August: Gemeinschaft und Rechtsteilung, Marburg 1913

Sauren, Marcel M.: Wohnungseigentumsgesetz, 6. Auflage, München 2014

Schader, Otto: Das dingliche Vorkaufsrecht, Diss Jena 1906

Schellhammer, Kurt: Schuldrecht nach Anspruchsgrundlagen, 9. Auflage, Heidelberg, München, Landsberg, Frechen, Hamburg 2014

Schellhammer, Kurt: Sachenrecht nach Anspruchsgrundlagen, 5. Auflage, 2 Heidelberg, München, Landsberg, Frechen, Hamburg 2017

Schippers, Josef: Aktuelle Fragen des Grundstücksnießbrauchs in der notariellen Praxis, in: MittRhNotK 1996, 197–216

Schmenger, Wolfgang: Die Grunddienstbarkeit und die beschränkte persönliche Dienstbarkeit, Grundsätze, neue Entwicklungen und neue Rechtsprechung, in: BWNotZ 2007, 73–90

Schmidt, German: Die Anpassung von Grunddienstbarkeiten an entwicklungsbedingte Veränderungen, Diss München 1970

Schmidt, Karsten: Gesellschaftsrecht, 4. Auflage, Köln, Berlin, Bonn, München 2002

Schmidt, Karsten: Prozess- und Vollstreckungsprobleme der Gemeinschaftsteilung, in: JR 1979, 317–321

Schnorr, Randolf: Die Gemeinschaft nach Bruchteilen, Habil, Tübingen 2004

Schöner, Hartmut/Stöber, Kurt: Grundbuchrecht, 15. Auflage, München 2012

Schubert, Werner: Die Vorentwürfe der Redaktoren zum BGB, Sachenrecht, Teil 2, Verfasser: Reinhold Johow, Berlin 1982

Schulze, Reiner: Nomos Kommentar, Bürgerliches Gesetzbuch, Handkommentar, 8. Auflage, Baden-Baden 2014
Selb, Walter: Mehrheiten von Gläubigern und Schuldnern, Tübingen 1984
Soergel, Theodor: Kommentar zum Bürgerlichen Gesetzbuch,
Band 1, Allgemeiner Teil 1, §§ 1–103, 13. Auflage, Stuttgart 2000
Band 5/3, Schuldrecht 3/3, §§ 328–432, 13. Auflage, Stuttgart 2009
Band 6, Sachenrecht, §§ 854–1296, 12. Auflage, Stuttgart 1990
Band 11/1 Schuldrecht 9/1, §§ 705–758, 13. Auflage, Stuttgart 2012
Band 14, Sachenrecht 1, §§ 854–984, 13. Auflage, Stuttgart 2002
Band 15/1, Sachenrecht 2/1, §§ 985–1017, 13. Auflage, Stuttgart 2007
Band 16, Sachenrecht 3, §§ 1018–1296, 13. Auflage, Stuttgart 2001
Spielbauer, Thomas/Then, Michael: WEG Kommentar, Berliner Kommentare, 3. Auflage, Berlin 2017
Staudinger, Julius von: Kommentar zum Bürgerlichen Gesetzbuch,
Buch 1: Allgemeiner Teil, §§ 90–124; 130–133, Berlin, Neubearbeitung 2012
Buch 2: Recht der Schuldverhältnisse, §§ 241–243, Berlin, Neubearbeitung 2015
Buch 2: Recht der Schuldverhältnisse, §§ 397–432, Berlin, Neubearbeitung 2012
Buch 2: Recht der Schuldverhältnisse, §§ 581–606, Berlin, Neubearbeitung 2013
Buch 2: Recht der Schuldverhältnisse, §§ 741–764, Berlin, Neubearbeitung 2015
Buch 2: Recht der Schuldverhältnisse, §§ 741–764, Berlin, Neubearbeitung 2008
Buch 2: Recht der Schuldverhältnisse, §§ 741–822, 12. Auflage, Berlin 1986
Buch 3, Sachenrecht, §§ 854–882, Berlin, Neubearbeitung 2012
Buch 3, Sachenrecht, §§ 883–902, Berlin, Neubearbeitung 2013
Buch 3, Sachenrecht, §§ 925–984, Berlin, Neubearbeitung 2011
Buch 3, Sachenrecht, §§ 985–1011, Berlin, Neubearbeitung 2013
Buch 3, Sachenrecht, ErbbauRG, §§ 1018–1112, Berlin, Neubearbeitung 2017
Buch 3, Sachenrecht, ErbbauRG, §§ 1018–1112, Berlin, Neubearbeitung 2009
Buch 3, Sachenrecht, ErbbauRG, §§ 1018–1112, Berlin, Neubearbeitung 2002
Buch 3, Sachenrecht, ErbbVO, §§ 1018–1112, Berlin, 13. Bearbeitung 1994
Buch 3, Sachenrecht, §§ 1018–1296, 12. Auflage, Berlin 1981

Buch 4, Familienrecht, §§ 1363–1563, Berlin, Neubearbeitung 2007

Buch 5, Erbrecht, §§ 1967–2063, Berlin, Neubearbeitung 2016

Einleitung zum WEG; §§ 1–25 WEG, 13. Bearbeitung, Berlin 2005

Stavorinus, Hagen: Gedanken zu §§ 428, 472, 1024 f. BGB im Kontext zu § 47 GBO, in: NotBZ 2017, 249–257

Stein, Friedrich/Jonas, Martin: Kommentar zur Zivilprozessordnung, Band 2, §§ 41–127a, 22. Auflage, Tübingen 2004

Steinlechner, Paul: Das Wesen der Juris Communio und Juris Quasi Communio, Innsbruck 1876

Timme, Michael: Wohnungseigentumsgesetz Kommentar, 2. Auflage, München 2014

Tuhr, Andreas von: Der Allgemeine Teil des Deutschen Bürgerlichen Rechts

Erster Band, Allgemeine Lehren und Personenrecht, Leipzig 1910

Zweiter Band, Erste Hälfte, Die rechtserheblichen Tatsachen, insbesondere das Rechtsgeschäft, München und Leipzig 1914

Tzermias, Pavlos: Zur Regelung des Gebrauchs beim Miteigentum, in: AcP 157, 455–460

Uhlenbruck, Wilhelm: Insolvenzordnung Kommentar, 14. Auflage, München 2015

Ulshöfer, Judith: Das sogenannte gesetzliche Begleitschuldverhältnis, Diss. Berlin 2015

Walberer, Hans: Anmerkung zu OLG Celle, Beschluss vom 11.02.1957–4 Wx 1/57, in: DNotZ 1958, 153–155

Wassermann, Rudolf: Kommentar zum Bürgerlichen Gesetzbuch, Reihe Alternativkommentare, Band 4, Sachenrecht §§ 854–1296, Neuwied und Darmstadt 1983

Weber, Johannes/Blath, Simon: WEG § 10; BGB §§ 1018, 1025 Zuordnung der Ausübungsbefugnis einer Grunddienstbarkeit als Sondernutzungsrecht, in: DNotI-Report 2016, 64–65

Wegmann, Bernd: Grundstücksüberlassung, 2. Auflage, München 1999

Weitnauer, Hermann: Wohnungseigentumsgesetz, 9. Auflage, München 2005

Weitnauer, Hermann: Buchbesprechung: Lehrbuch des Sachenrechts, in: DNotZ 1968 S. 706–708

Westermann, Harm Peter/Gursky, Karl-Heinz/Eickmann, Dieter: Sachenrecht, 8. Auflage, Heidelberg 2011

Sachenrecht, Band II, Immobiliarsachenrecht, 6. Auflage, Heidelberg 1988

Westermann, Harry: Die Bestimmung des Rechtssubjekts durch Grundeigentum, Heide i. Holst. 1942

Wilhelm, Jan: Sachenrecht, 5. Auflage, Berlin/New York 2016

Woelki, Heinz: Die Gesamtgläubigerschaft nach § 428 BGB im Sachen- und Grundbuchrecht, in: RPfleger 1968, 208–215

Wolf, Manfred: Die dinglichen Gesamtrechte, Diss Tübingen 1965

Wolf, Manfred/Neuner, Jörg: Allgemeiner Teil des Bürgerlichen Rechts, 11. Auflage, München 2016

Wolff, Martin/Raiser, Ludwig: Sachenrecht, 10. Bearbeitung, Tübingen 1957

Wörheide, Daniel: Die Bergbauberechtigungen nach dem Bundesberggesetz, Diss Baden-Baden 2014

Zippelius, Reinhold: Juristische Methodenlehre, 11. Auflage, München 2012

Zöller, Richard: Zivilprozessordnung, 31. Auflage, Köln 2016

www.ingramcontent.com/pod-product-compliance
Ingram Content Group UK Ltd.
Pitfield, Milton Keynes, MK11 3LW, UK
UKHW021906290926
8980IPUK00015B/1091

9 783631 756683